权威·前沿·原创

皮书系列为
"十二五""十三五"国家重点图书出版规划项目

BLUE BOOK

智 库 成 果 出 版 与 传 播 平 台

马拉松蓝皮书
BLUE BOOK OF MARATHON

中国马拉松产业发展报告（2020~2021）

DEVELOPMENT REPORT ON MARATHON INDUSTRY IN CHINA (2020-2021)

马拉松赛事与赞助市场分析

Analysis on Marathon Event and Sponsorship Market

研　创 / 北京体育大学体育商学院
主　编 / 杨建荣
副主编 / 杨占东　王　盼　董　美　马传业

社会科学文献出版社
SOCIAL SCIENCES ACADEMIC PRESS (CHINA)

图书在版编目（CIP）数据

中国马拉松产业发展报告.2020－2021：马拉松赛事
与赞助市场分析/杨建荣主编.－－北京：社会科学文
献出版社，2021.10
（马拉松蓝皮书）
ISBN 978－7－5201－8999－6

Ⅰ.①中…　Ⅱ.①杨…　Ⅲ.①马拉松跑－运动竞赛－
产业发展－研究报告－中国－2020－2021　Ⅳ.
①G822.82

中国版本图书馆 CIP 数据核字（2021）第 184220 号

马拉松蓝皮书
中国马拉松产业发展报告（2020~2021）
——马拉松赛事与赞助市场分析

主　　编/杨建荣
副主编/杨占东　王　盼　董　美　马传业

出 版 人/王利民
组稿编辑/祝得彬
责任编辑/张　萍
文稿编辑/李帅磊
责任印制/王京美

出　　版/社会科学文献出版社·当代世界出版分社（010）59367004
　　　　　地址：北京市北三环中路甲 29 号院华龙大厦　邮编：100029
　　　　　网址：www.ssap.com.cn
发　　行/市场营销中心（010）59367081　59367083
印　　装/天津千鹤文化传播有限公司

规　　格/开　本：787mm×1092mm　1/16
　　　　　印　张：19.75　字　数：294 千字
版　　次/2021 年 10 月第 1 版　2021 年 10 月第 1 次印刷
书　　号/ISBN 978－7－5201－8999－6
定　　价/168.00 元

主要编撰者简介

杨建荣 经济学博士，北京体育大学体育商学院副教授，硕士生导师。中国体育科学学会会员。研究方向为体育经济、体育赛事、体育投融资。参与北京2022冬奥组委组织的冬奥遗产报告等多项国家级课题及省部级课题。在国内外公开发表学术论文30余篇，受邀在国际体育社会学大会、全国体育科学大会等国内外学术会议做专题报告。多次为国家体育经纪人职业培训讲座。

杨占东 北京体育大学体育休闲与旅游学院院长助理、体育旅游教研室主任，中国管理科学学会旅游管理专业委员会委员，中国高等教育学会体育专业委员会休闲体育专业理事，行知探索体验研究院特邀研究员。研究方向为体育赛事与体育旅游、体育旅游规划与市场开发。《中国体育旅游发展报告（2019~2020）》副主编。主持国家社科基金项目"马拉松赛事与城市文化的耦合共生关系及发展路径研究"（17CTY012），参与北京市社科基金项目"京津冀冬季体育旅游产业联动发展及实现机制研究"（17YTC034）、北京市社科一般项目"乡村旅游发展与北京率先实现城乡一体化新格局研究"、北京体育大学校课题"京津冀体育非物质文化遗产的空间分布研究"（2019QD029）等。主持和参与完成多项省市级"十四五"体育发展规划、体育产业发展专项规划和体育旅游策划规划项目。

王　盼 北京体育大学体育商学院副教授，主要研究方向为体育统计分析、数学建模、体育风险管理、体育模型分析等。在 SCI 英文期刊发表 10 余篇论文，以第一作者主持过一项国家级自然科学基金课题，参与过一项国家级社会科学基金课题，以及两项校级课题。指导北京体育大学学生参加全国数学建模比赛，获得一项北京市甲组一等奖、三项北京市甲组二等奖。以合作者身份在我国一级学会发表题为《价值链视角下我国体育衍生品价值创新发展策略》的论文。

董 美 2018 年获清华大学经济管理学院经济学博士，北京体育大学体育商学院教师。研究方向为体育经济与产业、经济政策等。参与完成多项课题，在核心期刊上发表多篇宏观经济政策、产业政策研究等相关论文。

摘　要

　　《中国马拉松产业发展报告（2020~2021）：马拉松赛事与赞助市场分析》由北京体育大学马拉松皮书课题组组织编撰，智美体育、北京中锐体育产业公司专家及管理人员为本书研讨、数据调研及访谈提供了宝贵的参考意见及支持。

　　该蓝皮书旨在描述当前中国马拉松赛事状况，分析当前中国马拉松赛事存在的问题和制约其发展的因素，并根据当前中国马拉松赛事的实际情况，对其未来发展趋势做出研判。

　　受新冠肺炎疫情影响，2020年马拉松部分赛事不得不取消或延期，但2020年末举办的规模和影响力较大的大型马拉松赛事还是获得了很好的赞助支持。马拉松产业的市场主体不断壮大，一批具有发展实力和增长后劲强劲的企业不断涌现。在赛事运营，马拉松俱乐部，运动类App、户外运动产品等产业或服务方面形成产业链。马拉松运动消费额不断提高，有力地推动了体育消费的增长。马拉松赛事结合人文、自然景观等特色，形成多样化的城市特色赛事。马拉松产业及赞助市场发展对策及趋势：马拉松产业的上下游产业链逐步形成和完善；各地结合人文、自然景观等特色，因地制宜发展多样化赛事；赛事参与各方共同打造具有知名度和差异化特色的品牌赛事；马拉松与科技、旅游、健康、休闲、文化等产业融合发展，形成线上、线下马拉松的协同有序发展态势且多产业融合与聚合，互相促进；赞助商与赛事结合越来越深入；国内马拉松赞助商显示出本地化的趋势；对于新兴的马拉松赞助市场，其赞助效果具有较好的潜力。

　　关键词： 马拉松产业　赞助市场　特色赛事

目 录 ⌐◥▨▨▨▨

Ⅰ 总报告

Ⅱ 指数评价篇

Ⅲ 专题篇

Ⅳ 区域篇

Ⅴ 案例及借鉴篇

Ⅵ 附录

皮书数据库阅读**使用指南**

总 报 告

General Report

B.1
中国马拉松赛事与赞助
市场发展报告

杨建荣*

摘　要：　作为一项业余选手和专业选手可以同时参加的体育项目，马拉松运动具有较好的群众基础。国内马拉松的赞助一般划分为四个层级，由低到高为官方指定供应商、官方赞助商、官方合作伙伴、冠名赞助商。受疫情影响，2020年马拉松部分赛事不得不取消或延期，但2020年末举办的规模和影响力较大的大型马拉松赛事还是获得了很好的赞助支持。马拉松产业的市场主体不断壮大，一批具有发展实力和增长后劲强劲的企业不断涌现。在赛事运营，马拉松俱乐部，运动类App、户外运动产品等产业或服务方面形成产业链。马拉松运动消费额不断提高，有力地推动了体育消费的增长。马拉

* 杨建荣，经济学博士，北京体育大学体育商学院副教授，硕士生导师，中国体育科学学会会员，研究方向为体育经济、体育赛事、体育投融资。

松赛事结合人文、自然景观等特色，形成多样化的特色赛事。在2020年疫情紧张的大环境下，马拉松赛事仍能吸引广大赞助商的参与，足以证明马拉松赛事可以为赞助商带来巨大的赞助价值和经济效益。马拉松产业及赞助市场发展趋势：马拉松产业的上下游产业链逐步形成和完善；各地结合人文、自然景观等特色，因地制宜发展多样化赛事；赛事参与各方共同打造具有知名度和差异化特色的品牌赛事；马拉松与科技、旅游、健康、休闲、文化等产业融合发展，形成线上、线下马拉松的协同有序发展态势且多产业融合与聚合，互相促进；赞助商与赛事的结合逐步深入；国内马拉松赞助商出现本地化的趋势。同时对于新举办的马拉松赛事，其赞助效果具有较好的潜力。

关键词： 马拉松产业　赞助市场　特色赛事

一　马拉松产业发展现状

马拉松作为引领全民健身、实践"健康中国"战略的重要抓手，在各级政府的大力支持和全民的积极参与下获得了长足发展，也体现了各地全面贯彻落实《体育强国建设纲要》的长远发展之路。在国务院印发《关于加快发展体育产业促进体育消费的若干意见》之后，国家相继发布了《体育产业发展"十三五"规划》《"健康中国2030"规划纲要》等一系列促进体育产业快速发展的政策文件；国家体育总局对应的政策文件也在推动体育产业加速发展，出台了《体育总局关于推进体育赛事审批制度改革的若干意见》、《体育总局关于印发〈在华举办国际体育赛事审批事项改革方案〉的通知》以及《体育总局关于印发〈全国性单项体育协会竞技体育重要赛事名录〉的通知》等。这些政策文件体现了政府职能转化，促进体育社团实体化和各项体育赛事的市场化，对我国体育行业的发展有巨大的促进作用。

近年来，马拉松赛事逐年增多，据中国田径协会数据，2019 年全国共举办马拉松规模赛事 1828 场次，这些规模赛事覆盖全国 31 个省份，参加人次达 700 余万。作为一项业余选手和专业选手可以同时参加的体育项目，马拉松运动具有较好的群众基础。我国专业的马拉松赛事开始于 1959 年，把马拉松确定为全运会比赛项目是中国马拉松运动发展的一个重要标志。我国马拉松赛事商业化则开始于 1981 年的第一届北京马拉松赛。在随后的几十年内，马拉松赛事蓬勃发展，2019 年全国共举办 1828 场次规模马拉松赛事。2020 年，由于新冠肺炎疫情的影响，不少马拉松赛事被取消或延期。至 2020 年 11 ~ 12 月，随着疫情的缓解，很多马拉松赛事在年底举办。较有影响力的有上海马拉松、广州马拉松、成都马拉松、无锡马拉松、重庆马拉松、杭州马拉松、南京马拉松、澳门马拉松等中国田径协会的金牌赛事，这些赛事大部分也是世界田径金标赛事。

中国田径协会的统计数据显示①，2011 ~ 2015 年，全国认证的马拉松赛事分别为 22 场、33 场、39 场、51 场、134 场，五年增长了 5 倍多。2016 年全国认证的马拉松赛事有 328 场，比 2015 年增长约 145%。2017 ~ 2019 年认证赛事从 256 场增长到 335 场，认证赛事数量保持稳定的增长趋势。2020 年由于疫情影响有所收缩，即使这样，获得中国田协认证的赛事也达到了 350 场，各类路跑赛事参赛人数众多，超过 1000 万人次。预计在 2021 年下半年及 2022 年马拉松赛事数量将呈恢复性增长，2022 年总数将超过 2000 场。

在政府引导、社会参与、市场运作的发展模式下，2020 ~ 2021 年中国马拉松产业获得了长足的发展。围绕马拉松赛事、赛事服务商、跑步装备、智能体育、体育文创、体育旅游、赛事赞助商、体育媒体的发展，各马拉松

① 杨建荣主编《中国马拉松产业发展报告（2019 ~ 2020）》，社会科学文献出版社，2020，第 3 ~ 4 页。

产业相关主体表现出投资主体多元化、融资方式多样化、运作方式市场化的新气象。随着马拉松赛事经济发展，围绕马拉松的相关培训、装备制造、技术服务、传媒等相关产业也呈现出良好的发展态势。同时，马拉松运动与休闲旅游、科技文化、健康等产业的融合发展也展示出巨大的潜力和增长空间。

（一）马拉松赛事与赞助企业共同发展

对于2020年举办的部分规模和影响力较大的大型马拉松赛事，相关企业进行了冠名赞助，如建发厦门马拉松赛、南京银行南京马拉松赛、长安汽车重庆马拉松赛、广汽Honda杭州马拉松赛以及银河娱乐澳门国际马拉松赛。

厦门马拉松自2003年首届举办成功后，到2021年为止已经连续举办了19个年头，该赛事自创办以来一直坚持"不花政府一分钱"的市场运作模式，经过将近20年的发展，于2021年被世界田径认证为"世界田径精英白金标"赛事。厦门马拉松以其高端的办赛水平和广泛的群众认可，与创办于1981年的北京国际马拉松赛呈现出"遥遥相对，南北呼应"之势。厦门建发集团作为厦门马拉松的忠实推动者，到2021年为止已携手厦门马拉松走过了19年的历程。

以重庆国际马拉松赛事为例，该赛事最早起源于2009年初的重庆南滨路的万人健步走活动，2012年经过整改后成功升级为国际赛事，也相应成为中国西部首个国际全程马拉松赛事，此后经过将近十年的发展，逐渐拥有了自己的特色。它是中国田径协会官方认定的A1级赛事，是中国马拉松大满贯赛事之一，长安汽车积极响应"全民健身"的号召，与重庆马拉松开启了首次合作，从2013年开始成为重庆马拉松的冠名赞助商，2021年是双方合作的第九个年头。

由1987年的中日西湖桂花马拉松赛发展而来的杭州马拉松，经过30多年的发展，已成为国际知名马拉松赛事，2012年其参赛人数就达到了23000余人。自2015年开始，到2020年广汽集团已连续六年赞助杭州国际马拉松赛事，通过马拉松赛事进行宣传和营销，将企业精神同马拉松精神结合起来，可以得到更多用户的认可，提高了企业的美誉度和知名度。

南京国际马拉松赛历史较短。第一场赛事举办于 2015 年，在第一次举办之时就被评为"2015 中国马拉松最具特色赛事"，此后随着马拉松热度的不断提高，南京国际马拉松赛也不断地得到更多人的喜爱，同时其办赛规格和水平也在不断提高，2018 年和 2019 年连续两年被中国田径协会授予"金牌赛事"称号。自南京马拉松开赛以来，南京银行就一直以冠名赞助商的身份与其合作，其"好伙伴，大未来"的品牌精神也同南京马拉松赛事精神相契合。马拉松赛事的时尚、年轻、向上、进取等元素也彰显出了南京银行的企业特质。

澳门马拉松首次举办于 1981 年，到 2021 年已经有 41 年的历史，它是由澳门特别行政区政府体育局和澳门田径总会联合主办的，值得一提的是，澳门马拉松在赛道的设计上采用了封闭式的跑道，为安全性提供了保障，同时比赛路线途经多处澳门特色建筑物及澳门的跨海大桥，可以让参赛者体验到更多的澳门风光，给马拉松跑者带来了独特的参赛体验。2020 年是澳门银河娱乐集团连续赞助澳门马拉松赛的第 17 年，这些年里企业为澳门马拉松提供了丰厚的资金和实物支持，而马拉松赛事也为企业带来了大规模的客流量和超高的曝光度，二者实现了双赢。

（二）马拉松产业的市场主体不断壮大

马拉松产业的市场主体不断壮大，一批具有发展实力的龙头企业和增长后劲强劲的中小企业不断涌现。在赛事运营，马拉松俱乐部，运动类 App、户外运动产品等产业或服务方面形成产业链。

1. 赛事运营企业

北京国际马拉松赛，该金标赛事的运营公司最初是中奥体育产业有限公司，2009 年中奥路跑（北京）体育管理有限公司成立，中奥路跑的出资方是中国田径协会与中奥体育产业有限公司，主营业务是开发北京国际马拉松赛、中国田径协会路跑委员会和其他田径项目。

北京中迹体育管理有限公司是半程锦标赛独家运营商，中迹体育最大的一个办赛特点是与城市的融合，其运营的马拉松赛事中有影响力的有中国金牌赛事兰州国际马拉松赛。

智美体育集团是中国第一家整体上市的综合性体育产业集团，集团包括体育服务、体育营销、体育赛事运营、体育传媒等专业的体育产业公司。智美赛事独家运营了多个城市的马拉松赛事，例如，昆明马拉松、广州马拉松、沈阳马拉松、杭州马拉松、长沙马拉松等。

上海东浩兰生赛事管理有限公司直属于东浩兰生（集团）有限公司，于2014年成立，独家运营承办上海国际马拉松赛、上马系列赛、上马俱乐部。该公司于2015年推出的应用软件——上马App，是国内首款为马拉松赛事量身定做的移动客户端应用App。这个App上融入了非常多的功能，从报名开始到报名进度的查询，有照片查询、成绩查询，也有"上马"积分，记录平时参加比赛的资料、训练的里程，可以积累，并且转换成"上马"的积分，满足了跑友参加一项赛事整个过程中的所有需求。

成立于2005年7月的厦门文广体育有限公司，是第一家实现马拉松赛事完全市场化运作的公司。厦门文广体育有限公司运营的厦门国际马拉松赛在国内具有非常大的影响力。作为国际金标赛事，厦马招商收入位居国内前列。承办赛事有厦门国际马拉松赛、厦门半程马拉松赛、海沧女子半程马拉松、厦金海峡横渡、IRONMAN 70.3赛事厦门站等。

2. 马拉松俱乐部

2019年7月4日，中国田径协会发布了关于征集中国马拉松俱乐部相关情况的通知，通过组织开展中国马拉松俱乐部注册及联赛，促进马拉松运动竞技水平的提高。据统计，目前中国共有超过100家社会跑步俱乐部，其中有包括像元大都马拉松冠军俱乐部这样拥有多达500名注册会员的大型俱乐部，也有像易居马拉松俱乐部这样注册成立的时间不算长，但是队伍中有名队员、达到奥运标准或有望冲击奥运参赛资格的蓬勃发展的俱乐部。马拉松俱乐部为国内优秀的中长跑，特别是马拉松项目运动员提供更多参赛机会和更好的训练条件，通过职业化和专业化的探索，提高国内马拉松项目竞技水平，使运动员有机会征战奥运会、世锦赛等重要赛事。职业化的马拉松俱乐部通过向非专业选手提供高水平的训练参赛条件，将有助于中国马拉松及其他中长跑项目竞技水平的提升。

3. 运动类 App、户外运动产品等产业或服务方面形成产业链

马拉松获得广泛关注带动了整个跑步圈产业链迅速发展。运动类 App 的用户黏度还远远达不到像微信、微博那么强。作为普通的运动类 App，最早成功吸引用户的往往是其很具体、很垂直的功能。如运动相关视频课程、计步，运动热量消耗等，这类功能很技术化，没有很好的用户黏性。目前运动类互联网公司的现状是：绝大多数没有实现盈利，少部分已经开始实现盈利的公司也尚未形成良性循环。

除了马拉松这样广受欢迎的陆上路跑运动，还有各类单车运动、水面及航海运动、山地运动等产品或服务都形成了一定规模及产业链。

（三）马拉松产业消费人口规模不断扩大

马拉松运动消费额不断提高，有力地推动了体育消费的增长。马拉松相关运动消费占人均可支配收入的比例也有较大提高。

中国田径协会发布的我国 2019 年马拉松报告中，2019 年全国共举办马拉松规模赛事 1828 场次，这些规模赛事覆盖全国 31 个省份，参加人次达 700 余万。2020 年初，突如其来的新型冠状病毒疫情对马拉松赛事造成很大影响。随着疫情的缓解，在 2020 年的最后一个季度迎来了马拉松季，共举办了 172 场马拉松赛。2020 年 11 月 29 日，南京马拉松（仅举办全马项目）鸣枪开跑，参赛规模达到 1 万人。线上赛也与线下赛同时起跑，打造了一个线上、线下相结合的南京马拉松新型互动场景。2020 成都马拉松也于 11 月 29 日鸣枪开跑，同时，跑遍中国的成都站活动也开始。12 月 13 日，广州马拉松赛在天河区体育中心开展，参赛规模达到两万人。12 月 27 日，桂林马拉松赛开跑，一万名选手相聚在这座山水名城，为桂林的美景增添了青春与活力。

规模巨大的参与人群是马拉松消费的基础，马拉松运动消费额不断提高，有力地推动了体育消费的增长。我国马拉松跑者的消费支出以参赛费用

和装备支出为主。一个马拉松跑步参与者的消费在 3000 元左右，主要是报名费、交通费、住宿费、餐费等（装备费、游览的钱都不算），根据距离远近，花费会有差别。以 2019 年参加人次 712 万估算，仅这块消费就超过 200 亿元。这对于带动体育消费增长意义重大。

（四）结合人文、自然景观等特色，形成多样化的马拉松特色赛事

马拉松赛事满足了广大运动爱好者对于马拉松运动的多样化需求。上海马拉松在赋予赛事文化内涵及开发体育文化产品市场方面走在全国前列，比如上海马拉松注重践行绿色环保、以人为本等文化理念。在 2020 年上海马拉松赛事的相关报道中，就出现了曾经参加过支援武汉抗疫的医务人员，将"白衣天使"与上海马拉松相结合，更能凸显上海马拉松的文化理念。在 2020 年因为疫情体育赛事停摆的大环境中，可利用大众对马拉松的关注，宣传正向的、符合社会主义核心价值观的价值理念。在上海马拉松体育文化产品的设计中，也可体现全民抗疫的精神，例如，选取"奉献""大爱"等文化意象，将这些代表性的概念融入产品的设计中。

广州马拉松的主题是"名城、和谐、健康"，赛事从赞助商的选择到比赛路线的规划，都处处体现着服务城市建设的思想。2020 年"广马"的起点在拥有悠久历史的天河体育中心，沿着珠江两岸排布比赛路线，尽可能地展示这座城市的历史积淀与现代化活力，终点设置在花城广场，参赛者和在电视机前观看比赛的千万观众可以欣赏到海心沙的秀美风景，也可以领略广州图书馆、广州大剧院和广州博物馆的文化底蕴，还能接触广州周大福金融中心的商业化和现代化的气息。

成都马拉松，无论是 LOGO、奖牌的设计还是宣发的口号，都凸显了强烈的成都特色。大熊猫、火锅、天府新区的高楼大厦等元素贯穿整个赛程，给参赛者和观众留下了深刻的城市印象。在第一届成都马拉松举办的同年，成都将自己塑造成为世界文创名城，赛事名城，旅游名城，国际美食、音乐和会展之都，不断提升成都的城市知名度和认同感。在 41 公里的特色补给

站，钵钵鸡、火锅粉、甜水面、豆腐脑等成都名小吃在给选手带去能量的同时，也俘获了选手们的胃，这届"成马"也被网友戏称为"麻辣松"，在宣传当地特色美食的同时，也将"成都市一座美食之都"的印象深深烙印在网友心中。

2020南京马拉松的起跑点为南京奥林匹克体育中心东门，途经江东中路、凤台南路、应天大街、雨花路、中山路、长江路、龙蟠路、玄武门、神武路、金沙江西街、邺城路等路段，最终回到南京奥林匹克体育中心东门。参与者参赛途中会经过夫子庙、新街口、总统府、玄武湖等地，用双脚丈量南京城的厚度，感受南京厚重的历史文化和日新月异的发展。为了提高赛事的多样性和趣味性，除了组织群众展演，赛道沿途还有多个音乐加油站，包括"秦淮风韵""金陵风采""现代民乐"等主题，多人啦啦队在赛道沿途为选手加油助威，运动节日氛围浓厚。

西安马拉松。作为十三朝古都，西安具有浓厚的历史文化气息，其间坐拥秦始皇兵马俑、华清池、西安碑林、大唐不夜城等众多历史古迹，是备受青睐的旅游目的地，西安马拉松依托如此丰富的旅游资源，在设置赛事路程的时候充分考虑到了这个问题，选取了西安现有的最具代表性的景观，囊括历史和现代两个方面，以体现西安的独特之美。

二 马拉松赛事及赞助市场现状分析

（一）马拉松赛事

2020年初，新型冠状肺炎疫情的突袭而至极大地影响了马拉松赛事的举办。由于疫情防控，2月至7月共整整6个月没有举办过马拉松赛事；但在8月底至国庆节期间，中小规模赛事不断尝试并成功举办（以线上为主）；同时，在10月、11月和12月三个月中，终于迎来了马拉松季，举办了上百场线上、线下相结合的马拉松赛。总体来说，马拉松赛在2020年受到很大打击，但并没有完全停滞。同时，2021年出现了疫情的反弹，亦须

警惕，但有了 2020 年的"修炼内功"，2021 年会有更丰富的经验，做好充分的准备来打赢疫情这场仗，再次迎来马拉松的蓬勃发展。

（二）马拉松赞助市场

目前国内马拉松的赞助一般划分为四个层级，由低到高为官方指定供应商、官方赞助商、官方合作伙伴、冠名赞助商。不同城市的马拉松赛事名称会有一些差异，但赞助商的等级划分与其他赞助商相类似，只是称呼有一些小的差异而已。马拉松赞助市场研究表明，中国马拉松赞助市场发展表现出的特点有：（1）细分赛事越来越受赞助商重视；（2）各类汽车品牌构成了马拉松赞助商市场的主力军；（3）随着马拉松赛事历史的积累，赞助价值也相应增加；（4）赞助商与赛事的结合逐步深入；（5）对于新举办的马拉松赛事，其赞助效果具有较好的潜力。

皮书编写组分析了 2020 年举办的 9 场大型国际马拉松赛事，涉及 134 家赞助商、170 次赞助，相关行业达到 40 余类。从赞助频率来看，饮料行业、体育行业、食品行业和银行行业赞助频率较高，而四级赞助商是各行业参与度最广泛的一级；从赞助贡献来看，饮料行业、体育其他行业、银行行业、汽车行业和食品行业，已经占据了将近 60% 的马拉松赞助市场，市场占有率较高；从行业特点来看，无论与马拉松赛事是否有直接关系，其关系是否密切，企业都能从赞助马拉松赛事过程中发掘出对自己有利的价值，并且马拉松赛事赞助商涉及的范围也越来越广，有很多不相关的行业也在考虑加入马拉松赞助商队伍，这对于马拉松赛事的发展无疑是一个利好的消息。

在 2020 年疫情紧张的大环境下，马拉松赛事仍能吸引广大赞助商的参与，足以证明马拉松赛事可以为赞助商带来巨大的赞助价值和经济效益。目前来讲，尽管与国外大型国际体育赛事相比我们还有很大差距，但这也恰恰证明了我国马拉松赛事的赞助市场依旧有着巨大的潜力等待挖掘，其将来可以产生的经济效益也远比现在已经产生的经济效益多得多，因此，如何提升马拉松赛事的赞助价值，让更多的企业和赛事本身获益，是一个需要持续思考的问题。

三 中国马拉松产业及赛事赞助市场趋势与展望

（一）马拉松产业

围绕马拉松产业的赛事运营、智能装备、市场营销、体育旅游等方面，产生了一批具有自主品牌、竞争优势和创新实力的企业。马拉松产业的上下游产业链逐步形成和完善。

具有创新能力的马拉松产业公司能够开展个性化定制和柔性化服务，同时，有实力的企业与举办城市积极合作。各地结合人文、自然景观等特色，因地制宜发展多样化赛事。共同打造具有世界知名度、国际影响力和差异化特色的品牌赛事。

马拉松与科技、旅游、健康、休闲、文化等产业融合发展，形成线上、线下马拉松的协同有序发展态势且多产业融合与聚合，互相促进。

（二）马拉松赛事赞助市场

随着中国经济的发展，更多的企业愿意通过马拉松赛事进行市场营销。中国马拉松赛事的赞助市场还有巨大的潜力等待挖掘。

部分发展较早，赞助市场相对也较为成熟的马拉松赛事，市场增长空间已经显现出某种不足，进一步增加赞助投入的效果不佳。而新举办的马拉松赛事，由于前期投入较少，具有很高的赞助边际效用，因而开拓新的马拉松赛事赞助市场，完善老的马拉松赛事的赞助措施以获得最大的赞助效果是赛事举办方和赞助企业都要关注的问题。

改进赞助形式，灵活性及个性化的创新有助于提高赞助效果及获取更多的赞助支持。课题组在访谈马拉松赞助商及运营企业时，后者多次表示对赞助灵活性及个性化的肯定。赞助形式的灵活性及个性化需要马拉松赞助商及运营企业充分沟通，部分创新也需要更宽松的市场环境。

展望 2022 年，体育产业随着社会经济的发展而不断进步，同时蓬勃发

展的城市马拉松运动也给很多组织及企业带来更多的机遇。对于参与马拉松赛事的组织或企业来说，这是一项千万人关心和积极参与的大型体育活动，其中蕴含的发展机遇需要不断探索及发现。

参考文献

黄宁：《中国马拉松赛事赞助商的研究》，硕士学位论文，北京体育大学，2018，第16~22页。

《国务院关于加快发展体育产业促进体育消费的若干意见》，中华人民共和国中央人民政府网站，2014年10月20日，http：//www. gov. cn/zhengce/content/2014－10/20/content_9152. htm。

中国田径协会：《一图读懂2018〈中国马拉松年度工作报告〉》，新华网，2019年3月11日，http：//www. xinhuanet. com/sports/2019－03/11/c_1124219528. htm。

中国田径协会：《2019中国马拉松大数据分析报告》，中国田径协会官方网站，2020年5月1日，http：//www. athletics. org. cn/news/marathon/2020/0501/346438. html。

《关于支持社会力量举办马拉松、自行车等大型群众性体育赛事行动方案（2017年)》，中华人民共和国中央人民政府网站，2017年7月14日，http：//www. gov. cn/xinwen/2017－07/14/content_5210445. htm。

指数评价篇
Index Evaluation

B.2
2020年马拉松赛事赞助商股票指数研究

马传业 杨建荣*

摘　要：　本文选取2020年举办的部分规模和影响力较大的大型马拉松赛事冠名赞助商进行分析和对比，其中包括建发厦门马拉松赛、长安汽车重庆马拉松赛、广汽 Honda 杭州马拉松赛、南京银行南京马拉松赛和银河娱乐澳门国际马拉松赛五大赛事。通过计算赛前和赛后一定时间内的各赞助商股票指数并进行比较分析，发现在此期间汽车类企业的赞助效果较好，这与赞助当期恰好较有活力的汽车市场环境也有一定关系，而在此时期赞助马拉松赛事无疑是一个非常正确的选择。对于建发集团和银河娱乐来讲，其股价指数在赞助期内表现出

* 马传业，北京体育大学研究生院硕士研究生，研究方向为体育经济与产业；杨建荣，经济学博士，北京体育大学体育商学院副教授，硕士生导师，中国体育科学学会会员，研究方向为体育经济、体育赛事、体育投融资。

一定的上涨趋势，这表明产生了一定的赞助效果，而南京银行表现较为稳定，这对于金融行业的企业来讲未必是一件坏事，对马拉松赛事的赞助可以为南京银行带来更广泛的群众基础和有利的市场环境，有利于后期发展。

关键词： 马拉松赛事　　股票价格指数　　马拉松赞助商

一　股票指数简介及其计算与编制

（一）股票价格指数简介

从金融市场结构来看，股票在其中扮演着重要的角色，而股票价格指数作为衡量股票市场波动情况的重要参考，能够合理而又科学地反映出市场行情的变动，也反映了公司或行业本身的发展现状。它一般由金融机构或证券交易所编制。股票价格指数的产生，解决了市场上多只股票因为涨跌幅度不尽相同而无法统一度量和反应的问题，能够灵敏地反映出市场所在国或地区的经济变化情况。当股票的平均价格上升时，反映在股票价格指数上也是上升的趋势，反之则是下降的趋势。

（二）股票价格指数计算与编制

股票价格指数是一个用来反映不同时间点上的股价变化情况的相对指标，计算股票指数的方法有相对法、综合法和加权法。相对法就是将各样本股票的指数相加之后求出总和的平均数。综合法则是将当期的股票价格之和除以基期的股票价格之和得出股票价格指数。加权法相对来说较为繁琐，它是根据各期样本股票的成交权数、股票发行量等因素表现出的重要性的相对程度来予以加权。

通常来讲，股票价格指数的编制通过以下三个步骤进行。

（1）股票样本选择。因为在股票市场上有着数量众多的股票，而为了保证我们计算出来的股票价格指数既能良好地反映股票市场的变化，又能较为方便地加以计算，我们必须选择具有代表性的样本股票来作为基础样本股。

（2）特定时间点样本股的价格确定。一般选择交易日收盘价，之后再计算出算术平均数或加权平均数，特殊情况下要做出及时调整，以保证数据的有效性和各时期的可比较性。

（3）计算股票价格指数。首先选中样本股中过去的某个周期为基期，然后用样本股各期股票的平均价格除以基期的股票价格，然后再乘以基期指数（通常是100），即为该期的股票指数。

二 马拉松赛事赞助商股票指数对比与分析

马拉松赞助是指企业通过资金、实物或技术等与马拉松赛事主办方进行交换，以获得赛事的冠名、广告或促销的一种合作行为。在此过程中，赞助商能够提升自身的企业形象和品牌知名度，收获一定的群众基础，同时为企业之后的稳定发展提供便利条件；而赛事主办方则可利用赞助商提供的资源来提升赛事规格和办赛水平，改善赛事形象；而对于政府和社会来讲则可以减小财政压力，提高群众体育意识，为发展体育事业添砖加瓦。基于此，本文对马拉松赛事赞助商在赞助赛事前后的股票指数进行了研究与分析，以期提高赛事赞助商与赛事之间的合作质量，提高赛事赞助效果。

1. 相关指数分析

根据股票价格指数的编制方法，马拉松赞助商股票价格指数公式为：

赞助商股票价格指数 ＝（样本股当期的总市值×基期的总市值）÷基期指数

其中样本股当期的总市值可以用当期收盘价乘以当期成交量得出，基期的总市值则用基期收盘价乘以基期成交量得出，基期指数通常为100。通常来讲，本文假设在马拉松赛事开赛的前两个月进入宣传期，因此，根据马拉

松赛事在比赛月具体的举办时间，将基期定为比赛月的前两个月的前一周或第一周。

2. 实证分析

由于 2020 年度受到疫情的影响，我国很多大型国际马拉松赛事未得以举行，这为课题组在样本选择上增加了难度，因此，课题组在通过商讨和对比分析 2020 年度举办的大型马拉松赛事后，选取了规模和影响力较大的厦门马拉松、重庆马拉松、杭州马拉松、南京马拉松和澳门马拉松五大赛事的冠名赞助商进行分析，其结果有较强的代表性和说服性。

在收集到五大赞助商的股票数据之后，首先对其进行了筛选和整理，进而计算出相关的股票指数，然后按照时间点的一一对应，把马拉松赞助商赞助指数及其相关的大盘指数和板块指数通过 Excel 软件绘制成线性统计图，既保证了数据的有效性和准确性，又能很好地反映出股票指数的变化趋势及其相互之间的对比情况。

（1）关于厦门马拉松冠名赞助商建发集团股票走势的对比分析。

厦门马拉松是由中国田径协会和厦门市政府联合主办的一场极具影响力的大型国际马拉松赛事，自 2003 年首届厦门马拉松举办成功后，到 2021 年为止已经连续举办了 19 个年头，该赛事自创办以来一直坚持"不花政府一分钱"的市场运作模式，经过将近 20 年的发展，于 2021 年被世界田联认证为"世界田联精英白金标"赛事。厦门马拉松以其高端的办赛水平和广泛的群众认可，与创办于 1981 年的北京国际马拉松赛呈现出"遥遥相对，南北呼应"之势。

厦门建发集团有限公司创立于 1980 年底，1998 年于上海证券交易所上市，是一家极具实力的大型实业投资企业集团，其业务范围涵盖投资、酒店、房地产等多方面内容，在由中国企业家协会发布的"2020 中国企业 500强"榜单中，建发集团位居第 62。厦门建发集团作为厦门马拉松的忠实推动者，到 2021 年为止已携手"厦马"走过了 19 年的历程，不仅陪伴"厦马"见证了每一个精彩时刻，也随着这份自强不息、平稳持续的跑马精神不断成长并壮大。根据建发集团自身的企业属性，本文选取了上证指数和商贸代理板块指数与建发集团的股票指数进行对比，对赞助期内的企业股票指数进行了对比分析。

自 2008 年开始，厦门马拉松赛事被确定于每年 1 月份的第一个周六举行。本文选定赛事举办月前两个月的前一周的 2019 年 10 月 25 日为基期，通过 22 个周期的数据来反映厦门建发集团在 2020 年度对厦门国际马拉松赛的赞助效果情况。

从图 1 与上证指数的对比中可以看出，整体上来讲，在赞助期内其赞助指数是呈现出明显的上升趋势的，在宣传初期一度高于标准化后的上证指数，2019 年 12 月 6 日进入波浪式发展阶段，在马拉松赛事举办当周出现了一波小高峰期，之后于 2 月中旬出现了一波高峰期。从与上证指数的对比来看，赞助初期其股票指数提升较为明显，在中期则受到大盘指数的影响而呈现出波浪式发展，由此也可以看出，赞助马拉松赛事对企业股票指数的影响也受到了各种现实环境因素的制约。

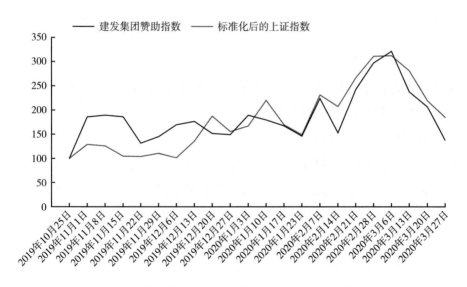

图 1　建发集团赞助指数与标准化后的上证指数走势对比

从图 2 与标准化后的商贸代理板块指数的对比也可以看出，在赞助中前期，其赞助指数明显高于标准化后的商贸代理板块指数，这也说明了赞助马

拉松赛事能在短期内相对于同行业来讲提升自身企业实力，在赛事结束后其影响效应减弱，随所属板块呈现波浪式发展。

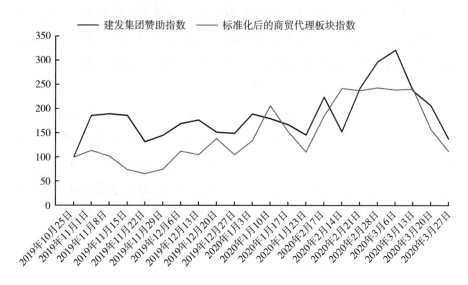

图2　建发集团赞助指数与标准化后的商贸代理板块指数走势对比

整体上讲，在赞助期内建发集团的股票指数略有提升，表现出了一定的赞助效果，虽然图1和图2中都表现出了后期赞助效果有一定减弱，但需要提出的是，赞助大型马拉松赛事得到的赞助效益不一定能在短期内体现在企业市场价值上面，特别是对于厦门建发集团这种具有稳定发展前景的大型企业来说，更多的是通过赞助马拉松赛事来得到更广泛人群的认可、展现出企业的经济实力以及提高企业形象，为后期企业的稳定发展打下坚实基础。

（2）关于重庆马拉松冠名赞助商长安汽车股票走势的对比分析。

重庆国际马拉松赛事最早起源于2009年初的重庆南滨路的万人健步走活动，2012年经过整改后成功升级为国际赛事，也相应成为中国西部首个国际全程马拉松赛事。此后经过将近十年的发展，逐渐拥有了自己的特色，它是中国田径协会官方认定的A1级赛事，是中国马拉松大满贯赛事之一，2021年成为央视直播的首场大型马拉松赛事，同时赛道精心选取了永川地区的城市美景，因而被社会大众广泛接受，具有规格高、传播广、赛道美、参与度高等特点。

重庆长安汽车股份有限公司起源于早期的上海洋炮局，于1996年注册成立公司并于深圳证券交易所上市。其业务范围涵盖了全系列的车型以及发动机研发等业务，是我国汽车板块的支柱企业之一。自2011年开始，长安汽车积极响应"全民健身"的号召，与重庆马拉松开启了首次合作，之后从2013年开始成为重庆马拉松的冠名赞助商，2021年，是双方合作的第九个年头。结合长安汽车本身的企业属性，本文选择了深圳成指和汽车板块指数与赞助期内的长安汽车股票指数进行对比分析。

2020年重庆国际马拉松赛事于11月15日在重庆举行，本文选定赛事举办月的前两个月的前一周为基期，通过27个周期的股票指数对比来反映长安汽车对重庆马拉松的赞助效果。

从图3中可以看出，在赞助初期虽然长安汽车本身的股票指数是高于标准化后的深圳成指的，但二者之间的差距从2020年10月9日才开始明显拉开，这说明从宣传期到产生明显效果有一定的滞后性，图中有明显变动的是从11月份的第三周开始，也就是重庆马拉松赛事的举办周，长安汽车的股票指数一度飙升，到2020年12月4日达到了最高点。诚然，该指数飙升的原因包含了多方因素，但其赞助马拉松赛事产生的效果是功不可没的。根据课题组的讨论分析，有以下几点原因。一是因为年底促销力度较大。二是当期人们的普遍购车欲望较强。三是长安汽车自身的实力提升也较大，其旗下的车型不断升级换代。在这多方因素的影响下，长安汽车借助赞助马拉松赛事的高宣传效果，使11月中旬到12月初的股票指数得以飙升，在马拉松赛事的热度降低之后，其股票指数也呈现出了波浪式的下降，但其总体水平仍保持在深圳成指上方较长一段时间。

接下来，本文对图4进行了更加深入的分析与思考。在与汽车板块指数的对比中可以看出，其对比图大致与图3相类似，长安汽车本身的股票指数变化之大将汽车板块的变化趋势变得不太明显，但依旧可以看出一定的变化。从与汽车板块的对比分析也可以看出我们对图3的分析是合理的，汽车板块指数从2020年10月份的第一周开始呈现增长趋势，到2020年11月27日达到

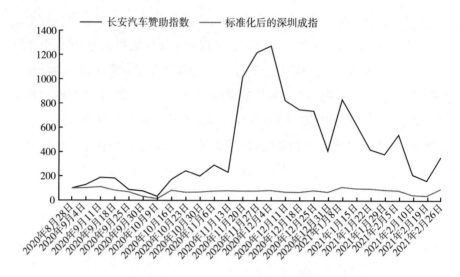

图3　长安汽车赞助指数和标准化后的深圳成指走势对比

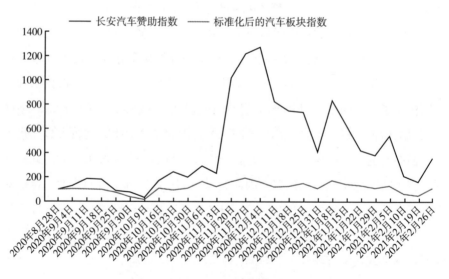

图4　长安汽车赞助指数和标准化后的汽车板块指数走势对比

顶点，在春节期间一直浮动在相对较高的水平，这与汽车行业普遍的优惠力度大和人们需求高是相关的，而长安汽车股票指数能在众多汽车企业中表现出更高的增长趋势，不仅表明了其汽车实力所在，更重要的是紧紧抓住了赞助马拉松赛事的宣传力，提高了企业产品的曝光度，因此能在机遇面前崭露头角。

综合赞助期内长安汽车股票指数的对比分析，我们可以发现，有时企业的赞助效果也会表现出一定的滞后性，但当企业面临有利的市场环境时，其赞助效果会有更加明显的表现。

（3）关于杭州马拉松冠名赞助商广汽集团股票走势的对比分析。

杭州马拉松是由1987年的中日西湖桂花马拉松赛发展而来的，此后经过30多年的发展，杭州马拉松已发展成为国际知名马拉松赛事，2012年其参赛人数就达到了23000余人，2014年实现了首次央视直播，同时被中国田径协会授予了"金牌赛事"的称号，2016年被誉为"中国最具影响力赛事"，2018年在"中国最具赞助价值马拉松"排行榜中排名第四位，2019年被评为"世界田径金标赛事"，因此也就成为人们日常所说的"双金"马拉松赛事。由此可见，杭州马拉松赛事也是一场不可多得的大型体育赛事。

广州汽车集团股份有限公司（简称广汽集团，601238.SH）于2005年由广州汽车集团有限公司变更成立，目前广汽集团旗下拥有广汽乘用车、广汽丰田、广汽本田等数十家知名企业，并且拥有一套独立完整的生产、供应、销售和研发体系，2019年在《人民日报》发布的"中国品牌发展指数"100榜单中位居第38，2020年一年的营业额达到了597.04亿元，由此可见，广汽集团是一家极具实力和影响力的知名企业。自2015年开始，到2020年广汽集团已连续六年赞助杭州国际马拉松赛事，通过马拉松赛事进行宣传和营销，将企业精神同马拉松精神结合起来，可以得到更多用户的认可，提高了企业的美誉度和知名度。本文根据广汽集团自身的属性，选择了上证指数和汽车板块指数来对赞助期内的广汽集团股票指数进行对比分析。

2020年杭州国际马拉松赛于11月22日在浙江杭州举行，本文选取了赛事举办月的前两个月的前一周为基期，共计27个周期的数据，作为赞助期来分析广汽集团在该期间的股票指数变化和对比情况。

从图5中可以看出，整体上广汽集团的股票指数大部分是高于标准化后的上证指数的，在2020年10月9日之前，其企业股票指数只是小幅度高于标准化后的上证指数，这说明在赞助赛事的宣传初期没有产生太大的效果；但从10月9日之后开始，二者的差距逐渐拉大，到2020年11月27日，也就是杭州国际马拉松赛举办当周时达到了股票指数的顶峰，中间虽有小范围波动，但没有影响其上升的根本趋势。自杭州马拉松赛事结束之后，其在之后的一个半月里略有下降之后呈现波浪式发展，表明赞助马拉松赛事的效果还在持续表现，而后期在1月22日的一次短时间的飙升则可以认为与赞助马拉松赛事没有太大关系，可能与自身企业的活动有关。

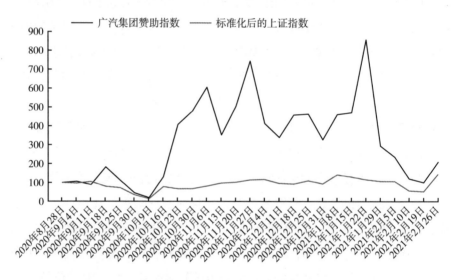

图5 广汽集团赞助指数和标准化后的上证指数走势对比

在图5与上证大盘指数的对比之后，我们再通过与汽车板块本身的变化进行对比，其数据结果如图6所示。通过图6可以看出，广汽集团的股票指数和汽车板块的指数变化趋势大体相同，但在波动的高地上，广汽集团的波动范围更大一些，整体上来看是远高于汽车板块指数的，与分析图5时看的时间点一样，我们再次关注2020年10月9日到2020年11月27日的变化情况，我们可以发现汽车板块指数也是表现出了上升的趋势，由此可见在该时间段汽车板块的市场活力较高，结合广汽集团的股票指数变化趋势我们可以认为，在正确的时间段赞助马拉松赛事会收获到更好的赞助效果。在赛事

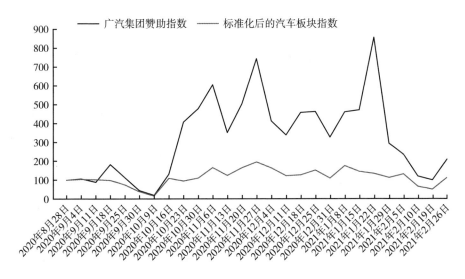

图6　广汽集团赞助指数和标准化后的汽车板块指数走势对比

结束之后的一段时间内，广汽集团股票指数依旧高于汽车板块指数，但抛去广汽集团股票指数在 2021 年 1 月 22 日的一次短期升高之外，二者之间的差距整体上呈现出缩小的趋势，这说明赛事结束后其赞助效果也在减弱。

（4）关于南京马拉松冠名赞助商南京银行股票走势的对比分析。

南京国际马拉松赛相对而言是一场较为年轻的大型体育赛事，其第一场赛事举办于 2015 年，在第一次举办之时就被评为了"2015 中国马拉松最具特色赛事"，此后随着马拉松热度的不断提高，南京国际马拉松赛也不断地得到更多人的喜爱，同时其办赛规格和水平也在不断提高，2018 年和 2019 年连续两年被中国田径协会授予"金牌赛事"称号。2020 年 3 月，世界田径联合会正式升级其为世界田径银标赛事。南京马拉松凭借其独有的气质和广泛的群众接受度，成为南京市一道亮丽的风景线。

南京银行是 1996 年成立的一家股份制商业银行，具有独立法人资格，其在 20 余年的发展中，始终坚持自身企业发展理念，各项业务平稳增长，经济效益不断提升，企业实力不断增强，在中国银行协会推出的"中国银行业 100 强"榜单中排到了第 23 位。此外，其业务范围也在不断拓展，不

断向金融业务纵深推进，影响力也在不断壮大，自 2007 年设立第一家分行以来，到目前为止已经拥有了 17 家分行，其业务范围覆盖了京、沪、杭以及江苏省内的大部分地区。而自南京马拉松开赛以来，南京银行就一直以冠名赞助商的身份与其合作，而与南京马拉松的合作也是南京银行首次冠名赞助体育赛事，体现出了南京银行主动承担社会责任的企业精神，同时其"好伙伴，大未来"的品牌精神也同南京马拉松赛事精神相契合，马拉松赛事的时尚、年轻、向上、进取等元素也彰显出了南京银行的企业特质。根据南京银行的企业属性，本文选取了上证指数和银行板块指数与南京银行股票指数进行对比分析。

2020 年度南京国际马拉松赛于 11 月 29 日举行，由于赛事是在 11 月底举行的，因此本次将基期设为举办月前两个月的第一周，以共计 29 个周期的数据来进行对比分析。

首先对图 7 内容进行分析，图 7 中将南京银行的股票指数同标准化后的上证指数进行了对比分析。从图中可以看出在赞助期内二者交替发展，从整体上看，南京银行的股票指数要高于标准化后的上证指数，在赛事开赛前的宣传期里，南京银行的股票指数在部分周期小幅度高于上证指数；在南京马拉松开赛当周，其赞助指数出现了明显的高升，超越了 200，之后又回归到原先的水平，在 2020 年 12 月 31 日到达最低点之后又出现了回升并呈现波浪式发展，而 2021 年 3 月 5 日出现的一波高峰期则与企业自身的活动或大盘变动关系较大，又因为赞助马拉松赛事的热度还未过去，所以表现出了较高的指数水平，因此，在赞助期内开展企业活动或企业面临较大机遇时可能会收获较理想的预期。

接着与标准化后的银行板块进行分析，从图 8 中可以看到南京银行股票指数与标准化后的银行板块指数大致相同，只有在 2021 年 3 月 5 日当周南京银行赞助指数明显高于标准化后的银行板块指数，但银行板块指数也表现出了较大幅度的升高。由此可见，该处企业指数的升高与银行板块自身的变化关系较大，而又因为其赞助马拉松的效应还未褪去，因此表现出了同其他银行相比较高的水平，通过其他部分的指数走势也可以看出本次南京银行赞

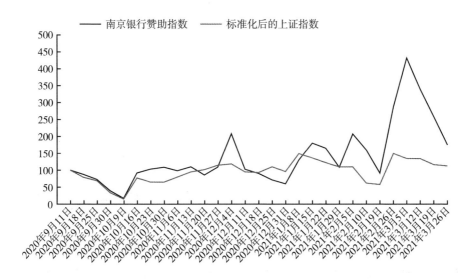

图7　南京银行赞助指数和标准化后的上证指数走势对比

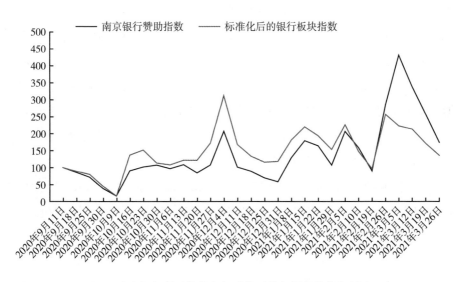

图8　南京银行赞助指数与标准化后的银行板块指数对比

助的南京马拉松所产生的效果不如文中所提到的其他赛事效果好，课题组通过分析认为，对于金融机构来说，赞助马拉松赛事更多的是为了长期稳定的发展和更广泛的群众认可度，因此短期内的赞助效果不容易明显观察到。

（5）关于澳门马拉松冠名赞助商澳门银河娱乐集团股票走势的对比分析。

澳门马拉松首次举办于1981年，到2021年为止已经有41年的历史，它是由澳门特别行政区政府体育局和澳门田径总会联合主办的，赛道也通过了AMIS认证，由于赛事受欢迎程度极高，因此为了让更多的人能够参与进来，其参赛名额已增加至12000个，这对于一个面积仅有32.8平方公里的地区来讲是非常难能可贵的。值得一提的是，澳门马拉松在赛道的设计上采用了封闭式的跑道，为安全性提供了保障，同时比赛路线途经多处澳门特色建筑物及澳门的跨海大桥，可以让参赛者体验到更多的澳门风光，给马拉松跑者带来了独特的参赛体验。

澳门银河娱乐集团是一家拥有超过130年历史的酒店与休闲娱乐公司，该公司的业务涉及酒店、博彩以及建筑等多个领域，旗下包括澳门的多家星级酒店，拥有3000多间客房，同时企业还在不断丰富和更新服务方式，提高服务质量，除了不断增加数家特级豪华酒店之外，还通过娱乐表演、星级餐厅等多种方式吸引顾客，打造世界级综合娱乐城。因此，澳门银河在澳门地区极具地位和影响力。2020年是澳门银河娱乐集团连续赞助澳门马拉松赛的第17年，这些年里企业为澳门马拉松提供了丰厚的资金和实物支持，而马拉松赛事也为企业吸引了大规模的客流量和超高的曝光度，二者实现了双赢。根据澳门银河娱乐集团本身的属性，本文选取了恒生指数和酒店板块指数与该企业股票指数进行分析和对比。

澳门国际马拉松赛事是于每年12月份的第一周举行，本文选取了赛事举办月的前两个月的前一周作为基期，共有26个周期的数据可以进行对比分析。

从图9可以看出，澳门银河娱乐集团的股票指数与标准化后的恒生指数走势相差不大，二者交叉发展。整体上看，恒生指数要略高于银河娱乐的股票指数，但这并不表明其赞助效果较差。从银河娱乐自身的股票指数来看，其在赞助期的数值均大于100，这说明其股票指数均大于基期的股票指数，同时从整体走势上讲也呈现明显的走高趋势，从这一角度讲，银河娱乐赞助的澳门马拉松还是有一定效果的。同时，从2020年11月13日、2021年2月5日以及2021年2月26日出现的三次高峰期来看，其指数水平都超越了标准化后的恒生指数，这说明在赞助期内的企业活动可以收获到较好的效果。

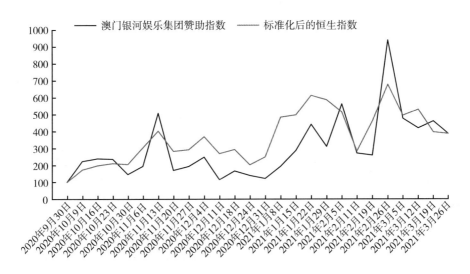

图9 澳门银河娱乐集团赞助指数和标准化后的恒生指数走势对比

接下来通过与酒店板块的对比来分析，根据图10给出的数据，赞助期内澳门银河娱乐集团的股票指数一直高于标准化后的酒店板块指数，同时尽管赞助期内的股票指数波动较大，但总体上呈现上升态势，这说明对马拉松赛事的赞助使该企业在竞争方面获得了有利的市场地位，表现出了较好的赞助效果。

3. 赞助商股票价格指数对比

为对各类赞助商的赞助效果进行比较，本文以马拉松赛事举办周为中间A期，将各赞助商在前九周（A-1至A-9）和后九周（A+1至A+9）的股票价格指数合并到一个图中，由此可比较出各赞助商赞助效果的差异。从图11中可以看出，长安汽车和广汽集团的赞助效果要显著好于其他各赞助商，这与赞助当期较活跃的汽车市场有一定关系，而建发集团和银河娱乐表现出了大致相同的增长幅度，这也符合两个历史较为悠久的老牌企业的发展节奏，而南京银行的表现则较为稳定，这对于金融行业的企业来讲未必是一

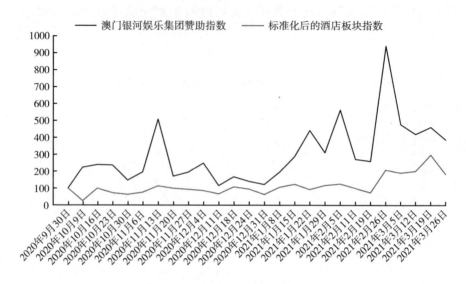

图10　澳门银河娱乐集团赞助指数和标准化后的
酒店板块指数走势对比

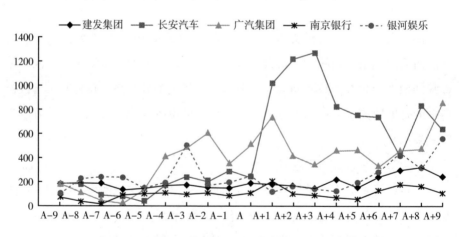

图11　各赞助商在赞助期内的同期股票价格指数对比

件坏事，赞助马拉松赛事能为该类企业赢得更多用户的肯定，为企业未来发
展铺路。

参考文献

上海证券交易所：《上证系列指数简介》，上海证券交易所官网，2020 年 12 月 30 日，http：//www. sse. com. cn/market/sseindex/overview/。

深圳证券交易所：《指数与样本股》，深圳证券交易所官网，2020 年 12 月 30 日，http：//www. szse. cn/market/exponent/sample/index. html。

杨建荣：《体育投融资管理》（第 2 版），北京体育大学出版社，2019，第 17 ~ 49 页。

《股票价格指数简介》，MBA 智库·百科，2020 年 12 月 30 日，https：//wiki. mbalib. com/wiki/股票价格指数。

张永韬、杨洋、王虹、周寿江：《体育赞助对赛事品牌资产的影响——基于品牌形象逆转移的视角》，《武汉体育学院学报》2019 年第 6 期，第 44 ~ 49 页。

肖锋、王娟：《我国体育赛事赞助方式及影响因素研究》，《体育文化导刊》2018 年第 4 期，第 79 ~ 83、103 页。

张俞：《股票价格影响因素分析》，《时代金融》2018 年第 33 期，第 124、129 页。

王进：《基于扎根理论的中国马拉松赛事赞助市场影响因素研究》，《体育与科学》2021 年第 1 期，第 98 ~ 105 页。

中国田径协会：《2019 中国马拉松年度报告》，中国田径协会官方网站，2020 年 5 月 20 日，http：//www. athletics. org. cn/news/marathon/2020/0520/346440. html。

范高乐：《我国不同股票指数的风险及绩效评估》，《技术经济与管理研究》2020 年第 4 期，第 112 ~ 116 页。

专 题 篇
Special Reports

B.3
新冠肺炎疫情下我国马拉松赛事的
发展现状及模式研究

王盼 陈梅*

摘 要: 2020年突如其来的新冠肺炎疫情虽对我国马拉松赛事的发展产生了严重的影响,但我国马拉松的发展并没有完全停滞。马拉松赛事举办的本质是进行项目管理,因此,主办方、运营方、赞助商、媒体、参赛者以及观众等作为马拉松赛事的利益相关主体,在疫情的影响下也在采用不同的方式寻求自救:在疫情发展的高峰期,大量赛事取消或延期,主要进行线上教学和科普;在疫情缓和期则积极寻找出路,探索线上发展路径,并结合各地特色,探索线上马拉松的新玩法;到10月初,疫情进入平稳期,开始尝试线上、线下相结合的形

* 王盼,博士,北京体育大学体育商学院副教授,研究方向为体育统计分析、数学建模、体育风险管理、体育模型分析等;陈梅,北京体育大学研究生院硕士研究生,研究方向为体育经济与产业。

式，逐步扩大赛事规模。

关键词： 新冠肺炎疫情　马拉松赛事　特色线上赛事

如今，随着社会的发展和生活水平的提高，人们在满足基本的生存需求后，开始追求精神上的自我满足与享受。体育作为一项基本的身体活动，能在进行强身健体的同时愉悦身心，因此，当前人们对体育的需求自然而然不断增强。尤其是群众性体育赛事，如近年来极其火爆的马拉松赛，在全民健身的氛围中发展得越来越热。然而，2019 年底，突如其来的新冠肺炎疫情给马拉松赛按了暂停键，让体育赛事产业陷入了恐慌与不安。不言而喻，持久的疫情现状直接影响了马拉松赛事的生产者——跑者的聚集，面对威胁到生命安全的重大灾难，也只能在党和国家的领导下同心协力抗击疫情。但是，发展过于迅速的马拉松赛确实积攒了很多问题，此次被迫按下暂停键也获得了一个"休养生息""修炼内功"的机会，不然被过度商业性裹挟着前进的马拉松赛终究会停下脚步来休整。马拉松赛有着大量的利益相关者，在疫情下，马拉松赛的发展究竟被影响到什么程度？发展现状如何？主要的利益相关者如何寻找出路？……这一系列问题都值得去深入探究。

一　马拉松赛事发展的现状

近年来，我国出台了大量关于商业性、群众性体育赛事的政策文件，由于审批权被取消，加上政策的支持，如表 1 所示，我国的体育产业，特别是体育赛事，步入了高速发展时期。[①] 为引领全民强身健体，满足群众运动需要，一些群众性赛事相继涌现，如马拉松、公路自行车赛等。这些体育赛事

---

①　郝文艳、桑群威：《路跑类赛事的现状及发展对策研究》，《体育时空》2017 年第 9 期。

在推广时也带动了城市经济发展，宣传了城市形象，有利于提升城市知名度①，对于马拉松而言，其意义更为显著。1896年的第一届奥运会，马拉松首次正式成为一项比赛项目，赛道全程约42.195公里。②马拉松赛事的赛道分布空间广阔，参与选手成千上万，一是能很好地宣传城市形象；二是能很好地带动关联性消费，如旅游、酒店、餐饮、交通等；三是能带动全民参与健身，刺激人们的体育消费欲望。近年来，马拉松的发展势如破竹，在全民健身的大环境下呈爆发式增长。③

表1 全民健身及体育赛事相关政策文件（部分）

发布时间	发布单位	文件名	具体内容
2014年10月	国务院	《国务院关于加快发展体育产业促进体育消费的若干意见》	营造重视、支持和参与体育的社会氛围，将全民健身作为国家战略；大力发展多层次、多样化的各类体育赛事。
2016年10月	中共中央、国务院	《"健康中国2030"规划纲要》	以"共建共享，全民健康"为主题，完善全民健身公共服务体系和开展全民健身运动。
2017年10月	国家体育总局	《关于进一步加强马拉松赛事监督管理的意见》	各级体育主管部门和田径管理机构，不得对商业性和群众性马拉松赛事开展审批。
2019年9月	国务院	《国务院办公厅关于促进全民健身和体育消费推动体育产业高质量发展的意见》	要采取灵活多样的市场化手段来促进体育消费，丰富群众性体育赛事活动，优化参赛体验。

---

① 胡智勇：《2018太原国际马拉松赛参赛者满意度研究》，硕士学位论文，首都体育学院，2019。
② 阮从非：《我国城市马拉松赛市场化运作趋势研究》，硕士学位论文，北京体育大学，2016。
③ 李兆元、汪作朋：《论马拉松赛事对我国城市经济社会发展的价值》，《经济研究导刊》2018年第20期，第117~118页。

续表

发布时间	发布单位	文件名	具体内容
2020 年 1 月	国家体育总局	《体育赛事活动管理办法》	地方体育部门应当减少体育赛事审批,优化服务;积极推动地方人民政府,根据实际需要建立体育、公安、卫生等多部门对商业性、群众性大型体育赛事活动"一站式"服务机制或协同工作机制。

资料来源:《国务院关于加快发展体育产业促进体育消费的若干意见》,中华人民共和国中央人民政府网站,2014 年 10 月 20 日,http://www.gov.cn/zhengce/content/2014 – 10/20/content_ 9152.htm;《"健康中国 2030"规划纲要》,中华人民共和国中央人民政府网站,2016 年 10 月 25 日,http://www.gov.cn/gongbao/2016 – 11/20/content_ 5133024.htm;《关于进一步加强马拉松赛事监督管理的意见》,国家体育总局网站,2017 年 11 月 8 日,http://www.sport.gov.cn/n316/n340/c832920/content.html;《国务院办公厅关于促进全民健身和体育消费推动体育产业高质量发展的意见》,中华人民共和国中央人民政府网站,2019 年 9 月 17 日,http://www.gov.cn/zhengce/content/2019 – 09/17/content_ 5430555.htm;《体育赛事活动管理办法》,中华人民共和国中央人民政府网站,2020 年 1 月 17 日,http://www.gov.cn/zhengce/zhengceku/2020 – 03/24/content_ 5494966.htm。

2020 年 5 月,中国田径协会发布了 2019 中国马拉松报告[1],从报告中可以发现,马拉松及相关路跑赛事数量增长迅速。2019 年,在中国内地共举办 1828 场大型赛事,较上一年增长了 247 场;参赛人次共计 712.56 万,较上一年增长 129.56 万。全国近 90% 的城市举办过规模赛事。同时,艾媒咨询发布的《艾媒报告:2018～2019 中国马拉松产业研究与用户分析报告》[2] 显示,2015 年共举办 134 场马拉松赛事,2016 年共有 328 场,2017 年有 1102 场,2018 年达到了 1581 场。然而,在 2020 年初,突如其来的新型冠状病毒给了马拉松赛事发展沉重一击。根据中国田径协会和"马拉松 123"微信公众号对全国各类马拉松赛事的统计,截至 2020 年 3 月 12 日,全国已公布信息的路跑赛事共 457 场,已有 31 场马拉松赛事宣布取消,172

---

[1] 《果动科技:2019 中国马拉松蓝皮书》,中文互联网数据资讯网,2020 年 5 月 21 日,http://www.199it.com/archives/1045924.html。

[2] 艾媒咨询:《艾媒报告:2018～2019 中国马拉松产业研究与用户分析报告》,搜狐网,2019 年 2 月 26 日,https://www.sohu.com/a/297797588_ 533924。

场延期,80 场待定。① 可喜的是,在 2020 年的最后一个季度迎来了马拉松季,共举办了 172 场马拉松赛,全年共举办不同规模的马拉松赛事 209 场②。2015～2020 年马拉松赛事数量变化情况如图 1 所示。

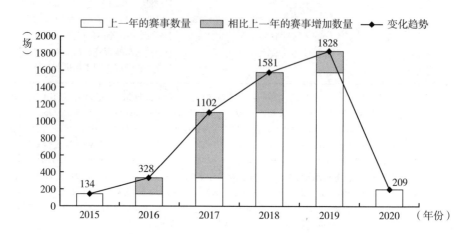

图 1　2015～2020 年马拉松赛事数量变化情况

资料来源:《果动科技:2019 中国马拉松蓝皮书》,中文互联网数据资讯网,2020 年 5 月 21 日,http://www. 199it. com/archives/1045924. html;艾媒咨询:《艾媒报告:2018～2019 中国马拉松产业研究与用户分析报告》,搜狐网,2019 年 2 月 26 日,https://www. sohu. com/a/297797588_ 533924;《93 场田协认证马拉松动态:延期 73 场,取消 9 场,待定 11 场》,"马拉松 123"微信公众号,2020 年 3 月 12 日,https://mp. weixin. qq. com/s/i2rrKXhKCyutlrFY_ Ke0zg;《疫情下的 2020 年,中国依然举办了 200 +场马拉松》,"马拉松 123"微信公众号,2020 年 12 月 31 日,https://mp. weixin. qq. com/s/i_ yz3rSWGUAwtguMZgo3VQ。

从图 1 中可以明显看到,由于 2020 年的疫情影响,马拉松赛事数量呈断崖式减少态势,但马拉松赛事各利益相关者并未坐以待毙,而是不断"修炼内功",寻求新的发展模式。在 2020 年的最后三个月厚积薄发,平均每个月仍举办了 50 多场赛事,全年举办总数量仍比 2015 年多。

---

① 《93 场田协认证马拉松动态:延期 73 场,取消 9 场,待定 11 场》,"马拉松 123"微信公众号,2020 年 3 月 12 日,https://mp. weixin. qq. com/s/i2rrKXhKCyutlrFY_ Ke0zg。

② 《疫情下的 2020 年,中国依然举办了 200 +场马拉松》,"马拉松 123"微信公众号,2020 年 12 月 31 日,https://mp. weixin. qq. com/s/i_ yz3rSWGUAwtguMZgo3VQ。

二 马拉松赛事的利益相关者分析

马拉松赛事是以跑步运动为核心内容，以"全民健身，大众参与"为内涵，为满足经济、社会、娱乐等需求而有目的、有意识地举办的一种大型社会活动。马拉松赛事的本质是项目管理，即围绕着"一件事情"来考虑问题、分析问题，集城市管理、赛事运营、商业赞助、媒体宣传、跑者及观众参与等于一体，在一定的时间周期内完成马拉松赛事的举办。[①] 根据产业经济学理论，体育赛事进行市场化运作时，就会出现具有"投入—生产—产出"经典特征的经济活动。在该经济活动中就包含了包括员工、供应商、消费者、直接和间接客户等在内的全部利益相关者所形成的不同形式的交易关系[②]。同时，大型体育赛事运营管理理论的理论研究和实践表明，良好的管理运作水平与赛事各利益相关者的支持和参与是体育赛事成功举办的重要因素，利益共同体与命运共同体相互协作才能有效促进优质赛事的诞生。Freeman 等[③]从企业的角度出发，认为利益相关者是指那些与企业目标实现紧密联系的人群，主要是员工、供应商、合作伙伴、顾客等。黄海燕等认为，体育赛事利益相关者主要包括主办方、赛事所有权人、当地政府、社区、媒体、赞助商、观众、赛事参与者等[④]。陈存志等[⑤]根据赛事和利益相关者之间的密切程度将其划分为一级和二级：一级利益相关者是指有最直接利益关系的主体，主要包括政府、主办组织、赞助商、社区、赛事生产者、

① 胡明洋、曹政、管延伟等：《马拉松赛事与城市发展的联动性研究》，《辽宁体育科技》2018年第6期，第39~43、48页。

② 徐文琦、郑佳丽、沈克印：《体育赛事商业模式创新——基于新浪3×3黄金联赛个案的研究》，《武汉体育学院学报》2020年第6期，第61~67页。

③ Freeman R. E., Evan W M., "Coporate Govmanee: A Stakeholds Interpretation", *Journal of Behavior E-conomics*, 1990 (19): 337-359.

④ 黄海燕、张林：《体育赛事利益相关者分析》，《体育科研》2008年第5期，第25~28、36页。

⑤ 陈存志、刘苹：《大型体育赛事利益相关者管理理论及其框架构建》，《武汉体育学院学报》2011年第4期，第14~20页。

管理者、媒介、观众等；二级利益相关者则是有间接关系的主体。刘苹等①认为大型体育赛事利益相关者还应包括主办地企业、其他公众、上级管理机构。因此，根据相关学者对体育赛事利益相关者的研究，本文着重对马拉松赛事的主办方（地方政府及相关部门、协会等）、运营方、赞助商、媒体、参赛者以及观众这6个主要利益相关者进行分析，对马拉松赛事的业务系统描述如图2所示。

我国的大型马拉松赛事与城市发展的关系十分密切，在体育赛事协同发展的模式中，主要由中国田径协会、地方政府、体育局等作为主导，成立临时赛事组委会。② 在行政资源的拥有和配置上，政府的组委会都具有得天独厚的条件，因此，政府的赛事组委会主要对赛事进行具体策划组织，加强管理与监督。在马拉松赛事的举办过程中，以城市政府及相关组织部门为主体的主办方多以推动城市经济发展、宣传城市形象、丰富群众体育活动等为目的。③ 相应的，马拉松赛事只有在政府及相关部门和组织的强有力支持下，运用行政手段调动各个部门及公共资源，才能圆满完成。④

马拉松赛事的成功举办离不开良好的运营策略，以赛事运营公司为主体的运营方起着重要的作用，其主要负责赛事市场开发。马拉松赛事的运营方主要以谋取丰厚利润、积累办赛经验、提高企业声望等为目的。在马拉松赛事的盈利问题上，转播权并不能带来收益，反而需要免费将其给到地市级频道进行宣传，甚至花费高额资金到中央电视台进行播放，以加强宣传力度和提高曝光度，因此，马拉松赛事的运营除了政府的部分补贴，其余主要收入来源于赛事的冠名权、广告费、报名费、周边商品、商业赞助等方面。同时，

---

① 刘苹、陈存志：《大型体育赛事利益相关者界定及其利益分类划分》，《河北体育学院学报》2013年第1期，第22～25页。

② 马迎志：《我国城市马拉松赛事治理研究》，硕士学位论文，江西财经大学，2018。

③ 胡明洋、曹政、管延伟等：《马拉松赛事与城市发展的联动性研究》，《辽宁体育科技》2018年第6期，第39～43、48页。
《国务院关于加快发展体育产业促进体育消费的若干意见》，中华人民共和国中央人民政府网站，2014年10月20日，http://www.gov.cn/zhengce/content/2014-10/20/content_9152.htm。

④ 邹巍、王璐：《重庆市重大体育赛事运营模式比较研究》，《体育科技文献通报》2017年第3期，第8～10、115页。

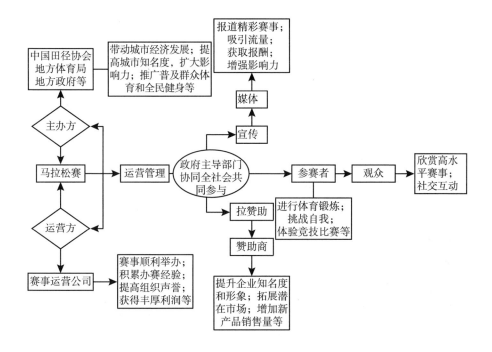

图 2　马拉松赛事的业务系统

资料来源：胡明洋、曹政、管延伟等《马拉松赛事与城市发展的联动性研究》，《辽宁体育科技》2018 年第 6 期，第 39～43、48 页；徐文琦、郑佳丽、沈克印《体育赛事商业模式创新——基于新浪 3×3 黄金联赛个案的研究》，《武汉体育学院学报》2020 年第 6 期，第 61～67 页；Freeman R. E., Evan W M., "Coporate Govmanee: A Stakeholds Interpretation", *Journal of Behavior E-conomics*, 1990（19）：337－359；黄海燕、张林《体育赛事利益相关者分析》，《体育科研》2008 年第 5 期，第 25～28、36 页；陈存志、刘苹《大型体育赛事利益相关者管理理论及其框架构建》，《武汉体育学院学报》2011 年第 4 期，第 14～20 页；刘苹、陈存志《大型体育赛事利益相关者界定及其利益分类划分》，《河北体育学院学报》2013 年第 1 期，第 22～25 页；马迎志《我国城市马拉松赛事治理研究》，硕士学位论文，江西财经大学，2018；邹巍、王璐《重庆市重大体育赛事运营模式比较研究》，《体育科技文献通报》2017 年第 3 期，第 8～10、115 页；赫立夫《中国马拉松金牌赛事运营管理模式及成效研究》，硕士学位论文，河南大学，2016；郭晓《昆明马拉松赛事管理现状与对策研究》，硕士学位论文，云南师范大学，2019；林翠娟、杨海《我国城市马拉松赛事问题的社会学分析》，《辽宁体育科技》2018 年第 5 期，第 34～37 页。

对于马拉松这类大型群众性体育赛事，涉及的赛道范围较大，因此，运营方还要注重赛事安全、突发事件与风险应对等，如群众安保、交通安全、医疗

保障、天气、食物、饮水等方面的问题。①

赞助活动是一种重要的市场营销手段，也是一种双赢的合作形式。一方面，赞助商能给主办方提供实物或资金，使马拉松赛事更成功地举办；另一方面，主办方能给赞助商带来更多宣传和曝光，提升企业知名度和形象，拓展潜在市场，增加产品销量等。在我国，马拉松赛事的市场化程度越来越高，赛事发展越来越稳定，马拉松赛事的赞助商也更加倾向于长期合作，并形成了不同级别的赞助商体系。

在这马拉松赛事中，媒体所发挥的作用举足轻重，充当了重要的信息传递桥梁。从赛事的确立到赛事的完成，都需要媒体进行宣传和曝光，让大众认识并参与到赛事中。赛事主办方和运营方在赛事的全周期都需要运用自身的公众平台和合作的专业媒体进行大力宣传，提高赛事的知名度，积攒口碑和流量。②

我国马拉松赛事虽起步晚，但基于参赛者的精神、娱乐、社交等方面的自我实现，参与马拉松赛事的需求人口较多，大型马拉松的参赛名额供不应求。③ 马拉松赛事的参赛者是整个赛事的组成部分之一，是必不可少的重要角色，有了参赛者才有马拉松赛事的举办，所以，参赛者对赛事质量要求较高。如何更好地满足参赛者的需求，提高赛事满意度也是主办方和运营方考虑的重要方面。

马拉松赛事作为全民健身赛事的典范，而且普通业余跑者占所有参赛者的90%以上，同时，由于马拉松赛事作为路跑赛事，里程远，因此马拉松赛事的观众既包括在马拉松赛路线旁加油助威的现场观众，又包括用手机或电脑进行观看直播的远程观众。所以，在马拉松赛事中，要注意提高赛事的观赏性，吸引更多的人关注和观看赛事。

---

① 赫立夫：《中国马拉松金牌赛事运营管理模式及成效研究》，硕士学位论文，河南大学，2016。
② 郭晓：《昆明马拉松赛事管理现状与对策研究》，硕士学位论文，云南师范大学，2019。
③ 林翠娟、杨海：《我国城市马拉松赛事问题的社会学分析》，《辽宁体育科技》2018 年第 5 期，第 34～37 页。

三　疫情下马拉松赛事的发展模式分析

2020 年初，新型冠状病毒的突然暴发极大地影响了马拉松赛事的举办。由于疫情防控，2 月至 7 月共整整 6 个月没有举办过马拉松赛事；但在 8 月底至国庆节期间，中小规模赛事不断尝试并成功举办（大多以线上为主）；同时，在 10 月、11 月和 12 月三个月中，终于迎来了马拉松季，举办了上百场线上、线下相结合的马拉松赛。马拉松赛事的各利益主体紧密联系，但各自的诉求却并不一样，随着疫情的发展，马拉松赛事也经历了几个阶段的调整，相关利益主体纷纷从自身可操作可控的角度出发，探索困境下的发展模式。

（一）疫情高峰期——赛事取消或延期，进行线上教学科普

2020 年 1 月底，中国田径协会发布了关于加强对疫情防控的通知，因此，马拉松赛事纷纷取消、延期或待定，赛事公司没有业务，就没有收入，只能开源节流，艰难维持，主要通过科普教学来维持流量。由于疫情的影响，跑者无法进行户外训练，开始了"宅家运动"，如原地跑、观看跑步明星线上教学等。针对这一情况，相关主办方及运营方在自身公众平台进行马拉松知识的教学或科普，如中国田径协会通过健身课程的方式向大众传播科学健身的相关知识。

总体看来，疫情高峰期，赛事全面停摆，各马拉松赛事的相关利益主体面对这场突如其来的风险，显得手足无措，只能在各自的公众平台进行线上探索，维持已有用户量，基本无经济利益产出。

（二）疫情缓和期——积极寻找出路，探索线上发展路径

2020 年 3 月底，中国田径协会鼓励各地安全有序地恢复办赛。22 日，成都市青城山举办了一场 1000 人的健康跑活动。在全国复工复产阶段，这场活动无疑点燃了城市活力，增强了群众战胜疫情的信心，业内人士认为这

场活动打响了国内马拉松恢复办赛的第一枪。疫情期间，中国田径协会一方面协助马拉松利益相关团体跨越寒冬，另一方面完善马拉松活动的相关制度和规则。3月18日，中国田径协会发布了我国马拉松的办赛指南。3月31日，国家体育总局办公厅通知各单位短期内暂不举办马拉松赛事，赛事组委会、运营单位、跑者可参加中国田径协会推出的多期如办赛指南、参赛指南等各类线上免费知识普及、培训活动，修炼内功，以提高办赛能力及参赛能力。

5月16日，中国田径协会发布了开展线上马拉松的指导意见，鼓励群众进行居家健身。相关利益主体也在积极寻求线上参赛模式，探索线上马拉松的多种玩法，如表2所示。值得一提的是，为应对疫情，中国田径协会推出了"跑遍中国"线上赛，各省市可根据规定进行申办，历时一年，涵盖内地31个省级行政区。这场系列赛是网络技术、数据、人工智能与马拉松赛事的融合，是一次创新性的探索。

表2　特色线上马拉松赛事（部分）

赛事时间	赛事名称	赛事特色
6月14日	兰州银行杯·2020兰州马拉松线上赛	举办兰马线上赛，以新形式相约十年兰马，设置"每日打卡挑战"和"兰马线上赛"两个板块。
6月6日	成·就自我—2020线上成都马拉松	多名知名跑者在全国各地以"连麦互动"的方式与大家云端相聚，真正实现"边跑边聊"云陪跑。
7月1日	"跑遍四川"主题活动——"纪念建党99周年"云上健康跑活动	活动设置不忘初心跑(7.1公里)、牢记使命跑(9.9公里)、党群齐奔跑(5公里)三种项目。
5月24日~9月6日	云跑江苏线上马拉松	赛事以"一周一城十三赛，云跑江苏十三城"方式开展。

续表

赛事时间	赛事名称	赛事特色
6月30日~8月23日	浙江马拉松线上系列赛	一马一景,跑遍浙里,系列赛设置套餐奖励、分站奖励和终极奖励。

资料来源:郭晓《昆明马拉松赛事管理现状与对策研究》,硕士学位论文,云南师范大学,2019;林翠娟、杨海《我国城市马拉松赛事问题的社会学分析》,《辽宁体育科技》2018年第5期,第34~37页;《兰州银行杯·2020兰州马拉松线上赛盛大开跑》,搜狐网,2020年6月14日,https://www.sohu.com/a/401814797_100071965;《成·就自我—2020线上成都马拉松报名开启探索路跑赛事多场景新玩法》,搜狐网,2020年5月26日,https://www.sohu.com/a/397799437_206595;《"跑遍四川"主题活动——"纪念建党99周年"云上健康跑落幕》,四川在线,2020年7月2日,https://sichuan.scol.com.cn/amsc/202007/57843121.html。

总体看来,马拉松的发展在疫情缓和期出现了向好的趋势。疫情极大地刺激了大众进行体育锻炼的需求和欲望,同时,各利益相关主体积极寻找自救的办法,在疫情防控常态化下尝试线上马拉松,主办方和运营方充分利用互联网,结合当地特色,吸引全国各地的马拉松爱好者进行参与,不限地域,不限名额,不限时间。虽然可获得的相关的经济效益与疫情前相比显得微薄,却是迎合互联网时代的一次积极探索,极大地刺激了大众的活跃度,为日后线下马拉松的开展做好了铺垫,对整个马拉松行业的长远发展有非常重要的意义。

(三)疫情平稳期——线上、线下相结合,逐步扩大赛事规模

从2020年11月开始,在疫情防控要求下,尝试线上、线下相结合,并逐步扩大赛事规模。例如,11月29日,南京马拉松(仅举办全马项目)鸣枪开跑,参赛规模达到一万人。同时,线上赛也与线下赛同日起跑,打造了一个线上、线下相结合的南京马拉松新型互动场景。2020成都马拉松也于11月29日鸣枪开跑,同时,"跑遍中国"的成都站活动也将开始。12月13日,广州马拉松赛在天河区体育中心开展,参赛规模达到两万人。12月27日,桂林马拉松赛开跑,一万名选手相聚在这座山水名城,为这座城市增添了青春与活力。

据微信公众号"马拉松123"统计,2020年国内开展的马拉松赛事

（仅全马及半马项目，未统计香港）共计 209 场，全程马拉松赛事 58 场，半程马拉松赛事 151 场。显然，这相对于 2019 年是大幅减少了，2019 年是 719 场（全程 247 场、半程 472 场）。

"寒冬"之下，各个企业如履薄冰，设法自救。此次疫情对马拉松的发展既是危机，又是机遇。在此期间，加速促进了马拉松产业的线上、线下相融合，也培育了体育消费者线上消费的习惯，刺激了大众对运动健身的需求，促进了马拉松运动的推广。疫情期间的线上跑、居家锻炼、云参赛、奔跑指南等活动，也得到了很多跑者的呼应，尽管在赛事体验、氛围等方面不如疫情发生前，但这也是一种韬光养晦的做法。

（四）马拉松赛事主要利益相关者的应对措施

通过对相关网络资料进行分析可以发现，由于我国体育发展过程中的政府特色较为明显，作为全民健身战略下的大众健身的重要引导项目，在疫情发展的不同阶段，马拉松赛事的发展紧跟大环境，遵从国家的疫情防控要求，在主办方（以中国田径协会、地方政府和体育局等为主）和运营方（以赛事运营公司为主）的主要带领下，调动各利益主体的积极性，纷纷开始探索"自救"之路，如表 3 所示。

在疫情高峰期，面对新型冠状病毒的突然暴发，大量马拉松赛事被迫取消或延期，各利益主体犹如当头棒喝，陷入迷茫。主办方和运营方主要采用线上教学的方式，教授跑步技巧、分享名人跑步经验等；赞助商的赞助计划基本落空，他们开始利用物资开展慈善活动，慷慨捐赠疫情严重地区；媒体也无赛事可宣传，转而对抗疫情景展开报道；参赛者则在线上跑步科普中开启"客厅马拉松"模式，在有限空间进行活动性锻炼；观众没有直播马拉松赛可观看，但可进行回放，重温曾经轰动的比赛场面。

在疫情缓和期，在对疫情有所适应后，各利益主体开始冷静下来进行自我思考。主办方和运营方开始积极探索"互联网+体育"模式，设计并举办线上马拉松，借助小程序或软件进行每日跑步打卡，设置的参加门槛较低，吸引了大量跑步爱好者及普通大众。同时，联合赞助商，制作有特色的精美奖牌和各种形式的礼品，充分调动了大众的参与热情。同时，大量曾经大型线下马拉松赛事的观众也被发展成为参与者，来感受马拉松的魅力。线上马拉松的设计比赛区域更灵活，可操作空间更大，凭借着各地的特色也吸引了各公众平台进行宣传报道，将马拉松重新慢慢拉进大众视野。

在疫情平稳期，疫情防控进入常态化，虽仍不可懈怠，但经过大半年的抗疫努力，我国情况已然出现不错的态势，因此，在此情境下，主办方和运营方开始采用"线上＋线下"模式。线上马拉松是在困难与机遇并存的时代下的产物，是互联网和体育的一次真正的结合，也是未来会不断深耕的发展模式。一方面，线上马拉松可以满足更多大众，线下马拉松则能真正体验比赛的氛围，将线上与线下相结合，也是一种良好的运营方式，能带来更大的热度和流量。另一方面，对于赞助商，它能成立新的体系与分类，根据不同赞助商的实力满足不同赞助商的需求。对于参赛者而言，更是扩宽了参赛渠道，更多地满足不同赛事体验。线下马拉松的回归也能让观众找到观赛体验。

表3 马拉松赛事主要利益相关者的应对措施

疫情发展阶段	利益主体	应对措施
疫情高峰期	主办方	线上科普
	运营方	线上科普
	赞助商	为疫情严重地区捐赠物资
	媒　体	报道抗疫情景
	参赛者	开启"客厅马拉松"
	观　众	重播或回放曾经的马拉松的精彩剪辑
疫情缓和期	主办方	举办线上马拉松
	运营方	举办线上马拉松
	赞助商	为线上马拉松提供技术、奖牌、礼品等物资赞助
	媒　体	有特色的线上马拉松得到大量报道
	参赛者	积极参加线上马拉松
	观　众	开始尝试感受马拉松的魅力

续表

疫情发展阶段	利益主体	应对措施
疫情平稳期	主办方	线下马拉松回归,同时开展线上马拉松
	运营方	重点放在对线下马拉松的运营上
	赞助商	对线上和线上马拉松都能进行赞助
	媒 体	重点报道回归的线下马拉松
	参赛者	根据自身情况选择参加线上或线下马拉松
	观 众	观看线下马拉松直播或现场加油助威

结 语

疫情是无情的灾难,也是刺耳的警钟。2020 年新冠肺炎疫情的影响,让人们进一步增强了强身健体的意识,并开始有规律地健身锻炼。同时,它也进一步推动了体育赛事的发展,特别是群众性体育赛事。尽管马拉松的发展之路布满荆棘,但分析发现,无论是线上还是线下模式,都不会影响马拉松的号召力和影响力,相关产业的发展在不断推进。近年来,马拉松发展速度过快,暴露的问题也很多①,风险是对企业运营模式和生命力的检验。此次疫情的冲击也在提醒相关组织和企业要不断优化产业结构,提升抗压能力,也进一步考验了企业的商业运营模式,能使十多年的马拉松热潮降温,发展步伐趋于稳健。

总体来说,马拉松赛在 2020 年受到很大打击,但并没有完全停滞。同时,2021 年出现了疫情的反弹,亦须警惕,但有了 2020 年的"修炼内功",2021 年会有更丰富的经验和准备来打赢疫情这场仗,再次迎来马拉松的蓬勃发展。发展的速度可能会变缓,但前进的脚步会更加坚定。

---

① 杨君雅:《马拉松运动参与者群体特征及其影响因素研究》,硕士学位论文,上海体育学院,2019。

参考文献

《十三城联动开赛，"云跑江苏"开启跨地域云跑》，搜狐网，2020 年 5 月 24 日，https：//www. sohu. com/a/397351545_ 171642。

《浙江马拉松线上系列赛嘉兴站报名启动》，搜狐网，2020 年 7 月 4 日，https：//www. sohu. com/a/405714231_ 613007。

B.4
中国马拉松赞助市场的企业分析与比较

马传业　杨建荣*

摘　要：　一场马拉松赛事的开展涉及多家赞助商的参与，而企业之间
　　　　　的分析与比较也是影响赞助市场健康发展的重要课题。本文
　　　　　选取2020年开展的九个大型国际马拉松赛事，其中"双金"
　　　　　赛事达到八家，对其涉及的赞助商逐一进行分析，相关企业
　　　　　共134家，参与赞助次数达到170次。调查发现，我国马拉松赛
　　　　　事赞助市场较为活跃，愿意参与马拉松赛事赞助的企业也越
　　　　　来越多，其中饮料类行业在赞助次数和赞助贡献两个方面都
　　　　　表现出较高的水平；其次是体育相关行业、汽车行业、食品
　　　　　行业以及银行业，占据了较大的赞助比例；与马拉松赛事相
　　　　　关度较低的行业也表现出一定的参与度，这说明马拉松赛事
　　　　　能为更广泛的行业产生价值和效益。从长远来讲，我国马拉
　　　　　松赛事的赞助价值仍需进一步挖掘，以获得更高的社会
　　　　　价值。

关键词：　马拉松赛事　马拉松赞助市场　马拉松赞助企业

一　引言

　　一场体育赛事的成功举办与赞助商的支持程度息息相关。目前来讲，体

---

* 马传业，北京体育大学研究生院硕士研究生，研究方向为体育经济与产业；杨建荣，经济学
博士，北京体育大学体育商学院副教授，硕士生导师，中国体育科学学会会员，研究方向为
体育经济、体育赛事、体育投融资。

育赛事赞助已经成为很多中大型企业品牌营销组合的重要部分之一，赞助体育赛事能对企业的知名度、忠诚度、美誉度和品牌形象产生正向影响，已成为各行各业的共识，特别是在一些欧美发达国家，绝大部分中大型企业都赞助过体育赛事。在我国体育赞助市场中，随着社会经济的不断进步和人们生活水平的提高，我国企业对体育赛事赞助的认可度和参与度也在不断地提高，各行各业也在寻求机会加入体育赛事的合作与支持中来，以求分到一块蛋糕。

而在马拉松赛事方面，曾经被人认为是无聊枯燥的运动项目，现在也因受到越来越多人的喜爱而成为一种健康时尚的生活方式，2020 年 4 月 30 日中国田径协会官方发布的《2019 中国马拉松大数据分析报告》显示，中国马拉松在 2019 年的办赛数量和质量均有提升。报告显示，2019 年中国大陆共举办 1828 场马拉松赛事，比 2018 年增长了 247 场；参赛人次达到了712.56 万，较 2018 年增长 129.56 万人次；同时在这 1800 余场赛事中经过中国田协认证的赛事达到了 357 场，与 2018 年相比增长了 18 场。由此可见，马拉松赛事规模随着时间的推进而不断扩大，质量也不断提高，马拉松产业得到了蓬勃发展。

从马拉松赞助市场的发展程度来看，在政策上，我国政府发布了很多针对性文件，如《支持社会力量举办马拉松、自行车等大型群众性体育赛事行动方案（2017 年）》《马拉松运动产业发展规划》等，政策中也多次重点提到了关于社会支持马拉松赛事的信息，表现出了政府对马拉松赞助市场的重视，也为马拉松赞助市场提供了较好的发展机遇。从社会角度讲，我国有很多中大型企业苦于寻找推广和宣传的渠道，而相对于做广告来讲，赞助大型赛事所获得的宣传效果要好很多，因此得到了社会各行业的支持与合作；另外，从马拉松赛事本身来讲，其赛事质量不断提高，赛事规模也在不断扩大，赢得了广大人民群众的喜爱。因此，从整体上看，尽管相较于国外发达国家，我国马拉松赞助市场还不太成熟，但随着时间的推移，定会走向新的高度。

二 研究与分析

（一）调查对象情况

为深入分析 2020 年马拉松赞助市场表现情况，本文选取了 2020 年举办的规模和影响力较大的九大马拉松赛事，涉及的赛事有厦门马拉松赛、太原国际马拉松赛、无锡国际马拉松赛、重庆国际马拉松赛、杭州国际马拉松赛、上海国际马拉松赛、广州国际马拉松赛、兰州国际马拉松赛和南京国际马拉松赛。其赞助商具体分布和所属行业如表 1～表 9 所示。

表 1 厦门马拉松赛事各赞助商及其行业分布

赛事名称	官方称谓	赞助商名称	行业类别
厦门马拉松	冠名赞助商	厦门建发	房地产
	顶级战略合作伙伴	特步（中国）	体育用品
	荣耀赞助商	东风日产	汽车
	官方赞助商	中国建设银行	银行
		青岛啤酒	饮料
		华润怡宝	饮料
		京东体育	体育用品
		Hilton	酒店
		金龙客车	汽车
	赛事支持商	Luckin coffee	饮料
		康师傅	食品
		胜道体育	体育用品
		肯德基	餐饮
		卡萨帝	家电
		亲亲食品	食品
		威习防护喷雾	医药
		京东物流	物流
		阳光保险	保险
		康比特	体育其他
		松霖·家	装修
		福建工美	设计
		取舍	健康
		卡尔顿食品	食品
		希尔顿非凡 300	酒店

资料来源：赛事组委会官网，公开资料整理。

2020 年厦门马拉松共设置了四个层级的赞助商，其中冠名赞助商 1 家，顶级战略合作伙伴 1 家，荣耀赞助商 1 家，官方赞助商 6 家，赛事支持商 15 家，共计 24 家，涉及 15 种细分行业，从中可以看出其赞助商分级较为科学，在一定程度上可提高赞助效果。

表 2　太原马拉松赛事各赞助商及其行业分布

赛事名称	官方称谓	赞助商名称	行业类别
太原马拉松	冠名赞助商	九牛牧业	饮料
	战略合作伙伴	特步	体育用品
	官方赞助商	京东运动	体育用品
		华润怡宝	饮料
		阳光保险	保险
	官方支持商	晋商银行	银行
		华为运动健康	体育其他
		中国光大银行	银行
		中国移动太原分公司	通信
		承德露露	饮料
		中国银联	金融
		肯德基	食品
		跑能	体育其他
		山西蓝舍精选酒店	酒店
	赛事服务供应商	中国邮政	物流

资料来源：赛事组委会官网，公开资料整理。

2020 年太原马拉松共设置五个层级的赞助商，其中冠名赞助商 1 家，战略合作伙伴 1 家，官方赞助商 3 家，官方支持商 9 家，赛事服务供应商 1 家，共计 15 家，涉及 10 个细分行业，赛事内部赞助商各行业有一定重复性。

表 3　无锡马拉松赛事各赞助商及其行业分布

赛事名称	官方称谓	赞助商名称	行业类别
无锡马拉松	赛事冠名商	COLMO 洗衣机	家电
	顶级合作伙伴	京东运动	体育用品
		华润怡宝	饮料
	高级合作伙伴	move free 益节	健康
		国联人寿	保险
	官方赞助商	中国光大银行	银行
		都乐食品	食品

续表

赛事名称	官方称谓	赞助商名称	行业类别
无锡马拉松	官方供应商	keep	体育其他
		DMSSC 大明	钢铁
		雪花勇闯天涯	饮料
		中国体育彩票	彩票
		无锡融创文旅城	文化
		颂拓（SUUNTO）	科技
		iPer Move	体育其他
		运满满快车	物流
		自然堂男士	健康
		无锡太湖华邑酒店	酒店
		无锡优享家臻选酒店公寓	酒店
		古来古树石斛	健康
	专项服务商	NIO 蔚来汽车	汽车
		跑能	体育其他
		魅力厨房	食品
		第一防护	体育其他

资料来源：赛事组委会官网，公开资料整理。

2020 年无锡马拉松赛共设置六个层级的赞助商，其中赛事冠名商 1 家，顶级合作伙伴 2 家，高级合作伙伴 2 家，官方赞助商 2 家，官方供应商 12 家，专项服务商 4 家，共计 23 家，涉及 15 个细分行业，赛事内部赞助商行业有一定重合，赞助商企业分布较广泛。

表 4　重庆马拉松赛事各赞助商及其行业分布

赛事名称	官方称谓	赞助商名称	行业类别
重庆马拉松	总冠名赞助商	长安汽车	汽车
	战略合作伙伴	特步	体育用品
		天友乳业	饮料
	官方合作伙伴	兴业银行	银行
	官方赞助商	中国移动	通信
		长安欧尚	汽车
		重庆银行	银行
		哈尔滨银行	银行

续表

赛事名称	官方称谓	赞助商名称	行业类别
重庆马拉松	赛事合作商	中国人民保险	保险
		金科服务	房地产
		宜简	饮料
		重庆三峡银行	银行
		中车时代	汽车
		海悦荟	体育其他
		悍将	体育用品
		罗森	食品
		咕咚	体育其他
	赛事支持商	四川航空	航空
		重庆万豪酒店	酒店
		威习防护喷雾	体育其他
		Himalaya 喜马拉雅	科技
		撒隆巴斯	医药
		德庄	餐饮
		青一色鲜椒火锅	餐饮
		破立妥	医药

资料来源：赛事组委会官网、公开资料整理。

2020 年重庆马拉松共设置六个层级的赞助商，其中总冠名赞助商 1 家，战略合作伙伴 2 家，官方合作伙伴 1 家，官方赞助商 4 家，赛事合作商 9 家，赛事支持商 8 家，共计 25 家，涉及 14 个细分行业，赛事内部赞助商行业表现出较高的重复率，其中仅银行业就涉及 4 家赞助商。

表 5　杭州马拉松赛事各赞助商及其行业分布

赛事名称	官方称谓	赞助商名称	行业类别
杭州马拉松	冠名赞助商	广汽 HONDA	汽车
	官方合作伙伴	李宁	体育用品
		天猫	商贸
	官方赞助商	华润怡宝	饮料
		魔力	饮料
		中国人民保险	保险
		中国移动	通信
	独家运营推广	阿里体育	体育其他

续表

赛事名称	官方称谓	赞助商名称	行业类别
杭州马拉松	赛事服务商	keep	体育其他
		中国光大银行	银行
		融创森与海	房地产
		雪花勇闯天涯	饮料
		享道出行	移动出行
	支持单位	康比特	体育其他
		南华期货	金融
		艾菠玛赛事服务	体育其他
		顺丰速运	物流
		阿里巴巴集团	科技

资料来源：赛事组委会官网，公开资料整理。

2020 年杭州马拉松共设置六个层级的赞助商，其中冠名赞助商 1 家，官方合作伙伴 2 家，官方赞助商 4 家，独家运营推广 1 家，赛事服务商 5 家，支持单位 5 家，共计 18 家，涉及 13 个细分行业，其中体育行业的赞助商参与度较高。

表6 上海马拉松赛事各赞助商及其行业分布

赛事名称	官方称谓	赞助商名称	行业类别
上海马拉松	创始赞助商	东丽	科技
	至尊赞助商	耐克	体育用品
	荣耀赞助商	中国银联	金融
		浦发银行	银行
		沃尔沃汽车	汽车
	官方赞助商	汇添富基金	金融
		携程集团	旅游
	赛事支持商	东方证券	金融
		佳农	食品
		华润怡宝	饮料
		魔力	饮料
		上海外服	人力资源
		六福珠宝	珠宝
		中国体育彩票	彩票

资料来源：赛事组委会官网，公开资料整理。

2020 年上海马拉松赛事共设置五个层级的赞助商，与其他赛事不同的是，该赛事未设置冠名赞助商，这在大型马拉松赛事中是较为罕见的，五级赞助商中有 1 家创始赞助商，1 家至尊赞助商，3 家荣耀赞助商，2 家官方赞助商，7 家赛事支持商，共计 14 家，涉及 11 个细分行业，其中金融类行业有三家企业参与赞助。

表 7　广州马拉松赛事各赞助商及其行业分布

赛事名称	官方称谓	赞助商名称	行业类别
广州马拉松	顶级合作伙伴	阿迪达斯	体育用品
		广汽丰田	汽车
	赛事支持商	农夫山泉	饮料
		六福珠宝	珠宝
		中国工商银行	银行
		易方达基金	金融
		正佳广场	商贸
		敬修堂	医药
		战马	饮料
		如祺出行	移动出行
		刺柠吉维 C 饮料	饮料
		佳能	科技
		阳光保险	保险
		康比特	体育其他
		都乐	食品

资料来源：赛事组委会官网，公开资料整理。

2020 年广州马拉松赛事同上海马拉松赛事一样，也未设置冠名赞助商，其赞助商层级共分为两个层级，其中顶级合作伙伴 2 家，赛事支持商 13 家，共计 15 家，涉及 13 个细分行业，赛事内部赞助商行业重复率较低，但赞助商分级较少，不利于突出重要赞助商的地位。

表 8 兰州马拉松赛事各赞助商及其行业分布

赛事名称	官方称谓	赞助商名称	行业类别
兰州马拉松	冠名赞助商	兰州银行	银行
	顶级合作伙伴	乔丹	体育用品
	战略合作伙伴	奇正藏药	医药
		甘肃长城建设	建筑
		怡宝魔力	饮料
		中国移动	通信
		兰州久和国际糖酒副食城	商贸
		青岛啤酒	饮料
		国芳百货	商贸
		东乡贡羊	食品
	合作伙伴	融创	房地产
		康师傅	食品
		卡萨帝	家电
		膳择食记	食品
		露露	饮料
		华龙证券	金融
		肯德基	食品
		广东日升	科技
		时光医疗	医药
		益民出行	移动出行
		东游集	文化
		甘肃国际大酒店	酒店
		芝华安方	体育其他
		跑能	体育其他
		正大食品	食品
		乌江	食品
		魔力舒	体育其他

资料来源：赛事组委会官网，公开资料整理。

　　2020 年兰州马拉松共设置四个层级的赞助商，其中冠名赞助商 1 家，顶级合作伙伴 1 家，战略合作伙伴 8 家，合作伙伴 17 家，共计 27 家，涉及 16 个细分行业，其中食品类涉及 5 家企业，体育类涉及 4 家企业，饮料类涉及 3 家企业。

表9 南京马拉松赛事各赞助商及其行业分布

赛事名称	官方称谓	赞助商名称	行业类别
南京马拉松	冠名赞助商	南京银行	银行
	荣耀赞助商	特步	体育用品
		问源体育	体育其他
	官方赞助商	肯德基	食品
		怡宝魔力	饮料
		中国移动	通信
		vivo	通信
		中国电信	通信
	赛事支持商	青岛啤酒	饮料
		keep	体育其他
		南京大排档	餐饮
		卡士	饮料
		都乐	食品
		太平洋保险	保险
		跑能	体育其他
		协众汽车	汽车
		苏泊尔南阳药业	医药
		青桔单车	移动出行
		延明体育	体育其他
		货拉拉	物流
		煌上煌	餐饮

资料来源：赛事组委会官网，公开资料整理。

2020年南京马拉松赛共设置四个层级的赞助商，其中冠名赞助商1家，荣耀赞助商2家，官方赞助商5家，赛事支持商13家，共计21家，涉及12个细分行业，其中仅体育类行业就有5家企业参与赞助，通信类和饮料类各涉及3家。

（二）分析与结论

在实际马拉松赛事的赞助中，由于各级赞助商所做出的贡献大小不一，产生的价值也不一样，因此，为更好地分析马拉松赞助市场的行业差异，课题组经过讨论，将不同等级的赞助商统一分成五个层级的赞助商，一级赞助

商主要是各大赛事的冠名赞助商，该类赞助商往往在赛事中提供最多的金钱和实物，本次研究共涉及 8 个一级赞助商；二级赞助商一般为各赛事的顶级赞助商或至尊赞助商，共涉及 15 家企业；三级赞助商一般为高级战略合作伙伴或官方合作伙伴，涉及 37 家企业；四级赞助商则为较普通的赛事合作伙伴，共涉及 73 家企业；五级赞助商是赛事支持商或其他小型赞助商，共涉及 37 家。这样分级处理之后，能更有效地体现出各行业在赛事赞助中的贡献和地位。

1. 行业分布情况

为对 2020 年马拉松赛事各行业赞助商进行统计和分析，本文运用 excel 的数据透视功能得出各行业在各级赞助商的分布的结果，如表 10 所示。本次统计涉及上述九大马拉松赛事共 134 家赞助商，170 次赞助，涉及 40 多个细分行业，为方便统计和分析，将部分赞助频率较低的行业进行了合并，最终分成了 18 类行业。

从整体上来看，饮料行业对马拉松赛事的赞助次数最多，并且在各级赞助商中都有出现，表现出较为广泛的分布；排在第二位的是体育类其他行业，指的是除了体育用品行业之外的运动科技、运动营养补给以及健身等行业，该类行业主要分布在第四级赞助商和第五级赞助商；排名第三的是其他类行业，这类行业赞助频率不高，但行业分布较广，这说明马拉松赛事受到了较多细分行业的关注；排在第四、第五、第六、第七名的行业分别是食品行业、银行业、体育用品行业和汽车行业，这四类行业的赞助频率依次降低，在马拉松赞助市场有很强的存在感；下面的保险行业、金融行业、通信行业、酒店行业、科技行业和医药行业表现出大致相同的赞助频率，而且大部分赞助级别较低；排在最后的是餐饮行业、房地产行业、商贸行业和移动出行四大行业，按以往经验，房地产行业应该表现出不低的赞助频率，但对于 2020 年来讲则表现得不算积极，与 2019 年对比，受到疫情影响，被华夏幸福赞助的"北马"没有开赛，重庆马拉松曾经的房地产行业赞助商碧桂园和杭州马拉松曾经的房地产行业赞助商阳光城都取消了赞助。

从各级别赞助商的分布来看，一级赞助商主要分布在饮料行业、银行行业、汽车行业、科技行业和房地产行业等大型企业，这些企业一般都极具实力，能拿出高额赞助费支持马拉松赛事，而且这些企业非常重视其在社会上的形象和公众对其的认知，与马拉松赛事的合作也可以说是互通有无，能够达到"双赢"的效果；在二级赞助商的分布中，体育用品类行业表现出超高的赞助频率，一般以特步、李宁、阿迪达斯和耐克为主，该类行业与马拉松参赛者有着最直接的联系，运动装备的好坏对赛事成绩的影响也是不可忽略的；三级赞助商中，饮料行业、银行行业和通信类行业的赞助频率较高，同时涉及的细分行业也较前两级赞助商稍多一点；四级赞助商是各行业赞助频率最高的一级，该级别赞助商不但能用较低的成本获得赞助商身份，而且在赛事中获得的赞助权益也对自己有很大价值，性价比较高，适合一些正在发展中的企业；五级赞助商涉及的细分行业与四级赞助商相比则较少一些，主要是因为该级别的赞助商获得的赞助权益较少，并且不容易得到参赛者和观众的关注。

表10　各行业赞助商分布情况

行业	一级赞助商	二级赞助商	三级赞助商	四级赞助商	五级赞助商	总计
饮料	1	2	8	9	3	23
体育其他		1	1	14	6	22
其他	1		3	7	6	17
食品			3	6	6	15
银行	2	1	5	5		13
体育用品		9	1	1		11
汽车	2	1	2	4		9
保险			3	4		7
金融			2	2	3	7
通信			6	1		7
酒店				4	2	6
科技	1			2	3	6
医药			1	2	3	6
物流				4	1	5
餐饮				2	2	4
房地产	1			2	1	4
商贸		1	2	1		4
移动出行				3	1	4
总计	8	15	37	73	37	170

2. 赞助贡献情况

由于各级赞助商对马拉松赛事的赞助贡献有很大差异，因此，单纯通过计数的方式只能了解各行业在各级赞助商的分布，但对于其赞助贡献的大小是无法判断的，因此课题组经过讨论，采取给每级赞助商赋予分值，进而使每个企业的赞助行为都得到一个分数，然后将各行业的各个企业得分之和单独加总，即为该行业的总贡献。由此，课题组将一级赞助商赋予5分，二级赞助商赋予4分，三级赞助商赋予3分，四级赞助商赋予2分，五级赞助商赋予1分，最终将各行业的贡献值得出后，通过excel软件得出处理之后的结果，如图1所示。

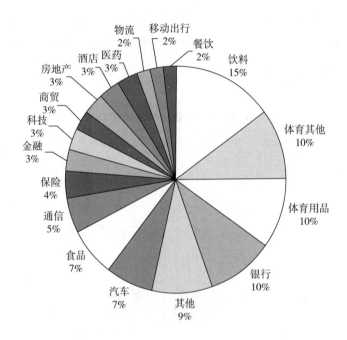

图1　各行业马拉松赞助商赞助贡献对比

通过图1可以看出，首先，占比较大的板块分别有饮料行业、体育其他行业、体育用品行业、银行行业、汽车行业和食品行业，这几大行业已经占据了将近60%的马拉松赞助市场，表现出较高的市场占有率。其中饮料类的代表企业主要有华润怡宝和青岛啤酒；体育其他类的企业类型主要涉及体育科技类、运动补给类等行业，其中的代表企业主要有 keep 和康比特；体育用品类的代表企业主要有特步、耐克、李宁和阿迪达斯；银行业的分布较为广泛，大多数为赛事举办当地的银行；汽车行业的代表企业主要有长安汽车和广汽集团；而食品行业里肯德基的赞助频率较高。其次，我们可以看到像通信、保险、金融、科技、商贸、房地产、酒店、医药、移动出行和餐饮等行业对马拉松赞助市场的贡献率之和超过了 30%，仔细来看这些行业与马拉松赛事也是息息相关的，它们所面向的顾客有很大一部分是马拉松赛事的参与者或关注者，甚至赛事参与者在参加赛事时所必须接触的行业，如餐饮、移动出行、酒店等；最后，我们需要关注的是其他行业类的贡献，这一部分对马拉松赞助市场的贡献也达到了将近 10% 的水平，而这部分涉及的行业主要有彩票、珠宝、文化、健康、家电、装修、化妆品、互联网等多个行业，这部分行业中有很多与马拉松赛事并无关联，但马拉松赛事超高的曝光率和影响力使其有了赞助的价值。

综合来看，我国大型马拉松赛事赞助市场的发展逐渐完善起来，从顶级的冠名赞助商到较为初级的赛事支持商等都各有分布，同时也为不同企业的需求提供了选择的空间，为各行各业参与赛事提供了机会；再者也可以看出，一场马拉松赛事的举办会得到周边多个行业的关注和支持，所谓众人拾柴火焰高，随着更多行业参与马拉松赛事的支持与合作，我国马拉松赛事发展定会走向新的高度。

3. 各行业特点分析

（1）与马拉松赛事直接相关联的行业。

一场马拉松赛事的举办无疑会与社会上各行各业产生直接的联系，以用来满足广大参赛者及观众的需求，而在赞助商中也存在很多与马拉松赛事直接相关的行业，这类行业的赞助在赛事举办当期就可以获得一定的赞助效果。如饮料类行业，马拉松赛事在举办时有上万名参赛者会参与，参赛过程中对水或饮料有着巨大的需求量，因此，赞助马拉松赛事能在较短时间内让大范围群体体验到产品；还有酒店行业和餐饮行业，马拉松赛事举办当期会吸引大量的人群来到比赛城市，并且也会吸引当地的人群外出观看，此时酒

店或餐饮行业的客流量会暴涨，而外地人群对本地的相关行业不会很了解，当其在赛事上看到赞助商的商标或广告时，人们的选择会受到较大程度的影响，因此，是否赞助赛事与比赛当期能否收获到较大的客流量是有关系的；再比如医药、物流和移动出行等行业，一般来说马拉松参赛者在平时也是运动量较大的人群，而在运动中受伤也是难以避免的，因此，医药类行业的赞助可以说是精确对准了高需求客户，而物流和移动出行在赛时也是需求度较高的行业，物资和人群的流动需要两大行业的紧密协作。

（2）与马拉松赛事间接相关联的企业。

从上文中我们对马拉松赞助商的分类来看，与马拉松赛事间接相关的赞助商也可以按相关程度分为两个层面。首先，我们关注相关度较高的行业，这类行业主要有银行、汽车、房地产、保险、金融、科技和商贸等，其主要客户一般是社会上的精英群体，拥有一定的经济基础，而有研究发现，马拉松赛事的参与者中高收入群体占很大一部分，因此该类行业与马拉松赛事有着相同的服务对象；其次，我们讨论关注度相对较低的行业，这类行业一般是食品、通信、银行、家电或珠宝等行业，这类行业一般面对的人群较为广泛，在社会上竞争也较为激烈，通过赞助体育赛事能够获得较高的曝光度，进而提高企业价值和知名度，从而为企业后续发展奠定基础。

（3）体育行业本身。

通过数据我们首先可以看到，马拉松赞助商中有20%是与体育行业相关的，而这20%中又有10%是体育用品类行业参与的赞助，占据了较高的比例；其次也可以看到体育用品行业的赞助级别也相对较高，大部分分布在二级赞助商级别，部分企业也已持续性赞助马拉松赛事多年，表现出对马拉松赛事较高的认可度；其他与体育相关的如体育科技类、运动补给类等体育企业也参与了部分赞助，但赞助级别相较体育用品类行业来说还是较低一点，因为我国是制造业大国，体育用品类行业的企业实力较强，自然会成为较高级别的赞助商，但这也从侧面反映了我国以服务业为属性的体育类第三产业也在逐步发展起来，其实力也在不断壮大，赞助赛事的级别也呈现出升高的趋势。总体来讲，未来体育类企业参与赞助马拉松赛事的比例和级别也会随着体育产业的发展而逐步升高，体育赛事和体育企业之间将呈现出协同发展的趋势。

结 语

整体上讲，本次论述共涉及 2020 年举办的九个大型国际马拉松赛事，134 家赞助商，170 次赞助，相关行业达到 40 余类。从赞助频率上来看，饮料行业、体育行业、食品行业和银行行业赞助频率较高，而四级赞助商是各行业参与度最广泛的一级；从赞助贡献来看，饮料行业、体育其他行业、体育用品行业、银行行业、汽车行业和食品行业，这几大行业已经占据了将近 60% 的马拉松赞助市场，表现出较高的市场占有率；从行业特点来看，无论与马拉松赛事是否有直接关系，其关系是否密切，企业都能从赞助马拉松赛事的过程中发掘出对自己有利的价值，并且马拉松赛事赞助商涉及的范围也越来越广，有很多不相关的行业也在考虑是否加入马拉松赞助商队伍中来，这对于马拉松赛事的发展无疑是一个有利的条件。

在 2020 年疫情紧张的大环境下马拉松赛事仍能吸引广大赞助商的参与，足以证明马拉松赛事可以为赞助商带来巨大的赞助价值和经济效益。目前来讲，尽管与国外大型国际体育赛事相比我们还有很大差距，但这也恰恰证明了我国马拉松赛事的赞助市场依旧有着巨大的潜力等待挖掘，其将来可以产生的经济效益也远比现在已经产生的经济效益多得多，因此，如何提升马拉松赛事的赞助价值，让更多的企业和赛事本身获益，是一个需要持续思考的问题。

参考文献

中国田径协会：《2019 中国马拉松大数据分析报告》，中国田径协会官方网站，2020年 5 月 1 日，http：//www. athletics. org. cn/news/marathon/2020/0501/346438. html。

《关于支持社会力量举办马拉松、自行车等大型群众性体育赛事行动方案（2017年）》，中华人民共和国中央人民政府网站，2017年7月14日，http：//www.gov.cn/xinwen/2017 – 07/14/content_ 5210445.htm。

顾靖文：《大型体育赛事中企业赞助行为研究》，硕士学位论文，宁波大学，2018。

刘红华、曹连众：《价值工程视角下大型体育赛事赞助功能分析与功能实现路径》，《北京体育大学学报》2020年第9期，第65~73页。

桑潇、刘兵：《国外体育赞助效果评估研究的理论综述与未来展望》，《上海体育学院学报》2020年第8期，第33~46页。

张永韬、王虹、周寿江：《体育赞助活动中后发赞助企业如何"借势"——赞助跟随影响研究》，《成都体育学院学报》2019年第6期，第45~52页。

《马拉松运动产业发展规划》，中国田径协会官方网站，2020年9月16日，http：//www.athletics.org.cn/bulletin/hygd/mls/2020/0916/358307.html。

中国田径协会：《2019中国马拉松年度报告》，中华全国体育总会网站，2020年5月20日，http：//www.sport.org.cn/jdxw/2020/0520/326449.html。

肖锋、王娟：《我国体育赛事赞助方式及影响因素研究》，《体育文化导刊》2018年第4期，第79~83、103页。

毛伦华、杨倩：《体育赞助品牌效益的关联学习理论》，《上海体育学院学报》2015年第4期，第24~31页。

B.5
中国马拉松赛事区域分布特征研究

吴　特*

摘　要： 本文分别从四大经济区、省级行政单位、城市群、地级市四
　　　　 个层面对中国马拉松赛事的区域分布特征进行分析，研究发
　　　　 现：总体上看，中国马拉松赛事的区域分布与经济发展水平
　　　　 相适应，并已形成梯队格局，东部沿海尤其是长三角地区马
　　　　 拉松赛事举办活跃；中西部地区在马拉松赛事举办上位居中
　　　　 游，但不乏亮点和重点区域，尤以湖北、四川、河北、云南
　　　　 四省以及成渝、长江中游、滇中城市群表现突出；东北地区
　　　　 和天津、新疆、西藏等地马拉松赛事举办的活跃度较低；中
　　　　 国马拉松赛事区域分布呈现较高的集聚度，区域发展不平衡
　　　　 程度较高。为此，本文提出中国马拉松赛事区域布局和发展
　　　　 的建议：巩固马拉松赛事发展重点集聚区；强化马拉松赛事
　　　　 发展重要亮点区；扶持马拉松赛事发展相对"洼地"区。

关键词： 马拉松赛事　 长三角地区　 滇中城市群　 集聚度

一　引言

近年来，中国马拉松赛事发展势头迅猛，各地举办马拉松赛事日益活

---

* 吴特，北京体育大学体育商学院讲师，管理学博士，研究方向为体育产业、体育企业商业
模式。

跃。在这一形势之下，马拉松赛事的区域分布成为一个值得关注的重要现象和研究课题。本文着眼于中国马拉松赛事的区域分布特征，以中国田径协会官方最新评定和发布的 2019 年中国马拉松及相关运动等级赛事及特色赛事评定结果为研究范围，试图总结当前中国马拉松赛事区域分布的具体特点，以期增进对于赛事区域分布的深入了解，并为未来中国马拉松赛事区域布局与发展提供相关对策与建议。

二 当前关于中国马拉松赛事区域 与空间分布的研究

目前国内关于马拉松赛事区域或空间分布的研究主要聚焦于空间分布的特征，以及影响这种分布的主要因素。例如，陈昆仑等从规模结构、空间位置、集聚特征对马拉松赛事空间分布进行分析，并提出影响分布的主导因素为经济实力、旅游发展水平、社会发展水平和人口基础。[①] 王进以江苏省 41 场马拉松认证赛事为样本，研究其赛事整体以及不同类型赛事空间集聚情况，并从经济基础、教育程度、景点资源和产业发展角度分析影响赛事分布的主要因素。[②] 杨雪等对 2019 年我国马拉松赛事的区域发展差异进行分析，并指出经济发展水平、第三产业发展水平、体育投入水平、人口基础、区域景区数量、交通发展水平等多重因素影响马拉松赛事发展。[③]

从目前的研究情况来看，全国范围的分析多从四大经济地区（东部、中部、西部、东北部）和省级层面展开探讨，省域范围内的研究则进一步落到城市群和地级市这一层面。本文的研究基于最新的中国马拉松赛事官方

---

① 陈昆仑、郭宇琪、许红梅、齐漫、邵雪梅：《中国高水平马拉松赛事的空间分布特征及影响因素》，《上海体育学院学报》2018 年第 6 期，第 36～41 页。

② 王进：《江苏省马拉松认证赛事空间分布及影响因素研究》，《体育学研究》2020 年第 6 期，第 19～27 页。

③ 杨雪、陈恒：《影响我国马拉松赛事区域发展的组态效应探究》，《体育科研》2020 年第 5 期，第 32～37 页。

等级评定结果，范围涵盖全国（中国香港、澳门、台湾地区因资料缺乏，本文暂不涉及），从四个层级对马拉松赛事的区域或空间分布进行分析：大区域、省级、城市群、地级市。通过对这四个层级的分析，试图全面把握当前中国马拉松赛事的空间分布特征。同时，将赛事总体情况和作为高水平赛事代表的金牌赛事情况分别予以统计分析，以期更为细致地考察赛事的区域分布情况。

三 中国马拉松赛事区域分布：四大经济地区层面

本文的研究对象是 2019 年在中国境内举办的较高水平的马拉松赛事，主要界定标准则是中国田径协会官方最新评定和发布的 2019 年中国马拉松及相关运动等级赛事及特色赛事评定结果，此项结果于 2020 年 10 月 9 日正式公布。经过审定，中国田径协会共评选出 274 个标牌赛事（以下如无特殊说明，本文所说的中国马拉松赛事都是指这 274 场赛事），其中金牌赛事 118 个，银牌赛事 74 个，铜牌赛事 82 个。[1] 除了 2 场赛事为全国巡回举办外[2]，其余赛事皆在某一固定城市（县）举办。各区域赛事举办数量体现出该区域举办马拉松赛事的优势或活跃度，金牌赛事举办数量则体现出该区域举办高水平马拉松赛事的优势或活跃度。

从四大经济地区分布来看，呈现出东部＞中部＞西部＞东北部的格局。

中国马拉松赛事的总数方面，东部地区占比近一半，西部地区位居次席，而中部和东北地区相对较少。而从平均场数来看，东部地区领先于其他地区，平均每省（区、市）达到 12.8 场；西部和中部地区平均场数也不少，而东北地区的平均场数略显不足，平均每省（区、市）只有 3.3 场，仅为东部地区的四分之一（见表 1）。

---

① 资料来源：中国田径协会，http：//www. athletics. org. cn。

② 分别为 2019 奥跑中国奥林匹克体育中心大众路跑全国系列赛（金牌赛事）、2019 贝壳中国·社区跑。

此外，无论从各等级赛事总体情况还是金牌赛事来看（见表2），中国马拉松赛事的区域分布，在四大经济地区层面上都呈现出相似的上述结构特征。

表1　2019年中国马拉松赛事四大经济地区分布

区　域	省（区、市）数量	赛事总数	赛事场数占比（%）	平均场数*
东　部	10	128	47	12.8
中　部	6	53	19	8.8
西　部	12	81	30	6.8
东北部	3	10	4	3.3

注：* 指该地区内各省级行政单位平均举办赛事场数，下同。

资料来源：中国田径协会，http://www.athletics.org.cn。

表2　2019年中国马拉松金牌赛事四大经济地区分布

区　域	省（区、市）数量	金牌赛事总数	赛事场数占比（%）	平均场数
东　部	10	55	47	5.5
中　部	6	22	19	3.7
西　部	12	34	29	2.8
东北部	3	6	5	2

资料来源：中国田径协会，http://www.athletics.org.cn。

四　中国马拉松赛事区域分布：省级层面

从省级单位（各省、自治区、直辖市）层面来看中国马拉松赛事，仍分金银铜三大赛事总体以及金牌赛事两种情况。

1. 赛事总体方面

从省级层面看，区域分布结构呈现为三个梯队（见图1）。

江苏是中国马拉松赛事举办总数最多的省级单位，达到34场；其次是浙江、广东，分列二、三位。以上三个省举办总数都超过20场，从总数规模看，可视为中国马拉松赛事举办的第一梯队，且位于长三角、珠三角这两个东部沿海发达地区。

赛事举办总数在 10～20 场的有 11 个省（区、市），分别为湖北、山东、四川、河北、安徽、云南、河南、陕西、甘肃、广西、重庆，但都未能超过 15 场，与第一梯队之间存在较大差距，属于第二梯队。

剩下的 17 个省级单位赛事举办总数则都未能超过 10 场，属于第三梯队。其中，天津、新疆举办数量为 0。第二、第三梯队省份在中西部、东北地区都有分布。

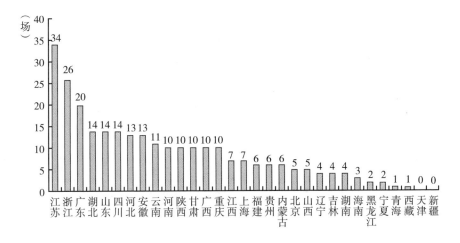

图 1　2019 年中国马拉松赛事省级分布

资料来源：中国田径协会，http://www.athletics.org.cn。

2. 金牌赛事方面

作为顶级水平的金牌赛事的省级分布情况，呈现如下特点（见图 2）。

第一，江苏省金牌赛事举办总数最多，领先其他省级单位。

2019 年，江苏举办的金牌马拉松赛事总数达到 16 场，是唯一超过 10 场的省份；而位列第二、第三的浙江、广东都是 8 场，只有江苏数量的一半。

第二，部分中西部省份在高水平赛事举办总数上表现突出。

金牌赛事总数超过 5 场的省份有浙江、广东、湖北、云南、四川、河北、安徽、福建。上述地区除了传统的经济发达省份外，湖北、云南、四川、河北、安徽虽然大多位于中西部地区，但在赛事举办总数上也排在前列。

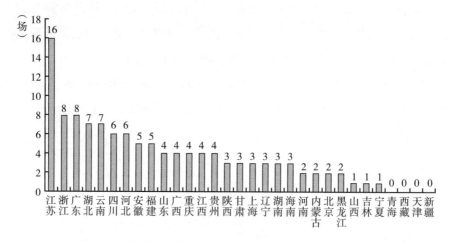

图 2　2019 年中国马拉松金牌赛事省级分布

资料来源：中国田径协会，http：//www. athletics. org. cn。

五　中国马拉松赛事区域分布：城市群层面

"十四五"规划提出全面形成"两横三纵"城镇化战略格局，并布局了京津冀、长三角、珠三角等 19 个城市群。① 城市群是中国推进城镇化进程的重要手段，也是区域经济的重要载体，从城市群角度分析中国马拉松赛事的区域分布，也呈现出一些与省级层面不同的特征。

1. 赛事总体方面

从赛事总体举办总数在各城市群的分布情况看，呈现如下特征（见图 3）。

第一，长三角城市群在中国马拉松赛事举办总数上遥遥领先。

在 19 个城市群中，长三角城市群赛事举办总数达到 64 场，在各城市群举办赛事的总数中占比达到 28%，远远超过其他城市群，这表明长三角城市群在举办马拉松赛事方面具备较强的优势和动力。

---

① 本文对于各城市群范围以及城市群内地级市数量的确定，主要依据国家相关城市群规划，并根据研究需要做了细微调整。下同。

第二，成渝、长江中游城市群在赛事举办总数上位居前列。

成渝、长江中游城市群举办赛事总数分别为 22 场和 20 场，是在长三角城市群外超过 20 场的两个城市群。这两个城市群虽然位于西部和中部地区，但在举办马拉松赛事总数方面超过一些东部沿海地区城市群。

第三，辽中南、山西中部、宁夏沿黄、天山北坡城市群赛事总数偏少。

上述三个城市群赛事举办数量均不足 5 场，天山北坡城市群目前还没有一场进入中国田协评定的赛事，在城市群中成为赛事举办的"洼地"。

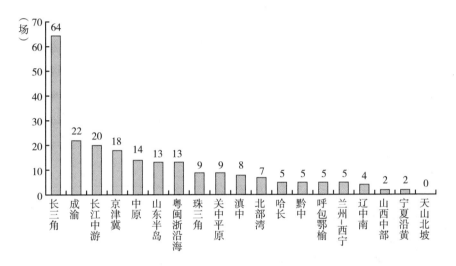

图 3　2019 年中国马拉松赛事城市群分布

资料来源：中国田径协会，http：//www. athletics. org. cn。

从平均场数情况看，与上述特征类似。长三角的地级市及直辖市平均举办马拉松赛事 2.5 场，滇中、成渝、京津冀、呼包鄂榆、珠三角城市群都超过 1 场（见表 3）。

表 3　2019 年中国马拉松赛事城市群分布及平均场数情况

城市群	赛事总数	地级市及直辖市数	平均场数*
长三角	64	26	2.5
滇　中	8	5	1.6
成　渝	22	16	1.4
京津冀	18	14	1.3

城市群	赛事总数	地级市及直辖市数	平均场数*
呼包鄂榆	5	4	1.3
珠三角	9	9	1.0
山东半岛	13	14	0.9
黔 中	5	6	0.8
关中平原	9	11	0.8
粤闽浙沿海	13	16	0.8
长江中游	20	31	0.6
北部湾	7	11	0.6
兰州-西宁	5	9	0.6
宁夏沿黄	2	4	0.5
山西中部	2	4	0.5
中 原	14	30	0.5
哈 长	5	11	0.5
辽中南	4	9	0.4
天山北坡	0	3	0.0

注：* 指该城市群内各地级市及直辖市平均举办赛事场数，下同。
资料来源：中国田径协会，http://www.athletics.org.cn。

2. 金牌赛事方面

从高水平的金牌赛事举办总数情况看，其区域分布格局基本与赛事总体方面所呈现的特征一致。长三角仍然显示出突出的赛事举办实力，成渝、长江中游城市群仍然进入前三位，呼包鄂榆、天山北坡城市群在2019年没有相关金牌赛事（见图4）。

从平均场数情况看，则有一些独特之处：滇中城市群跻身前列。具体来看：长三角的地级市及直辖市平均举办金牌马拉松赛事1.1场，滇中、珠三角、京津冀、成渝、黔中城市群则都超过0.5场（见表4）。

此外，京津冀城市群在马拉松赛事举办总数和平均场数上表现也比较突出，不论是从赛事总体还是金牌赛事数量看，其总数指标和平均场数指标都稳居第四位。

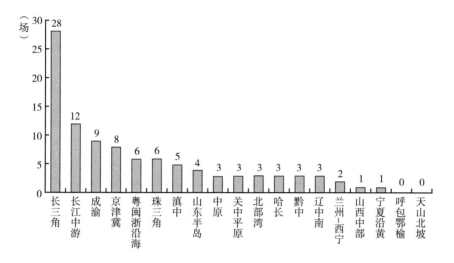

图4　2019年中国马拉松金牌赛事城市群分布

资料来源：中国田径协会，http://www.athletics.org.cn。

表4　2019年中国马拉松金牌赛事城市群分布及平均场数情况

城市群	金牌赛事总数	地级市及直辖市数	平均场数
长三角	28	26	1.1
滇　中	5	5	1.0
珠三角	6	9	0.7
京津冀	8	14	0.6
成　渝	9	16	0.6
黔　中	3	6	0.5
长江中游	12	31	0.4
粤闽浙沿海	6	16	0.4
辽中南	3	9	0.3
山东半岛	4	14	0.3
北部湾	3	11	0.3
关中平原	3	11	0.3
哈　长	3	11	0.3
宁夏沿黄	1	4	0.3
山西中部	1	4	0.3
兰州－西宁	2	9	0.2
中　原	3	30	0.1
呼包鄂榆	0	4	0.0
天山北坡	0	3	0.0

资料来源：中国田径协会，http://www.athletics.org.cn。

六　中国马拉松赛事区域分布：地级市层面

城市是马拉松赛事的主要承办载体。从地级市层面看①，中国马拉松赛事的区域分布，呈现以下特征。

1. 赛事总体方面

南京作为长三角地区的代表，成为中国马拉松赛事举办的"冠军城市"。

2019 年，共有 156 个地级行政单位举办的马拉松赛事获得中国田协的等级评定。其中，南京有 11 场，高居榜首；其次是无锡、杭州、宁波、苏州、西安、郑州，都在 5 场以上，这些城市除西安、郑州外都为长三角城市群城市，但与南京都有较大差距，足见长三角地区城市在马拉松赛事举办上的实力（见表 5）。

表 5　2019 年中国马拉松赛事地级市分布

等级	场次	举办城市	城市个数
1	>10	南京	1
2	5~10	无锡、杭州、宁波、苏州、西安、郑州	6
3	3~4	石家庄、保定、成都、合肥、淮安、昆明、兰州、丽水、六安、南充、青岛、清远、绍兴、深圳、武汉	15
4	1~2	略	137

资料来源：中国田径协会，http：//www. athletics. org. cn。

2. 金牌赛事方面

2019 年，共有 84 个地级行政单位举办的马拉松赛事获得中国田协的金牌赛事等级评定。南京仍以 7 场高居榜首；其次是杭州和成都，各有 3 场；无锡等 13 个城市各有 2 场。长三角地区城市表现依然突出（见表 6）。

---

①　本文所指的地级市层面，系指地区、自治州、地级市和盟等地级行政单位全域，包括副省级城市，但不包括直辖市，也不包括地级市代管的县级市。

表6　2019年中国马拉松金牌赛事地级市分布

等级	场次	举办城市	城市个数
1	7	南京	1
2	3	杭州、成都	2
3	2	无锡、苏州、保定、合肥、昆明、兰州、绍兴、深圳、广州、厦门、上饶、徐州、宜昌	13
4	1	略	68

资料来源：中国田径协会，http：//www.athletics.org.cn。

七　中国马拉松赛事区域分布特征总结

本文从四大经济地区、省级、城市群、地级市四个层面分析了中国马拉松赛事总体和金牌马拉松赛事的区域分布情况。综合上述分析，本文对中国马拉松赛事区域分布特征总结和探讨如下。

第一，总体上看，中国马拉松赛事的区域分布与经济发展水平相适应，并已形成梯队格局，东部沿海尤其是长三角地区马拉松赛事举办活跃。

近年来，中国马拉松赛事的市场化、商业化程度日益提升，经济因素对赛事举办的影响日益加大。从四大经济地区层面看，无论是一般性赛事还是高水平的金牌赛事，都呈现出东部、中部、西部、东北部的梯队式格局，尤其在平均场数这一指标上表现得更加明显。

在省级层面上，这一梯队式格局同样表现突出。江苏、浙江、广东三省排名前列，三个省份举办的马拉松赛事总数占全国总数的近30%；尤其是江苏省赛事总数34场、金牌赛事16场，均位列第一，更是成为东部沿海发达省份引领中国马拉松赛事举办的显著标志。

在城市群层面上，长三角城市群各等级赛事举办总数都远远超过其他18个城市群。从平均场数情况看，长三角的地级市及直辖市平均举办马拉松赛事2.5场、平均举办金牌马拉松赛事1.1场，也均高于其他城市群。长三角城市群成为东部沿海发达地区在马拉松赛事举办方面的代表。

在地级市层面上，东部沿海发达地区则以南京为代表，以 11 场马拉松赛事和 7 场金牌马拉松赛事高居榜首；其次是无锡、杭州、宁波、苏州等长三角地区城市，其马拉松赛事举办数量也都位于前列。

第二，中西部地区在马拉松赛事举办上位居中游，但不乏亮点和重点区域，湖北、四川、河北、云南四省以及成渝、长江中游、滇中城市群表现突出。

从省级层面看，湖北、四川、河北、云南四省在赛事总体和金牌赛事举办的总数方面都位居前列，体现出不同于其他中西部地区省份的突出优势与活跃度。而在城市群层面，成渝和长江中游城市群在赛事举办总数上、滇中城市群在赛事举办平均场数上都领先于全国其他城市群。上述地区体现出举办马拉松赛事的较高活跃度，成为中西部马拉松版图的重要亮点。

第三，东北地区和天津、新疆、西藏等地马拉松赛事举办的活跃度较低。

上述地区在全国马拉松赛事区域分布中排名较后，马拉松赛事活动开展较不活跃，其中天津、新疆 2019 年还没有获得中国田协评定的马拉松赛事。

第四，中国马拉松赛事区域分布呈现较高的集聚度，区域发展不平衡程度较高。

从四个层面来看，中国马拉松赛事举办都具有非常明显的集聚特征，其中一个典型现象就是全国重点在东部地区，东部地区重点在长三角城市群，长三角城市群重点在江苏省，江苏省重点在南京市。此外，珠三角、京津冀、成渝、长江中游、滇中等城市群马拉松赛事举办数量也比较多。总体上看，中国马拉松赛事区域发展不平衡程度较高。

八　中国马拉松赛事区域发展对策建议

基于上述分析，以及对中国马拉松赛事区域分布特征的总结，本文提出中国马拉松赛事区域发展的对策与建议如下。

第一，巩固马拉松赛事发展重点集聚区。

抓好重点集聚区，对于保持中国马拉松赛事发展的规模和质量具有重要意义。对于马拉松赛事举办非常活跃、赛事产业发达的地区，如长三角、珠三角等地，要进一步总结其办赛成功的经验、可行的模式、可推广的做法；一方面保持其良好的发展势头，另一方面通过总结推广，带动其他区域马拉松赛事发展。

第二，强化马拉松赛事发展重要亮点区。

对于中西部地区来说，举办马拉松赛事在提升区域形象和知名度、带动区域经济发展、增强区域社会发展活力等方面具有重大价值，湖北、四川、河北、云南等省以及成渝、长江中游、滇中城市群等就是其中的典型。应高度关注和进一步充分发挥马拉松赛事及其产业对于带动中西部地区经济发展、推动国家城镇化发展形成合理布局的重要价值，对其作用机制需要进一步研究和探索，以便将上述典型地区的有益经验推广应用到中西部其他地区，成为推动区域平衡发展的重要举措。

第三，扶持马拉松赛事发展相对"洼地"区。

中国马拉松赛事的发展不仅要"固强""擦亮"，还要"扶弱"。对于马拉松赛事举办相对较少的东北地区和天津、新疆、西藏等地，一方面应适当鼓励和扶持，并引入其他地方的先进经验；另一方面也不可拔苗助长，一味追求数量扩张和排名，而应注重发展的质量和效益，并因地制宜，采取体现本区域特色的发展方式和举措。

参考文献

王进：《江苏省马拉松认证赛事空间分布及影响因素研究》，《体育学研究》2020 年第 6 期，第 19 ~ 27 页。

杨雪、陈恒：《影响我国马拉松赛事区域发展的组态效应探究》，《体育科研》2020 年第 5 期，第 32 ~ 37 页。

许春蕾：《中国城市马拉松赛事旅游效应测度与创新发展》，《上海体育学院学报》2020 年第 9 期，第 24 ~ 33 页。

许春蕾、邢尊明：《我国城市国际马拉松赛事旅游效应归因诠释与模型分析》，《北

京体育大学学报》2020 年第 8 期，第 51~57 页。

潘磊、刘芳枝：《我国马拉松赛事网络关注度的时空演进及影响因素——基于 2011~2018 年百度指数的实证分析》，《上海体育学院学报》2020 年第 8 期，第 78~86 页。

蒋中伟、李国强、姜明金：《我国马拉松赛事发展态势与前景展望》，《体育文化导刊》2020 年第 2 期，第 31~38 页。

杨璐：《郑开国际马拉松对郑州、开封两地发展的影响探究》，《体育科技文献通报》2019 年第 1 期，第 125~126 页。

陈昆仑、郭宇琪、许红梅、齐漫、邵雪梅：《中国高水平马拉松赛事的空间分布特征及影响因素》，《上海体育学院学报》2018 年第 6 期，第 36~41 页。

管陈雷、胡志毅：《基于百度指数的重庆马拉松网络关注度时空特征研究》，《重庆师范大学学报》（自然科学版）2018 年第 5 期，第 136~142 页。

田明亮：《马拉松赛事对举办地综合影响研究》，《运动精品》2018 年第 5 期，第 63~64 页。

纪宁、梁强、樊露薇、汤辉：《区域体育赛事 IP 发展新动力 2016 "体育 +" 高峰论坛综述》，《体育成人教育学刊》2016 年第 3 期，第 17~20 页。

区 域 篇
Regional Reports

B.6
厦门马拉松赛事市场分析

马传业　杨建荣*

摘　要：　本文以厦门马拉松赛事为研究对象，对该赛事的发展现状和
　　　　　市场化水平进行深入探讨。从政府、参赛者以及赛事发展本
　　　　　身的相关数据三个角度来看，近几年厦门马拉松得到了政府
　　　　　和社会群体的广泛关注，这就为厦门马拉松赛事的可持续发
　　　　　展和市场化运作打下了坚实的群众基础。从对厦门马拉松的
　　　　　市场化现状分析来看，厦门马拉松的商业价值来源主要分为
　　　　　收入构成和衍生价值两个方面，收入构成主要包括赞助商费
　　　　　用、报名费、广告费等，衍生价值主要体现为厦门马拉松对
　　　　　周边地区的经济带动作用；同时对"厦马"的有形资产和无
　　　　　形资产开发现状进行分析，该赛事的有形资产运用较为充

* 马传业，北京体育大学研究生院硕士研究生，研究方向为体育经济与产业；杨建荣，经济学
博士，北京体育大学体育商学院副教授，硕士生导师，中国体育科学学会会员，研究方向为
体育经济、体育赛事、体育投融资。

分，无形资产的赛事冠名权、广告权以及特许经营权等都得到了开发，但赛事转播权还未实现变现，分析数据表明其赛事转播受到了广泛媒体平台的欢迎和支持，这表明该赛事的媒体转播权有着较大的潜力等待挖掘，也说明厦门马拉松的市场化进程还有很长的路要走。

关键词：马拉松赛事　厦门马拉松　赛事转播权　市场化

一　引言

近年来，马拉松赛事在全国范围内的开展可谓是如火如荼，与其他类型的赛事相比，马拉松赛事由于参与人群众多、涉及行业广泛、参与门槛较低等特点，在商业开发、产品推广等方面有着较高的市场开发价值。自2014年起，为更好地在全国范围内推广马拉松赛事，政府取消了商业性和群众性体育赛事活动的审批权，这一举措让更多的社会力量参与到马拉松赛事中来，马拉松赛事也不再是政府的独角戏，成为体育产业中非常重要的一环，自此也应通过市场的作用让马拉松赛事得到发展和壮大。但由于近几年我国马拉松的发展速度较快，市场开发方面还没有跟上速度，很多市场价值还未得以挖掘，然而赛事规模的扩大又给政府增添了财政负担，因此，马拉松赛事的开发亟须进行深入的研究和探讨，以此来提升赛事价值，挖掘商业潜力，推动马拉松赛事可持续发展。

本次研究以厦门马拉松为例。厦门马拉松是2003年由厦门市政府和中国田协联合举办的大型马拉松赛事，创办之初赛事规模就达到了11998人，人数规模最多时是在2014年达到了77151人，之后主办方出于安全和专业化发展考虑，将赛事规模调整到了30000人，并将除全程马拉松以外的其他项目移到了海沧举行，形成了"一城双赛"的独特格局。2008年，厦门马拉松连续12年被评为"双金"赛事，同时获得了中国田协颁发的"中国马拉松突出贡献奖"称号。2018 年，中国田协授予厦门"马拉松城市"的荣誉称号，自此厦门国际马拉松赛去掉了"国际"二字，并启用了全新的厦马标志。

经过将近 20 年的发展，厦门马拉松从全国范围内来看，其市场开发程度是有一定水平的，其自创办开始，就坚持"政府引导，市场运作""不花政府一分钱"的模式，创办之初通过举办各种活动如举办高峰论坛、制作马拉松雕塑、举行马拉松圣火点燃仪式等众多措施使厦门马拉松赛事的影响力和知名度迅速提升，一度与北京马拉松形成了南北呼应的局势，自 2005年开始被厦门广电集团旗下子公司厦门文广体育有限公司连续 16 年运营，该公司以路跑赛事运营为主要业务。在该公司运营下，厦门马拉松成为中国第一个市场化的大型城市马拉松赛。

二 厦门马拉松发展现状

（一）政府关注程度

一场体育赛事的成功举办，与政府的支持程度有着很大的关系，国家政策的保驾护航对体育产业的发展起着决定性的作用。从宏观层面来讲，我国针对马拉松等大型赛事发布了多项支持政策，如《关于支持社会力量举办马拉松、自行车等大型群众性体育赛事行动方案（2017 年）》《马拉松运动产业发展规划（2018～2020》《关于加强马拉松赛事监督管理的意见》等，为马拉松赛事规范化发展提供了政策依据；疫情期间，中国田协还及时发布了《关于开展线上马拉松等跑步活动的指导意见》，修订了《中国马拉松及相关运动办赛指南》，表现出了政府在马拉松赛事方面较快的反应速度。这一系列政策文件都为马拉松赛事在宏观层面提供了强有力的支持，厦门马拉松赛也获得了良好的发展环境。

从厦门马拉松赛事本身获得的政策关注来讲，课题组对厦门市体育局发布的厦门马拉松赛事相关信息进行了统计，其结果如图 1 所示。从数量上来看，2017年前后发生了较大的变化，2017年之前每年关于"厦马"的发文量都在10篇以内，2017年之后的发文量每年都在20篇以上。课题组分析出现该现象与厦门城市在2018年被中国田协授予"马拉松城市"的荣誉称号有较大关系，得到马拉松城市的属性之后，厦门市政府对"厦马"的关注度有了较大提高。从报道的相关内容来看，其中包括了赛前报道、赛事内容报道、赛事相关规定报道、赛事文化报道等方面，其中不乏一些深度的报道，而从中也不难看出，政府对厦门马拉松赛事的限制性条例较少，更多的是体现在引导和支持方面，给予了"厦马"更多的发展灵活性，使其能在市场的运作下有更好的发展。

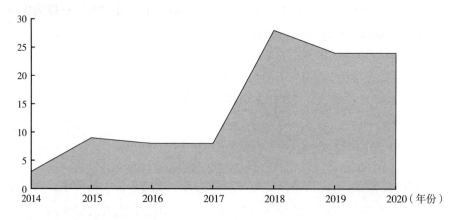

图1　自2014年以来厦门市体育局发布的厦门马拉松相关信息数量统计

资料来源：厦门市体育局。

从厦门市政府的一些具体做法来看，厦门马拉松的一个很大的特点就是举全城之力来举办一场属于所有人的城市马拉松，因此，该赛事的举办得到了厦门市政府的大力支持。如厦门马拉松在早期举办之时，是由政府出资搭建的赛事平台；在赛事当天，厦门市公安交通管理局以"通告"的形式对"厦马"涉及的交通线路进行了限行，要求通行的车辆必须有"厦马"的车辆通行证；在比赛线路的选择上，政府也给予了较大的选择权，因此，"厦马"赛道上既有风景如画、依山傍水的环岛路，也有厦门八大景点的层层点缀，由此该线路也被誉为世界上最美的马拉松赛道。从整体上看，厦门市政府尽管没有提供资金上的帮助，但在交通、安保、人员、卫生以及医疗等方面提供了强有力的支持，为赛事的平稳运行做出了保障。

（二）参赛选手感知

一场马拉松赛事举办得好坏，其参赛者无疑是最具有发言权的一类人，因此，课题组从各大马拉松赛事评论网站如爱燃烧、最酷等搜集整理了2010～2020年厦门马拉松参赛者对该马拉松赛事的评价文本，共计1546条，年度评论量如图2所示。课题组对该数据进行了关键词词频分析，从中剔除无用词以及像"厦门""马拉松"这类客观词之后，留取了词频排名前100的单词，最终处理得出结果，如图3和表1所示。其中图3涵盖了词频排名前20的单词，表1涵盖了词频排名后80的单词。

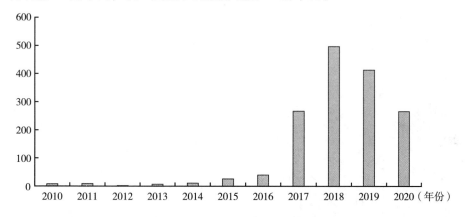

图2　2010～2020年度厦门马拉松赛事各网站评论量

资料来源：爱燃烧、最酷等网站搜集整理。

首先，对图2、图3的内容进行简要分析。从图2中可以看出，自2017年开始，评论量大幅度上升，表明近几年厦门马拉松赛事在网上的热度迅速提高，这也得益于我国互联网科技水平的飞速发展，同时评论量的积累也为课题组提供了一份不可多得的一手赛事资源，需要指出的是，2020年评论量大幅度降低，其主要原因是受到了疫情影响，公众的注意力全部转移到了防控疫情上面，从而出现评论量明显降低的情况。

对图3的结果进行分析可知，图3的内容代表了大部分人群参加完赛事之后所希望表达的内容主旨。首先，可以看到"赛道"一词的词频达到了450次左右，说明参赛者对赛道的印象很深，后面还包含了一些形容词如"美丽""最美""最酷""风景"等正向词语，表明"厦马"美丽的赛道环境给参赛者带来了较好的体验，由此，"厦马"的市场开发工作也可以适当借助优美的赛道环境进行合理布局。其次，"希望""机会""连续"等词语表现出参赛者的参赛欲望较高，这也符合我国马拉松赛事"一票难求"的现状。再次，"城市"、"热情"、"氛围"及"志愿者"等词语表现出了参赛者对赛事举办当地的城市、志愿者、观众等方面给予了较高的评价。最后，"体验"一词的词频也达到了100次以上，这与厦马的愿景"成为体验最好的顶级城市马拉松赛"也相符合。总体来看，大部分参赛者表现出的一致性参赛体验在于优美的赛道环境、来之不易的参赛机会和较高的办赛水平，而这几点也为"厦马"的赛事市场开发打下了坚实的基础。

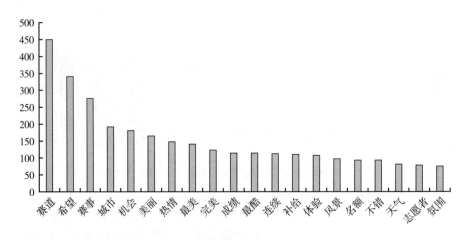

图3　厦门马拉松赛事评价词频分析处理结果（前20名）

资料来源：爱燃烧、最酷等网站搜集整理。

其次，我们对表1的结果进行分析。表1涵盖的内容较为具体，能够显示出更广泛的参赛者具体感兴趣的方面。表中每一行的最左侧一列表示的是该列词语的词频范围，每行词语的词频从左到右依次降低。从表中内容上看，首先，"环岛路""鼓浪屿""环岛""海岸线"等一些地名出现的频率较高，这说明这几个地方给参赛者留下了较深的印象；其次，像"最好""有幸""很棒""成功"等词语表现出参赛者对赛事的满意度较高；但同时"大雨""不足""细节"等词语也体现出了赛事仍有一些细节方面需要改进和提高，特别是2018年和2019年两个赛季都出现了下雨天气，给参赛者带来不好印象，而且不好的天气也非常容易影响赞助商的赞助效果，降低赞助商的标志吸引力，因此赛事主办方应注意避开恶劣天气。

表1　厦门马拉松赛事评价词频分析处理结果（第21～120名）

词频	单词列表								
41～75	遗憾	感觉	参赛	大雨	观众	最好	环岛路	有幸	路线	地方
27～41	很棒	成功	鼓浪屿	朋友	时间	大桥	印象	优美	排队	目标
23～27	美好	结果	海风	海滨	梦想	气氛	奖牌	环岛	谢谢	一流
18～23	平台	充足	幸运	风光	经历	疫情	气温	激情	丰富	漂亮
14～18	热爱	环境	美食	身体	线路	专业	金牌	很漂亮	不足	环节
13～14	过程	国际	海景	海岸线	快乐	大海	现场	主办方	细节	号码
11～13	舒服	魅力	有序	气候	方式	人民	美景	好运	博览会	口碑
10～11	温度	暴雨	意义	最爱	不愧	太阳	阳光	沙滩	照片	经验
10	高温	装备	人数	精英	记忆	会展中心	舒适	优秀	良好	幸福
8～10	独特	热烈	健康	空气	心情	人脸识别	珍惜	充满	滨海	蓝天

资料来源：爱燃烧、最酷等网站搜集整理。

　　综合来看，厦门马拉松凭借出色的赛事风格和完善的赛事服务赢得了广大跑者的喜爱，特别是厦门马拉松优美的赛道环境以及贯穿其中的城市美景赢得了跑者的广泛认可，同时城市观赛者的热情也给参赛者带来了较好的体验，这说明厦门是一个马拉松热度较高的城市，当地群众也十分热爱该赛事，这有利于赛事的长远发展。同时，赛事的市场开发也应迎合群众喜爱，充分利用优美的赛道资源，在为参赛者提供更好的服务的同时，提高赛事经济效益。

（三）2020年厦门马拉松赛事数据及对比

为对厦门马拉松发展现状进行精确描述，课题组搜集了2018～2020年连续三年的数据，整理结果如表2所示。从赛事规模上来看，无论是报名人数还是参赛人数及完赛人数，都呈现出逐年递增的趋势，2019年和2020年两年的数据明显高于2018年，说明近几年的厦门马拉松赛事得到了越来越多的人的认可，这对厦门马拉松做进一步的商业开发有极大帮助；从参赛人员水平上来看，精英选手已从2018年的1926人为上涨到了2020年的3604人，三年时间内上涨了将近一半，整体完赛率三年内一直保持在95%以上，未发生较大变化，由此可知大众参赛水平呈现出提高的趋势；从男女比例上来讲，尽管男性始终占着较大的比例，但其比例呈现降低的趋势，女性比例上涨，这一点也提醒我们在做产品推广时要更加注重女性群体的需求；从平均年龄上看，2020年的平均年龄较2019年上涨了将近1岁，这在一定程度上说明厦马赛事对高龄人群也有着较强的吸引力；从地区分布上来看，厦马每年都吸引着来自40个左右的国家或地区的人群前来参赛，表现出了一定的国际影响力。

表2　2018～2020年度厦门马拉松赛事基本数据对比

时间	报名人数	参赛人数	完赛人数	精英选手人数	完赛率	男女比例	平均年龄	地区分布
2020年	82205	29805	28324	3604	95.03%	4.4：1	41.7	41
2019年	81073	28208	27304	3463	96.80%	4.7：1	40.9	38
2018年	50537	21640	20720	1926	96%	5.8：1	未公布	42

资料来源：搜狐网等公开数据整理。

整体上看，厦门马拉松在赛事受欢迎程度、参赛者水平、参赛者群体等方面都有着稳定发展的趋势，受欢迎程度的提升为"厦马"的商业开发提供了广泛的群众基础；参赛者水平的提升有助于提升赛事整体水平，进而提升在国际上的排名，使赛事走向新的高度；而参赛群体数据的变化反映出了更广泛群体参与"厦马"赛事的趋势。

三 厦门马拉松市场分析

（一）商业价值来源

厦门马拉松的商业价值主要来源于其收入构成和衍生价值两个方面。

从收入构成上来看，其赞助商收入是赛事收入的最大板块，其中冠名赞助商赞助费用为2000万元，仅设1家，已由建发厦门集团连续16年赞助；顶级战略伙伴2家，赞助费用1500万元；荣耀赞助商4家，赞助费用500万元；官方赞助商6家，赞助费用200万元，赛事支持商数量不限，赞助费用100万元。除了资金上的支持外，很多赞助商还会提供一定的实物支持。而赛事能够给到赞助商的回报有场地广告、媒体公关以及一系列的配套活动。厦马的赛事报名费也是一笔不小的收入，2020年参赛人数共有将近30000人，基础报名费中国籍120元，外籍50美元；另外，赛事的衍生品销售，如官方纪念章、赛事纪念服等也为赛事提供了部分资金支持；最后还有与其他企业合作的酒店套餐、餐饮套餐，也能产生经济效益。

从赛事衍生价值来看，厦门马拉松产生了巨大的社会效益。首先，从赛事对厦门这座城市来看，厦门马拉松成为该城市一张漂亮的城市名片，为厦门打造了独特的城市IP，2018年被中国田径协会授予了"马拉松城市"的光荣称号。其次，赛事带动的城市综合消费也不容小觑，赛事当期能够吸引到3万余人来到该城市参加赛事，这对该城市的酒店、餐饮、商贸以及娱乐业都会产生经济拉动作用，官方数据显示，2018年厦门马拉松为该城市带来了1.35亿元的间接经济收益，2019年间接经济收益达到了2.12亿元，产生了巨大的经济拉动作用。再次，赛事也为各大媒体带来了巨大的流量价值，其中不乏赛事本身的转播价值、赛事传播的互动价值等，但对于国内赛事来讲，还没有任何一场马拉松赛事实现媒体版权变现，这一点相较国外来讲有一定差距。最后，马拉松赛事筹办周期长，重要节点多，能够使参赛者有较强的参与性，这使该赛事能够创造更多的衍生价值。

（二）市场开发现状

1. 有形资产开发现状

体育赛事的有形资产，是指在筹办赛事过程中关系到的所有以实物形态存在的，并且可以进行经营并产生经济效益的有形资源。而厦门马拉松的有形资产包括赛事背景板、赛道周围展板、参赛服、完赛包、汽车、赛道补给物资以及赞助商提供的各种实物等资源，从这些有形资产的开发来看，厦门马拉松做到了充分的利用。2020 年厦门马拉松的主展板上写有各赞助商的名称和标志、赛事宣言以及赛事级别的标志等，主展板周围的展板以及赛道周围的展板也布满了各种赞助商和广告信息，提高了曝光价值；同时赛事共准备完赛包 35000 个，赛道补给站 15 个，桌子 600 余张，移动厕所 397 座，这些也都可以成为赞助商投放广告的媒介，而 2020 年"厦马"对这些资源的利用也较为合理。总的来讲，一场马拉松赛事因其规模庞大而涉及众多的有形资产，厦门马拉松通过对这些有形资产的开发和利用也创造了应有的经济效益。

2. 无形资产开发现状

对于一场马拉松赛事来讲，要想实现市场化运营，其无形资产开发应该成为运营工作的重中之重。马拉松赛事无形资产的开发主要包括赛事冠名权、电视转播权、特许经营权、广告资源开发以及衍生品开发等，课题组对于厦门马拉松涉及的各项主要无形资产进行了梳理。

赛事冠名权在无形资产开发里的地位是较为重要的。赛事冠名权是指企业或商家为某项赛事提供高额资金赞助，以获得用自己的品牌或商标为赛事冠名的权利。对于一项大型赛事来讲，只有出资最高的商家才能成为赛事的独家冠名赞助商。厦门马拉松赛事的赛事冠名主要是由厦门建发集团有限公司独家赞助的。厦门马拉松自 2003 年开始举办以来，与厦门建发集团的合作就随之开始，之后自 2005 年度成为厦门马拉松的独家冠名赞助商之后，到 2020 年已连续互相陪伴 16 年，16 年的合作让彼此成为不可分割的整体，人们在提到厦门马拉松之时不由得会加上"建发"二字，而连续 16 年的赞助也让马拉松精神深深地融入建发集团的企业文化之中。16 年来，建发集团一直秉持"挑战极限，努力拼搏"的马拉松精神，与厦门马拉松共同成长。同时，为弘扬企业文化，提高企业社会价值，宣扬热爱环保的企业精神，建发集团还联手"厦马"打造了"绿跑在行动"活动，在 2015～2020年六年间向内蒙古阿拉善沙漠共计捐赠固沙植物 16 万棵。总的来讲，厦门建发集团与厦门马拉松的合作不仅使彼此都获得了应有的经济效益，还产生了广泛的社会效益，承担了彼此的社会责任。

电视转播权也是赛事市场开发的非常重要的一环。电视转播权是指在举行赛事或活动时，主办方允许媒体或机构进行转播，以获得一定报酬的权利。第一次出现赛事转播权的售卖出现在 20 世纪 50 年代英国的一场足球赛事，之后随着转播技术的提高，才逐步运用到各项体育赛事中。但是，我国电视转播权的发展相较于国外来讲还未形成市场，在马拉松赛事中，还未有任何一家赛事能够将自己的赛事转播权售卖出去以获取资金支持，但马拉松赛事的转播价值却是显而易见的。课题组整理了近三年的厦门马拉松媒体转播情况，如表 3 所示。从三年的对比情况来看，媒体平台的数量出现了一个减少的趋势，但从媒体平台的质量来看，一些小型媒体平台逐渐退出"厦马"转播队伍，如在 2018 年或 2019 年出现的今日头条、凤凰体育、网易新闻以及新浪厦门等在 2020 年退出了转播，只保留了央视的媒体平台和厦门电视台的两套平台，这在一定程度上反映出了马拉松赛事的转播门槛在提高的趋势，也为赛事转播权市场化布局，未来赛事转播权是可以为厦门马拉松创造经济效益的。

表 3　2018～2020 年度厦门马拉松媒体转播概况

媒体平台	2020 年	2019 年	2018 年
CCTV	2 小时 35 分钟	2 小时 10 分钟	2 小时 35 分钟
厦门电视台一套	2 小时 45 分钟	2 小时 10 分钟	2 小时 35 分钟
厦门电视台二套	2 小时 45 分钟	—	—
厦门电视台三套	—	2 小时 10 分钟	2 小时 35 分钟
厦门卫视	2 小时 45 分钟	2 小时 10 分钟	2 小时 35 分钟

媒体平台	2020 年	2019 年	2018 年
央视网	2 小时 40 分钟	3 小时 25 分钟	4 小时 35 分钟
央视影音	3 小时	—	—
新华社	2 小时 40 分钟	2 小时 10 分钟	6 小时 30 分钟
看厦门 App	3 小时	2 小时 10 分钟	—
新浪厦门	—	5 小时	7 小时
网易新闻	—	2 小时 10 分钟	5 小时
今日头条	—	—	5 小时
凤凰体育	—	—	4 小时

资料来源：搜狐网等公开数据整理。

除了赛事冠名权和电视转播权之外，相对较为重要的无形资产还有特许经营权和广告发布权以及赛事衍生品开发等。"厦马"的特许经营权是指赛事主办方授予企业可以运用赛事标志、名称等无形资产来开展自身经营活动的权利，其特许授权的产品一般为户外系列（如眼镜、太阳帽、太阳伞等）、旅游纪念品（赛事吉祥物、赛事纪念牌以及纪念币等）以及其他一些特许经营产品；"厦马"的广告发布权是指允许商家在赛事场地周围发放广告或举办宣传活动的权利，"厦马"的广告分布主要在于电视和广播广告（如赛事直播时插播广告、赛事直播间广告互动、直播间背景板广告等）、网络广告（即在赛事官网展现标志以及企业链接等形式）以及平面广告（如秩序册广告、参赛须知广告以及手提袋广告等）等。"厦马"的衍生品开发在于旅游推介、官方新闻发布会、组委会出席赞助商活动等。这些权利都是商家或企业在赞助马拉松赛事时所看重的权利，也正是这些权利的获得，能够让企业在赞助马拉松赛事之时赚得盆满钵满。一般来讲，能够获得厦门马拉松的特许经营权或广告发布权的企业都来自"厦马"的赞助商群体。

（三）相关合作者分析

厦门马拉松每年都会与多家企业或商家展开合作，合作的形式除了冠名赞助商之外，还有顶级战略伙伴、官方赞助商以及赛事支持商等。2020 年厦门马拉松赛事赞助商情况，如图4所示。关于冠名赞助商，我们在无形资产开发一栏已详细分析，本节分析的重点在于其他层级赞助商的合作情况。厦门马拉松顶级战略伙伴特步集团有限公司于2009年与"厦马"达成合作关系，至2020年已合作12年，经过十余年的携手，特步已从一个名不见经传的民营企业发展成为家喻户晓的时尚运动品牌，同时特步集团还赞助了国内其他八项马拉松赛事，成为马拉松赛场上的常客。另外，2020年东风日产成为"厦马"的荣耀赞助商，成为赛事的唯一指定计时引导车和官方唯一指定用车，该合作也会为东风日产的终端市场增加人气，提高品牌口碑，为日后的营销工作打下基础。除此之外，"厦马"还获得了6家官方赞助商和15家赛事支持商，其中官方赞助商名额已达到最大限额，赛事支持商也较2019年的6家有了大幅度上涨，这说明"厦马"的赞助效果得到了更广泛企业的认可。

图4　2020年厦门马拉松赞助商名单

资料来源：厦门马拉松官网。

四　小结与展望

总体来看，厦门马拉松赛事经过将近二十年的发展，得到了政府和社会的广泛认可，尤其是自2018年中国田协授予厦门"马拉松城市"的荣誉称

号之后，"厦马"的关注度水涨船高，为赛事的未来发展打下了坚实的群众基础。而作为中国第一个市场化的大型城市马拉松赛，其市场化程度也相对来讲有着一定的代表性，其成功之处首先在于优美的赛道环境和优质的赛事服务，这使"厦马"收获了一大批忠实的粉丝为市场化铺路；其次，"厦马"能够维持好与赞助商的关系，如建发集团、特步体育、中国建设银行、金龙客车、青岛啤酒等与"厦马"的合作都已持续十余年之久，这为"厦马"的可持续发展提供了大量的资金支持；最后，厦门马拉松的开展也得到了政府的大力支持，生动描写了什么是举全城之力来办一场马拉松赛事，而"厦马"的宣传口号"跑步爱上一座城"也使赛事同城市发展紧密结合起来，成为一个独特的城市 IP。

尽管厦门马拉松的市场化发展达到了一定的水平，但与国外大型马拉松赛事相比还有一定差距，最明显的区别在于还未将赛事转播权这个拥有巨大潜力和经济价值的赛事资源变现。虽然在赛事举办之时吸引了大量的媒体平台前来合作，但还未产生赛事转播权的交易，这也是我国马拉松赛事的通病，同时也说明我国大型马拉松赛事的市场化还有很长的路要走。

参考文献

中国田径协会：《厦马简介》，厦门马拉松官网，2020 年 12 月 30 日，http：//www. xmim. org/homes/ regnotice. html？color＝10&relevancyMenu＝8aadb01b5683cb120156840cc68a0002。

阮从非：《我国城市马拉松赛市场化运作趋势研究》，硕士学位论文，北京体育大学，2016。

《关于支持社会力量举办马拉松、自行车等大型群众性体育赛事行动方案（2017年)》，中华人民共和国中央人民政府网站，2017 年 7 月 14 日，http：//www. gov. cn/xinwen/2017 –07/14/content_ 5210445. htm。

赫立夫、张大超：《中国马拉松金牌赛事运营管理及对策》，《北京体育大学学报》2019 年第 3 期，第 88～100 页。

白莉莉、冯晓露：《我国马拉松赛事赞助市场的现状、特征和问题》，《中国体育科技》2018 年第 4 期，第 3～11 页。

中国田径协会：《马拉松运动产业发展规划》，中国田径协会官网，2020 年 9 月 16 日，http：//www. athletics. org. cn/bulletin/hygd/mls/2020/0916/358307. html。

中国田径协会：《2019 中国马拉松年度报告》，中华全国体育总会网站，2020 年 5 月 20 日，http：//www. sport. org. cn/jdxw/2020/0520/326449. html。

政策法规司：《关于进一步加强马拉松赛事监督管理的意见》，国家体育总局官网，2017 年 11 月 8 日，http：//www. sport. gov. cn/n316/n340/c832920/content. html。

刘德军、张兆龙：《我国城市马拉松赛事举办的多维动因与质量提升》，《南京体育学院学报》（社会科学版）2017 年第 4 期，第 113～117 页。

纪成龙：《消费升级与马拉松赛事的产业特点》，《体育学研究》2018 年第 2 期，第 72～73、76 页。

体育经济司：《马拉松运动产业发展规划》，国家体育总局官网，2018 年 1 月 12 日，http：//www. sport. gov. cn/n316/n340/c843396/content. html。

中国田径协会：《关于开展线上马拉松等跑步活动的指导意见》，中国田径协会官网，2020 年 5 月 16 日，http：//www. athletics. org. cn/bulletin/marathon/2020/0516/336638. html。

鲍芳、袁园媛、张靖弦、黄海燕：《马拉松消费者行为研究：特征、挑战与趋势》，《武汉体育学院学报》2020 年第 6 期，第 10～18 页。

王相飞、康益豪、延怡冉：《马拉松赛事对举办地城市形象影响的实证研究——基于马拉松跑者的新视角》，《武汉体育学院学报》2020 年第 3 期，第 20～27、33 页。

B.7
上海马拉松赛事市场分析

沈 恺 杨建荣*

摘 要: 本文以上海马拉松体育文化产品为研究对象,综合梳理上海马拉松体育文化产品发展的现状,主要是政策引导的马拉松市场化方向、上海马拉松绿色和以人为本的文化内涵、上马官方特许商品及周边产品的曝光及销售情况;提出上海马拉松体育文化产品市场开发中的问题,即如何将庞大的群众基础转化为体育文化产品消费群体以及上海马拉松体育文化可添加短视频平台作为其扩大社会影响力的渠道。最后,本文根据上海马拉松体育文化产品的发展现状及问题,对未来的发展做出展望,上海马拉松在运营过程中应该创新体育文化产品设计,深化其文化内涵。

关键词: 马拉松赛事 上海马拉松 体育市场 体育消费

一 引言

作为我国最先对业余选手开放的马拉松赛事之一,上海马拉松具有承办历史悠久、参与人数众多的特点。2021 年,已经是上海马拉松举办的第 26

---

* 沈恺,北京体育大学体育休闲与旅游学院研究生,研究方向为体育经济与产业;杨建荣,经济学博士,北京体育大学体育商学院副教授,硕士生导师,中国体育科学学会会员,研究方向为体育经济、体育赛事、体育投融资。

年，上海马拉松还被评为世界田径路跑金标赛事、中国马拉松金牌赛事，是国内为数不多的"双金"赛事，具有较大的社会影响力。

上海作为我国经济发展领先、人文历史底蕴深厚的城市，其马拉松赛事也具有与时俱进且注重发掘历史人文内涵的特点。从上海马拉松的赛事分类来看，除了上海国际马拉松之外，还设立有上海半程马拉松、上海 10 公里精英赛和上马系列赛。其中，上马系列赛包括上海女子半程马拉松、"复兴之路"百公里接力赛等。"复兴之路"百公里接力赛从上海中共一大纪念馆出发，途经嘉善，终点设立在嘉兴南湖，与我国建党百年的红色主题相呼应，该赛事也是首个跨省市的、长三角一体化联合办赛的模式，还采用了独有的接力赛制，线上线下同时开赛。除此之外，上海马拉松还开设了亲子跑、公益跑等项目，由此可以看出，上海马拉松的竞赛类别丰富多样，运动竞赛与体育休闲并重，能够为不同年龄、不同性别、不同运动基础的民众提供个性化的赛事服务，这也使上海马拉松的群众基础变得雄厚，大众参与马拉松的热情高涨，也是实施我国的全民健身战略的重要一步。

群众基础好、参与人数多，这也意味着上海马拉松的消费潜力大。

二　上海马拉松体育文化产品市场开发的现状

（一）上海马拉松发展体育文化产品的政策依据

《上海市全民健身实施计划（2016～2020）》中明确提出，需要更加重视发挥全民健身在经济社会发展中的支撑作用，计划还指出需要营造良好消费氛围，充分发挥全民健身对发展体育产业的动力源作用，把发展全民健身产业、促进健身消费作为新的经济增长点加以培育，扩大与全民健身相关的体育用品及相关产品制造和销售等体育产业门类规模，开发更多适应市场需要、满足现代化消费需求的健身创意产品。

国家体育总局与国家发展和改革委员会等联合印发的《支持社会力量

举办马拉松、自行车等大型群众性体育赛事行动方案（2017 年）》（以下简称《行动方案》）中就明确指出，要着力推进大型群众性体育赛事供给侧结构性改革，群众性体育赛事的举办要积极吸引社会力量参与，体育赛事供给需要多层次、多样化。《行动方案》还指出，要使社会力量举办大型群众性体育赛事的积极性显著提高，进一步完善市场机制，进一步优化发展环境，激发相关消费需求，使业态融合发展趋势更加明显。《行动方案》还提出需要完善支持政策，加大金融支持力度，马拉松等大型群众性体育赛事需要社会力量的支持。

《马拉松运动产业发展规划》也明确指出需要培育多元化马拉松运动产业市场主体，繁荣马拉松运动企业主体。扶持、支持企业在市场营销、智能装备、赛事运营、体育旅游等方面的创新，改革方向呈现市场化、社会化。规划还提到要积极引导马拉松运动消费，赛事产品供给需要更加丰富，促进马拉松与相关产业融合发展，推动产业链衍生叠加。

打造马拉松＋产业发展新形态。大力推动马拉松与产业融合发展，构建马拉松产业发展新形态。鼓励开发马拉松＋互联网产业，促进移动互联网技术与马拉松赛事运营管理的紧密结合，推动打造线上、线下马拉松的良性互动和协同有序发展，整合上下游企业资源，形成马拉松运动产业新生态圈。

随着管办分离的政策落实，上海马拉松更加具有市场化，赛事的主办方由上海市体育局变更为上海东浩兰生赛事管理有限公司。这也使上海马拉松在保留大众健身这一领域的服务职能时更加侧重于对市场经济价值的开发。上海马拉松的发展方向是在实现赛事经济效益和社会效益的同时，保留赛事的公益性，同时也需要建立上海马拉松自主经营、自负盈亏的赛事运营机制。只有良好的市场化运营，才能让上海马拉松永葆活力，可持续性地为大众提供服务。

这些政策的制定和实施都代表着我国群众性大型赛事的市场化发展方向。

（二）将马拉松赛事注入文化内涵

2010 年世界博览会在上海召开，这使上海国际化大都市的特色日益彰显，也使上海成为展示我国城市形象的窗口。

《上海市全民健身实施计划（2016～2020)》中明确提出要弘扬体育健身文化，深入挖掘健身项目文化内涵，充分利用各类传统和新兴媒体，开辟体育健身专题、专栏。

上海马拉松的文化内涵体现在马拉松全过程的方方面面。

上海马拉松注重传播绿色、低碳的环保理念，注重人文与生态的有机结合。上海马拉松把绿色路跑作为办赛目标之一，在 10 公里精英赛中首次尝试践行绿色路跑赛事。上海马拉松把"垃圾分类"与"绿色路跑"相结合，在起终点与赛道沿途设置了多个分类垃圾桶，比赛当天参赛者需要按分类进行投放。上海马拉松还对比赛过程中产生的水瓶进行回收利用，将其制成纪念雨衣与抽绳袋，在上马官方旗舰店进行发售。这一举动将跑者所用的消耗品变为跑者所用的装备，实现了对消耗品的二次利用，变废为宝。

上海作为我国经济发展最为迅速的城市，在上海马拉松的举办过程中，也采用最新的现代信息技术为上海马拉松注入人文气息。2020 年，"上马"小程序在维持原有的实用工具的基础上进行升级，除了原有的待办事项、赛事地图、天气查询、赛事通知等功能外，还新增了选手跑步轨迹追踪功能，只需要输入参赛者姓名或参赛号，即可实时掌握选手的当前位置，并且参赛者在完赛后能直接在小程序上查看完赛成绩、下载证书。这一技术升级也体现了上海的人文关怀、以人为本的理念，也能更加快速、便捷地传播上海马拉松的文化内涵。

（三）上海马拉松的体育文化产品

上海马拉松的体育文化产品主要包括上海马拉松官方特许产品、上海马拉松周边产品等融入文化元素的产品。

1. 上海马拉松官方特许产品的售卖及曝光情况

在上海马拉松的官方网站首页，即可看到"上马官方特许产品"的购买链接。2018年，上海马拉松入驻京东，在"上马旗舰店"中销售上马官方特许产品。

在上海马拉松官方网站首页显示的上马官方特许产品主要有运动装备类和日常家居类，如运动手套、跑马短裤、手持风扇、马克杯、冷感毛巾、跑马眼镜、充电宝、签字笔礼盒套装等。售价在45元至199元不等。

点击上马官方特许产品的购买链接即可跳转至上马的电商网店。在电商平台的上马旗舰店内，有种类丰富多样的上海马拉松周边产品，主要分为以下五类。

（1）文创纪念类。与上海马拉松各赛事有关的周边产品，如充电宝、手提袋、水杯、徽章等。价格普遍集中在30元至100元。

（2）运动装备类。印有上海马拉松赛事宣传口号的运动器具、服饰，如太阳眼镜、运动头巾、短袖等。服饰类的周边商品价格相对较高，短袖在100元左右，长袖外套在200元左右，其他辅助设备价格在几十元不等。

（3）联名系列类。与各运动品牌合作售卖的商品，如上海马拉松与品牌FA2L0联名出售服装类产品。

（4）好物优选类。从全部商品中挑选出性价比较高的少数商品，该类别的商品在其他分类中也可搜索到。

（5）完赛纪念类。从全部商品中挑选出较为具有纪念价值的商品，该类别的商品在其他分类中也可搜索到。

上马官方特许产品主要分为两类：一类是上海国际马拉松的官方特许产品，另一类是上海半程马拉松的官方特许商品。除了上海马拉松官方特许产品之外，还有定制比赛服装、周边商品等出售。

2017年的上马官方特许产品有19件（见图1）：纪念款耳机、男款polo衫、女款polo衫、纪念徽章、手机壳、钥匙圈、定制手机壳、定制马克杯、定制参赛服、纪念T恤、空顶帽、腰包、马克杯、压缩腿套、运动护臂、太阳帽、鞋带扣、号码布扣、保暖雨衣。

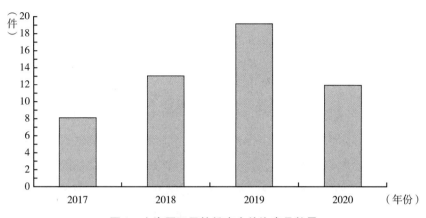

图1 上海国际马拉松官方特许产品数量

资料来源：上海国际马拉松官网。

2018年的上马官方特许产品有14件：完赛T恤、腰包、压缩腿套、五指袜、跑鞋收纳袋、马克杯、空顶帽、太阳帽、手机壳、完赛风衣、纪念版号码扣、联名卫衣、联名T恤、联名高腰袜。

2019年的上马官方特许产品有13件：完赛T恤、鞋类收纳包、冷感运动毛巾、运动换片眼镜、完赛风衣、训练背包、腰包、联名T恤、联名头带、联名卫衣、联名运动袜、定制奖牌盒、钥匙牌。

2020年的上马官方特许产品有15件：钥匙圈、冰箱贴、徽章、开瓶器磁贴、抱枕靠垫、木制拼图、完赛T恤、号码布腰带、头巾、竞速短裤、完赛风衣、联名T恤、联名卫衣、联名运动袜、手机保护套。

由此趋势可知，近年来每年上海国际马拉松的官方特许产品数量较为固定，集中在15件左右，其中运动装备类的完赛T恤每年都会推出新款，而日常家居类的商品每年的品类会有不同程度的变动。除去2020年疫情导致参赛人数锐减的原因，在微信公众号的特许产品推送中，每年的浏览量都有所增加，由此可以看出上海马拉松官方特许产品日益受到群众的关注。

每年上海马拉松赛事举办时，会在终点设立上马官方特许产品售卖处，每年东浩兰生公司也会有不同的福利抽奖送产品的活动，这些活动也大大促进了产品的曝光度及销量。

2. 上海马拉松参赛包内容物

每次上海马拉松的参赛者的参赛包内容物都大致相同，分别为印有该次马拉松赛事标志、赞助商的参赛服以及双肩抽绳包、号码簿，赞助商品牌相关产品，完赛纪念奖牌等。

其中，每年的完赛奖牌都会根据该场赛事的特点进行设计，将比赛的宣传口号以及"上海马拉松"字样印在奖牌上，非常具有纪念意义。以"复兴之路"百公里接力赛为例，其奖牌设计就体现了路线设计的用心，奖牌主题呈红色五角星图形，奖牌的正、反面分别是中共一大会址和嘉兴南湖红船，这两个意象除了体现我国红色文化之外，也是"复兴之路"百公里接力赛的起点和终点。这样的奖牌设计独具匠心，让参赛者在参加马拉松锻炼身体时也能牢记党的发展历史，结合了大众健身与红色文化传播。

（四）上海马拉松体育文化产品的宣传情况

在浏览上海马拉松官方微博、微信公众号时，在上海马拉松报名、举办期间，都有上马官方特许产品的曝光，也添加了购买链接的二维码，这使消费者能够直接、快速地了解相关的产品信息，便捷的"点击购买"按钮也简化了商品购买的流程，提高了成交率。

但其在传播形式上并没有特别突出产品。例如，在推送"复兴之路"周边产品时，微博是采用抽奖送产品的形式，而相关产品的图片、简介、购买链接二维码只出现在图片中，这使大众在浏览相关信息时，容易忽略商品的信息。另外，虽然上海马拉松官方特许产品在微信公众号的推送中被详细展示，但上海马拉松的官方旗舰店在微信公众号中并没有直接跳转至电商平台的界面。

随着信息技术的发展，智能手机已经成为大众生活中功能强大、密不可分的部分。电商平台的迅猛发展、手机移动通信技术的发展使人们使用手机移动端的时间越来越多，人们获取信息的方式也更倾向于使用更为便捷的手机，所以上海马拉松体育文化产品的曝光也顺应了大众获取信息的方式，不仅能够满足相关消费者的消费需求，也能为企业带来经济效益。

三 上海马拉松体育文化产品市场开发中亟待解决的问题

（一）将马拉松雄厚的群众基础进一步转化为马拉松相关产品的消费群体

上海马拉松的群众基础非常雄厚，每年的参赛名额都供不应求。以2019年的上海马拉松为例，2019年上海马拉松赛事规模为38000人：全程马拉松25000人、10公里跑6000人、健身跑7000人。数据显示，2019年上海马拉松报名规模达155370人：全程马拉松109299人、10公里跑33408人、健身跑12663人。中签率分别为22.87%、17.96%、55.28%，虽然马拉松规模不断扩大，新增设的参赛人数不断增加，但依旧难以改变上海马拉松供不应求的现状。而2020年因为疫情原因，上海马拉松严格限制参赛人数，仅仅开放全程马拉松的9000个参赛名额，但从预报名的情况来看，共有128679名参赛者报名，中签率仅为6.99%。由此可见，上海马拉松的影响力日益彰显，有越来越多的人参与上海马拉松这一比赛。

从百度指数来看，每年在"上马"的报名开始阶段、公布抽签结果的日期、比赛当天，"上马"的百度搜索指数都会有一个明显上升。

根据2019年、2020年、2021年三年的上海马拉松百度搜索指数，可以看出在每年的上海马拉松报名开始阶段及比赛期间，百度指数有一个明显的攀升（见图2）。2019年上海国际马拉松的百度搜索指数平均值为626。2019年上海马拉松的报名日期为7月29日至8月12日，可以看出在上海马拉松开放报名的时期，百度指急速攀升至1898，并在8月1日达到了8237，明显高于当年同期水平。此外，公布上海马拉松抽签结果的日期为8月23日，在这一天上海马拉松的百度搜索指数达到了14913，为2019年最高。2019年上海马拉松的比赛日期为11月17日，当天的百度搜索指数为7808。2020年疫情对上海马拉松的影响较大。2020年，上海马拉松全年平均百度搜索指数为490，比2019年略有下降。2020年上海马拉松仅开放全程马拉松的9000个

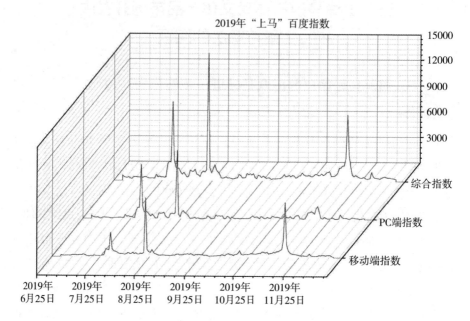

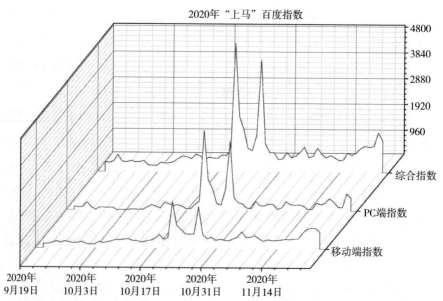

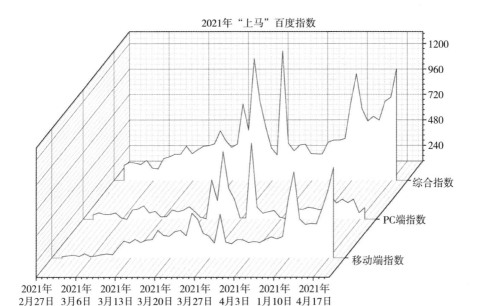

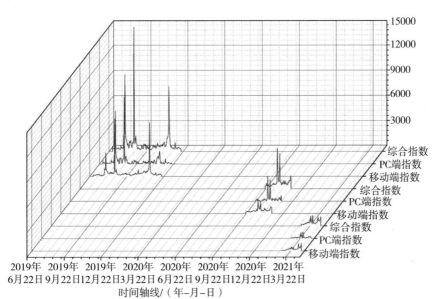

图 2 2019 ~ 2021 年"上马"百度指数

资料来源：https：//index. baidu. com/v2/main/index. html#/trend/上海马拉松？words =
上海马拉松。

参赛名额，报名日期为 10 月 21 日至 24 日，在此期间百度搜索指数虽然也明显上升，但峰值仅为 4871；公布抽签结果日期为 10 月 27 日，当天的百度搜索指数为 4262，这两个数据均与 2019 年同期的数据相差较大。2020 年上海马拉松的比赛日期为 11 月 29 日，该日的百度搜索指数为 7189，相比 2019 年的比赛日数据略有下滑，但依旧能看出虽然疫情导致参赛人数骤降，但大众对上海马拉松的关注度依然很高。

由此可见，大众通过网络频道搜索有关上海马拉松的新闻，上海马拉松有网络用户基础，基于此，通过电商平台进行上海马拉松体育文化产品的销售、通过网络媒体传播上海马拉松的文化内涵是有受众基础的。

上海马拉松的官方微博账号拥有 22 万关注者，《新京报》报道的 2021 年上海马拉松的视频共有 10.8 万次浏览量，在上海马拉松官方赛事平台的微信公众号"上马"中，每期推送的头条都至少有 1 万的浏览量，而涉及具体的赛事报名信息、赛前须知、参赛攻略等内容，浏览量更是达到了 4 万至 7 万。由此可见，上海马拉松在马拉松赛事中属于关注度较高的赛事。

与此形成鲜明对比的是目前上海马拉松官方旗舰店的关注者数量，京东的"上马旗舰店"关注者仅为 3005 人。在"上马旗舰店"目前在售的商品中，2020 年上海马拉松 25 周年限定版完赛服最受欢迎，其中完赛风衣售价 210 元，销量为 96 件；短款完赛 T 恤 108 元，销量为 87 件；长款完赛 T 恤 120 元，销量为 97 件；其次分别是售价为 40 元、35 元的运动肌内效贴布，销量分别为 102 件、112 件；另外，售价 199 元的运动眼镜销量为 97 件，售价为 32 元的上海体育场磁性贴销量为 80 件，售价为 32 元的东方明珠元素磁性贴销量为 75 件，这些品类的商品在上马旗舰店中销售量较高。

上海马拉松在比赛场地中设置了上海马拉松官方特许产品的售卖区，但每次参赛人数众多，容易造成门店拥挤，势必存在门店无法充分为消费者提供服务的问题，所以线上的官方特许产品的售卖渠道至关重要。

与热情报名参与上海马拉松赛事的跑者的数量相比，上海马拉松相关体育文化产品的销量远远滞后，但这也说明上海马拉松相关体育文化产品有着广阔的市场可供开拓。

（二）利用当前盛行的短视频媒体平台进一步扩大和提高上海马拉松的影响力和知名度

上海马拉松是一场规模宏大、参与人数众多的赛事，如果利用当前比较流行的短视频媒体平台对上海马拉松比赛过程中较为精彩的片段进行宣传，势必能够进一步扩大潜在的马拉松体育人口，使大众对马拉松这一形式更为喜闻乐见，也能更好地使大众对上海马拉松的内在价值观产生认同，从而带动上海马拉松体育文化产品的消费。

在上海马拉松的官方网站、微博中，均未发现上海马拉松利用短视频进行宣传的迹象。在微博、抖音、快手等运营短视频的媒体平台中，虽然能检索到上海马拉松的相关信息，但缺少上海马拉松官方发布的信息。

在抖音中，话题"上海马拉松"有3276.9万次播放，话题"2020上海马拉松"有209.5万次播放，话题"上海马拉松2020"有73.4万次播放；在快手中，话题"上海马拉松"有892.2万次播放，话题"2020上海马拉松"有15.7万次播放。其中，一期介绍上海马拉松急救跑者参赛包的视频达到了7.7万次的点赞，上海马拉松的热度可见一斑，"上马"也非常具有短视频平台市场发展的潜力。如果结合当下的短视频平台进行官方的宣传，再辅助以商品橱窗链接的形式，势必能进一步带动上海马拉松体育文化产品的销售。

融媒体是大众传媒的发展方向，上海马拉松可以利用多种媒体宣传渠道进行优势互补。通过多种传播方式更好地传播上海马拉松的文化内核。上海马拉松目前进行曝光的形式有报纸、直播、转播、网络网站、微博、微信公众号等，上海马拉松大众知名度较高，但如何将群众基础转化为消费群体，或许官方的短视频平台会是一个机遇的窗口。

四　对于上海马拉松体育文化产品发展的展望

上海马拉松官方特许产品的关注度每年都有所提高，上海马拉松周边产

品的数量也逐年增加，包括定制参赛服、与各品牌联名产品、赞助商合作产业等，这也体现出上海马拉松在体育文化产品的设计上满足了不同消费群体的消费需求。这些趋势也代表着上海马拉松应该持续进行市场化，持续为消费者带来高质量的商品和服务。

（一）上海马拉松体育文化产品注重参赛者市场

从上海马拉松官方售卖渠道——京东上马旗舰店的销售量来看，销量最高的商品为上海马拉松25周年限定商品，从商品的评论来看，不少消费者是参加完上海马拉松特意在线上购买完赛服装的。与一般的观众相比，上海马拉松的参赛者投入的时间和情感更多，对上海马拉松赛事更具心理上的认同感，由此参赛者对商品的购买意愿比较高，应注重对参赛者的市场开发。

参赛者是上海马拉松体育文化产品的潜在购买群体，在设计相关周边产品时应该注重该消费群体的心理，例如，可以采取对完赛跑者给予购买特定商品的折扣的形式。

（二）延伸上海马拉松体育文化产品的产品设计外延

根据对上马旗舰店的销量的统计，拥有"上海"这一文化内涵的相关产品也得到了好评，如印有上海文化馆、上海东方明珠元素的磁性贴销量比较高。

上海的发展历史悠久，景色优美，人文景观众多，这都是可以进行体育文化产品设计的资源。每一年上海马拉松赛事的比赛路线都是经过精心设计的，集合了上海特有的地标性建筑，将马拉松路线中的上海元素与上海马拉松合二为一，对体育文化产品进行设计，势必能得到消费者的认同。

（三）注入大众喜闻乐见的文化元素

根据对于上海马拉松参赛选手的调查问卷报告结果，年龄在18岁至30

岁的参赛者在所有参赛者中的占比为79.51%。这意味着上海马拉松的主要受众群体为年轻人，所以上海马拉松应该赋予其符合年轻人审美的文化元素。

此外，挖掘上海马拉松比赛过程中的人物故事，也能够传播积极向上的文化，使观众产生共情感。比如，在抖音平台上有一个在马拉松赛场上埃塞俄比亚选手给我国一名残疾运动员递水的视频，这个视频及其传播的文化理念就获得了大家的一致赞同。仅这一个视频，就获得了87.8万的点赞、8531条评论、1001次转发。上海马拉松也可挖掘比赛过程中感人的人物故事，既能发扬正面的体育精神，也能赋予上海马拉松更多的文化内涵。例如，在2020年上海马拉松赛事的相关报道中，就出现了曾经支援武汉抗疫的医务人员，将"白衣天使"与上海马拉松相结合，更能凸显上海马拉松的文化理念。在2020年因为疫情而体育赛事停摆的大环境中，可利用大众对马拉松的关注宣传正向的、符合社会主义核心价值观的价值理念。在上海马拉松体育文化产品的设计中，也可体现全民抗疫的精神，如选取"奉献""大爱"等文化意象，将这些代表性的概念融入产品的设计中。

（四）注重赛事细分化

上海马拉松除了最为知名、规模最为宏大的上海国际马拉松之外，还有相关的系列赛事，这些赛事呈现出日益细分的发展趋势。例如，2021年5月1日举行的"劲美此刻"2021上海银行上海女子半程马拉松赛，就是针对女性跑者群体的马拉松赛事。赛事的细分化也使上海马拉松体育文化产品能够更直接且精准地针对参与人群进行市场开发。

对上海马拉松体育文化产品赋予更多的文化内涵，是进行上海马拉松市场开发的重要一环。

五 小结

上海马拉松的发展日益受到民众的关注，互联网媒体平台上的浏览率、

每年上海马拉松的报名人数及参与人数、上海马拉松官方特许产品的售卖情况，都显示出上海马拉松的影响力在日渐扩大。

从最近出台的相关政策中不难看出，我国的群众性大型体育赛事呈现出市场化的趋势，政府部门也鼓励企业办赛，鼓励企业在赛事运营中实现经济收益、盈亏自负。在市场化改革的大背景中，为上海马拉松赛事注入文化内涵尤为重要，可以让消费者产生文化认同感并进而带动消费，不仅是为社会来经济效益，也是传播积极、正面的道德价值观的渠道之一。上海马拉松在赋予赛事文化内涵以及开发体育文化产品市场方面走在全国前列，如上海马拉松注重绿色环保、以人为本等文化理念的践行，而且上海马拉松的体育文化产品的曝光率较高（在微博、微信公众号、上马 App、上马官网中均有展示）。上海马拉松的群众基础雄厚，当下在持续发挥上海马拉松的影响力的同时，将这种影响力转化为文化元素并融入上海马拉松的体育文化产品之中，方能将其转化为消费群体。

上海马拉松在未来的发展中，也应该持续发扬其文化内涵。将上海马拉松不仅打造成全民健身的赛事，也是能够传播文化价值观的赛事。

参考文献

李荣日、刘宁宁：《理论框架与逻辑通路：我国体育产业高质量发展研究》，《天津体育学院学报》2020 年第 6 期，第 651～657 页。

高天宇、梁枢：《我国体育产业高质量发展背景、趋势与策略研究》，《广州体育学院学报》2020 年第 4 期，第 24～27 页。

刘舒鹏、李延超：《我国马拉松赛事发展中存在的问题及对策研究》，《哈尔滨体育学院学报》2016 年第 6 期，第 44～49 页。

李海霞：《赛事消费者支出与未来参赛意愿的影响因素分析——以上海国际马拉松赛为例》，《吉林体育学院学报》2015 年第 3 期，第 30～35 页。

陈珊、邹文华、刘月玲：《上海国际马拉松和上海城市品牌捆绑营销策略》，《体育科研》2012 年第 2 期，第 50～54 页。

柴王军、陈元欣、李国、李杨帆：《"双循环"新发展格局下体育产业阻滞表现、畅通机制与保障措施》，《体育学研究》2021年第2期，第15页。

计东阁：《体育产业融合下的经济增长过程及因素分析》，《中国储运》2021年第4期，第209~210页。

徐拥军、谢欣、王兴华：《数字化时代体育产业发展研究》，《辽宁体育科技》2021年第2期，第29~32页。

丁浩：《探析"互联网+"视阈下我国体育发展策略》，《体育风尚》2021年第2期，第168~169页。

B.8

新冠肺炎疫情冲击下
上海马拉松网络关注度的时空特征*

——基于百度指数的实证研究

杨占东　王　微**

摘　要：　随着互联网应用的快速发展，网民兴趣和需求的变化，对于疫
　　　　　情影响下马拉松的恢复和调整具有重要意义。为了深入分析疫
　　　　　情影响下马拉松网民关注度的变化，本文以上海国际马拉松为
　　　　　例，利用百度指数分析其时空演化特征及影响因素。结果表
　　　　　明，上海马拉松与新型冠状病毒肺炎的关注度呈负相关。上海
　　　　　马拉松需求具有明显的"敏感性"，而且"前兆效应"显著，
　　　　　培育马拉松赛事的预热期对增强公众关注度具有重要意义。对
　　　　　于疫情带来的上海马拉松赛事安全风险空间差异明显，不同省
　　　　　份表现出不同的敏感性。疫情影响下，赛前"马拉松跑全程是
　　　　　多少""上马官网"和赛后"马拉松照片""马拉松起源"是
　　　　　用户重点关注的内容。疫情发生后，用户对相关信息"直播"
　　　　　和"照片"的关注度大幅上升，同时线上马拉松收获越来越多
　　　　　的关注。基于此，本文从以下五个方面提出一些建议：利用新
　　　　　媒体技术加强对赛事的深度体验和参与；强化重点群体和重点
　　　　　领域的推进；利用互联网资源科学预测马拉松的需求动态；提

＊　基金项目：马拉松赛事与城市文化的耦合共生关系及发展路径研究（17CTY012）。

＊＊　杨占东，北京体育大学体育休闲与旅游学院院长助理、体育旅游教研室主任，讲师，研究方
　　向为体育赛事与体育旅游；王微，北京体育大学体育休闲与旅游学院硕士研究生，研究方向
　　为马拉松与体育旅游。

高精准服务质量；探索马拉松"后疫情时代"破圈的途径。

关键词： 上海马拉松 百度指数 时空特征 新冠肺炎疫情

一 引言

近年来，为了提高全民身体素质，增进全民健康，全面建设小康社会，我国相继出台体育政策法规，各类体育赛事迅速发展。马拉松作为一项技术门槛相对较低、场地限制较小、氛围浓厚的赛事，已成为市政府的首选项目之一。2020 年 5 月 4 日，中国田径协会发布了《2019 中国马拉松大数据分析报告》。据介绍，2019 年中国各地区（不含港澳台地区）举办重大赛事1828 场，比 2018 年增加 247 场，平均每天马拉松赛事超过 5 场。① 马拉松不但是城市的名片，而且带来经济效益，辐射到旅游、酒店、餐饮等周边产业，促进了整个城市的发展，对经济发展和社会进步都有促进作用。

作为一个国际性大都市，上海非常注重马拉松和长跑活动。上海马拉松（以下简称"上马"）由中国田径协会和上海市体育总会主办，从 1996 年开始，到 2016 年已经连续举办了 19 届。调查显示，跑步已逐渐成为上海市民锻炼的首选项目。2020 年 3 月 6 日，上海马拉松赛更是一举夺得"世界田径白金标赛事"称号。② 然而，2020 年初，新型冠状病毒肺炎（以下简称"新冠肺炎"）的流行，对于上海马拉松以及整个田径和路跑行业都是一个巨大的考验。那么，它会给跑者带来什么影响？全国公众对上海马拉松的关注会发生哪些变化？

随着大数据时代的到来，搜索引擎已经成为了解公众需求的重要途径，疫情影响下公众对体育赛事的关注日益成为协会、政府和赛事经营者关注的

---

① 《参赛人次破 700 万！2019 年中国马拉松官方大数据来了》，新华网，2020 年 4 月 30 日，体育 http://www.xinhuanet.com/sports/2020 – 04/30/c_ 1125928919.htm。

② 陈丹：《上海马拉松赛事的发展现状与对策研究——以上海国际马拉松赛为例》，《体育社会科学》2017 年第 2 期，第 28 ~43 页。

焦点。但以马拉松为研究对象的网络关注度实证分析相对缺失，对于大众关注马拉松赛事的规律特征的研究尚不够深入。基于此，本文借助百度指数数据平台工具，采用定性分析和定量分析相结合的方法，以中国首个白金标准赛事——上海马拉松为例，探讨疫情影响下上海马拉松网络关注度的变化特征，以期为其他马拉松赛事提供参考，从而为马拉松赛事的快速恢复和健康发展提供事实依据和参考。

用图1可以说明"上海马拉松"在马拉松赛事中的影响力及变化，其中 2014 年被授予"金牌赛事"称号以后，上海马拉松在马拉松赛事中的影响力趋于稳定；2020 年受到疫情影响，人们对马拉松的关注度达到历史新高，但受客观因素影响，上海马拉松的影响力正在下降[①]。

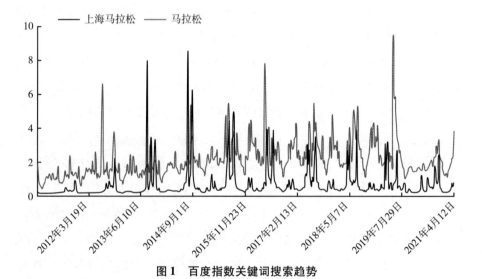

图 1 百度指数关键词搜索趋势

算法说明：以网民在百度的搜索量为数据基础，以关键词为统计对象，科学分析并计算出各个关键词在百度搜索中搜索频次的加权。根据数据来源的不同，把搜索指数分为 PC 搜索指数和移动搜索指数。

---

① 网址：http：//index. baidu. com/v2/main/index. html #/trend/% E4% B8% 8A% E6% B5% B7%
E9% A9% AC% E6%8B% 89% E6%9D% BE? words = % E4% B8% 8A% E6% B5% B7% E9% A9%
AC% E6%8B% 89% E6%9D% BE% 2B,% E9% A9% AC% E6%8B% 89% E6%9D% BE. ，时间为
2011 年 1 月 1 日至 2021 年 4 月 12 日。

二 关键词选取及资料来源

本文以国内搜索引擎百度为研究工具。我国百度搜索已居搜索引擎首位，普及率达90.9%。[①] 百度指数是以百度海量网民数据为基础的数据分析平台，分为4个功能模块，通过关键词搜索，可提供特定关键词在特定时段和区域的搜索指数，是当前互联网最重要的统计分析平台之一。因此，大量学者基于"百度指数"平台对研究对象的网络关注度进行了搜索和分析，结果基本上可反映国内群体的总体网络关注行为。[②]

本文主要选取"马拉松"和"上海马拉松"两个关键词来进行搜索，以反映上海马拉松在同类赛事中的社会影响力。选取"新冠肺炎 + 新型冠状病毒 + 新型冠状病毒肺炎"组合词进行对比分析。选取"上海马拉松 + 旅游""上海马拉松 + 照片""上海马拉松 + PB（个人最好成绩）""上海马拉松 + 直播""上海马拉松 + 补给"作为搜索关键词，对上海马拉松相关词热度进行研究。选择"上海马拉松 + 线上"作为搜索关键词对上海线上马拉松网络关注度进行分析。基于百度指数搜索平台，获取2015～2020年对应时间段的日均搜索指数作为基础数据，并借助"趋势研究"、"地域分布"和"相关词热度"等功能模块对2018年、2019年、2020年三个年度进行相关分析。

三 疫情冲击下上海马拉松网络关注度

（一）上海马拉松网络关注度时间分布特征

新型冠状病毒肺炎于2020年1月20日被纳入乙类传染病，国家卫健委

---

① 李文路：《新冠肺炎疫情下春节小长假旅游网络关注度时空特征——基于百度指数的分析》，《阿坝师范学院学报》2020年第3期，第79～85页。

② 管陈雷、胡志毅：《基于百度指数的重庆马拉松网络关注度时空特征研究》，《重庆师范大学学报》（自然科学版）2018年第5期，第136～142页。

采取甲类传染病防控措施。同时，新冠肺炎疫情关注度迅速上升。随后，国家体育总局办公厅发布公告称，为落实疫情防控要求，马拉松及其他体育赛事等大型活动在未来一段时间内将不再恢复。为了研究上海马拉松和新冠肺炎疫情之间的关系，笔者搜索了 2020 年 1 月 1 日至 12 月 31 日新冠肺炎疫情和上海马拉松的日均搜索指数，并绘制了对比图（见图 2）。

由图 2 分析可知：（1）上海马拉松网络关注度与新冠肺炎疫情关注度呈直接负相关。总体来看，前者呈逐渐下降趋势，后者呈逐渐上升趋势。上海马拉松网络关注度是群众对上海马拉松需求的体现，说明疫情对上海马拉松需求具有显著负面影响，而且影响时间较长。（2）2020 年 2 月是标志性时间点（国家卫健委公告发布后），是疫情网络关注度快速上升和上海马拉松网络关注度迅速下降的共同起点。马拉松的最大特征是参与人员密集，安全保障是马拉松赛事开展的前提，而公告内容涉及公共安全，直接造成马拉松的大幅停摆。由曲线图变化趋势可见，疫情的恢复呈现波动上升，说明上海马拉松需求呈现很强的"敏感性"，而且这种"敏感性"最终将波及整个马拉松行业。（3）新冠肺炎疫情关注度峰值出现在年初，日均搜索指数约为 120000 点；上海马拉松关注度峰值出现在年末，日均搜索指数约为 1200 点，这进一步证实了两者具有显著相关性。

为进一步深入分析新冠肺炎疫情对上海马拉松网络关注度时间分布的影响，笔者又检索了 2015～2020 年的日均搜索指数。根据搜索指数依次绘制年度、月度网络关注度对比曲线图（见图 3、图 4）。

由图 3 可知，全国马拉松和上海马拉松网络关注度变化具有相似性，表现为 2019 年之前，两者总体都较平稳，但受疫情影响，2019 年开始迅速下降，而且 2020 年其日均搜索指数均远远低于 2015～2018 年水平，由此再次说明疫情对马拉松造成了较大负面影响；由图 4 可知，上海马拉松网络关注度月度曲线逐渐由"双峰"形态向"三峰"形态转变，随着上海马拉松在网络平台的发展以及中签制度引入、预报名时间提前等规则的推出，"前兆效应"提前，然而 2020 年因受疫情影响，平谷时间较长，"三峰"形态并不显著。上述现象表明，马拉松运营方通过多种方式培育马拉松赛事的预热

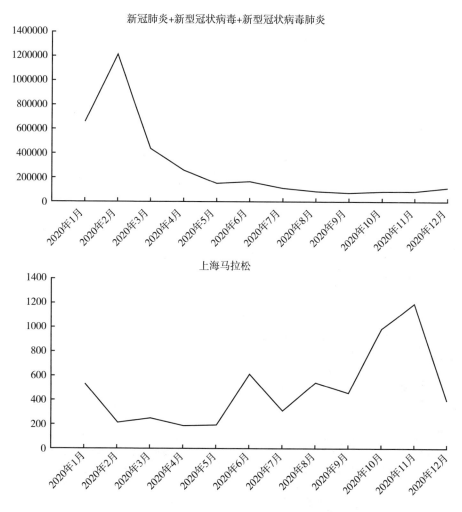

图 2　2020 年疫情网络关注度与上海马拉松网络关注度对比

资料来源：笔者整理。

期，尤其在疫情影响下，提高赛事曝光度，对吸引公众兴趣、提高公众积极性和公众关注度具有重要意义。

（二）上海马拉松网络关注度空间分布特征

"地域分布"提供了各省市关键词访客分布情况，可帮助我们了解关键

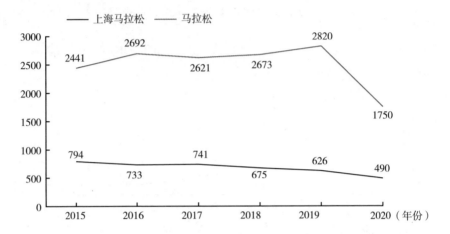

图3 2015～2020年上海马拉松赛事网络关注度的年度演进趋势

资料来源：笔者整理。

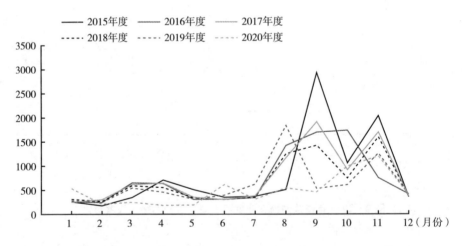

图4 2015～2020年上海马拉松赛事网络关注度的月度演进趋势

资料来源：笔者整理。

词的地理分布。可以针对特定地区的用户偏好进行操作和推广。笔者从"省份"和"城市"两个层面对2018年、2019年和2020年马拉松和上海马拉松的网络关注度的地理分布进行了统计，得出了前十大省市（见表1和

表2）。由于疫情发展的复杂性和不确定性，以及马拉松运动所引发的各种问题，如涉及面广、参与者多、组织难度大等，即使疫情好转，上海马拉松赛事的发展也难以迅速走上正轨，这也可以用"敏感性"的程度来衡量。不同地区的用户表现出不同的敏感度。网络关注度排名越低，不同地区的用户对疫情风险的敏感度越高，反之亦然。

表1 2018～2020年马拉松网络关注度排名前十的省份和城市

排名	2018 年		2019 年		2020 年	
	省份	城市	省份	城市	省份	城市
1	广东	北京	广东	北京	广东	北京
2	北京	上海	北京	上海	江苏	上海
3	江苏	杭州	江苏	杭州	浙江	杭州
4	浙江	深圳	山东	成都	北京	成都
5	山东	成都	浙江	深圳	山东	深圳
6	上海	广州	上海	广州	上海	广州
7	河南	武汉	四川	武汉	四川	西安
8	四川	苏州	河南	西安	河南	南京
9	湖北	郑州	河北	郑州	河北	苏州
10	河北	西安	湖北	苏州	陕西	重庆

资料来源：笔者整理。

表2 2018～2020年上海马拉松网络关注度排名前十的省份和城市

排名	2018 年		2019 年		2020 年	
	省份	城市	省份	城市	省份	城市
1	上海	上海	上海	上海	上海	上海
2	北京	北京	江苏	北京	江苏	北京
3	江苏	杭州	北京	杭州	北京	杭州
4	浙江	苏州	浙江	苏州	广东	南京
5	广东	深圳	广东	深圳	浙江	苏州
6	河南	南京	山东	南京	辽宁	成都
7	山东	广州	福建	广州	山东	重庆
8	福建	武汉	辽宁	武汉	四川	天津
9	湖北	南阳	湖北	成都	河北	深圳
10	辽宁	成都	四川	宁波	黑龙江	广州

资料来源：笔者整理。

根据 2018～2020 年马拉松网络关注度排名分析（见表 1）可知：（1）从分布省份看，三年对比分析显示，2020 年除湖北外，前十大省份基本保持不变。从排名来看，北京和河南有所下降，江苏和浙江有所上升，而陕西则挤进了前十名。由此可见，湖北对马拉松赛事引发的疫情安全风险最为敏感，北京和河南较为敏感，而江苏、浙江和陕西则是一般敏感。（2）从分布城市来看，近三年来，北京、上海、杭州、成都、深圳、广州、西安和苏州一直居于前十。与 2018 年和 2019 年相比，2020 年武汉和郑州不再进入前十名，西安的排名大幅提升，南京和重庆进入前十名。由此可见，武汉和郑州对疫情带来的马拉松赛事安全风险最为敏感，而西安、重庆、南京等城市则是一般敏感。它们之所以排在前十名，是因为比起其他城市表现出的敏感性程度较低。根据 2018～2020 年上海马拉松网络关注度排名（见表 2），我们可以看到：（1）从分布省份来看，除湖北和福建外，2020 年前十大省份保持不变。从排名来看，北京和河南排名下降，辽宁和四川排名大幅上升，河北和黑龙江位居前十。由此可见，湖北和福建对马拉松赛事引发的疫情安全风险最为敏感，北京和河南较为敏感，而辽宁、四川、河北和黑龙江则是一般敏感。（2）从分布城市来看，上海、北京、杭州、苏州、深圳、南京、广州和成都近三年都跻身前十。与 2018 年和 2019 年相比，2020 年武汉、宁波和南阳已不在前十名之列，成都和南京排名有所上升，天津和重庆也在前十名之列。这表明，武汉、宁波和南阳对疫情带来的马拉松赛事安全风险最为敏感，而天津、重庆、南京和成都则是一般敏感。[①]

（三）上海马拉松网络关注度相关词热度分析

为了研究疫情下上海马拉松网络关注度之跑者偏好，笔者借助"相关词热度"功能模块，以"上海马拉松"为关键词，对上马开赛时间（2020 年 11 月 29 日）前后两周的上马相关词热度进行检索，得出上海马拉松网络

---

① 潘磊、刘芳枝：《我国马拉松赛事网络关注度的时空演进及影响因素——基于 2011～2018 年百度指数的实证分析》，《上海体育学院学报》2020 年第 8 期，第 78～86 页。

关注度相关词热度排名（见表3）。对排名前十的进行分析：1. 用户之间既有定向搜索，也有非定向搜索，定向搜索如马拉松、厦门马拉松、成都马拉松、广州马拉松、南京马拉松、杭州马拉松、北京马拉松等，表现为开赛前后具有相似性，说明上海马拉松跑者除了关注上马，还持续关注其他城市的马拉松赛事。2. 从非定向搜索的角度来看，赛前"马拉松跑全程是多少""上马官网"和赛后"马拉松照片""马拉松起源"是用户关注的焦点。这表明，参赛者赛前更关注马拉松的具体信息，赛后更关注照片等，并且他们会对马拉松的历史文化渊源更感兴趣。

表3　2020年开赛前后上海马拉松网络关注度相关词热度排名对比

热度排名	开赛前	开赛后
1	马拉松跑全程是多少	马拉松
2	马拉松	厦门马拉松
3	南京马拉松	成都马拉松
4	成都马拉松	广州马拉松
5	厦门马拉松	南京马拉松
6	杭州马拉松	杭州马拉松
7	上马	北京马拉松
8	广州马拉松	上马
9	武汉马拉松	马拉松照片
10	上马官网	马拉松起源

资料来源：笔者整理。

为了进一步发掘上海马拉松赛事所涉及的相关信息，本文检索了参赛者可能关注的重要相关赛事信息，选择"上海马拉松+旅游""上海马拉松+照片""上海马拉松+PB（个人最好成绩）""上海马拉松+直播""上海马拉松+补给"5个关键词，统计其2018~2020年百度搜索指数（见图5）。

从图5可以看出：（1）从对相关信息的关注度来看，大众更关注旅游、照片、直播等信息，这反映了跑者的关注点主要在于赛事主办方能否提供旅游休闲服务，以及赛事的宣传推广；（2）从相关信息关注度的变化情况看，

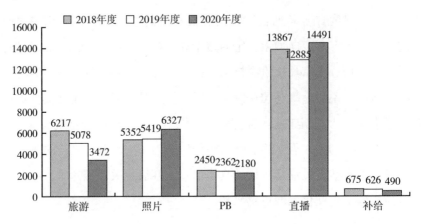

图5　2018～2020年上海马拉松赛事相关信息关注度的变化趋势

资料来源：笔者整理。

大众对PB的关注度有所下降，这反映了大众对参加"上马"成绩的需求降低了，反而更加关注参赛过程和收获，这从侧面反映了跑者的心态变化。2020年用户对直播的关注指数大幅上升，这说明受疫情影响，大众更加关注突破时间、地域限制的马拉松形式。

因此，跑者除了搜索线下上海马拉松外，还有可能关注到"线上马拉松"相关赛事。线上马拉松是在互联网上举行的马拉松。马拉松赛事当天，报名参赛的选手可根据赛事要求在任何地点完成规定的跑步距离，并上传电子成绩，获得官方授权的终点奖牌或奖品，或电子终点证书，发起者是悦跑圈。它是物联网时代的新兴产物，突破了时间和地域的限制，实现了线上＋线下联动的创新模式，满足了疫情期间广大跑步者的需求。笔者以"上海马拉松"和"上海马拉松＋线上"为搜索关键词，检索2015～2020年日均搜索指数，并绘制成网络关注度对比曲线图（见图6）；并进一步检索2020年月度日均搜索指数，并绘制成2020年线上上海马拉松网络关注度曲线图（见图7）。

由图6、图7分析可知：（1）2019年以前，"上海马拉松"和"线上上海马拉松"网络关注度变化曲线较为平缓，而2019～2020年线上马拉松关注度直线上升。（2）2020年9月线上马拉松网络关注度迅速提升，并在11

图 6　2015～2020 年上海马拉松赛事关注度的变化趋势

资料来源：笔者整理。

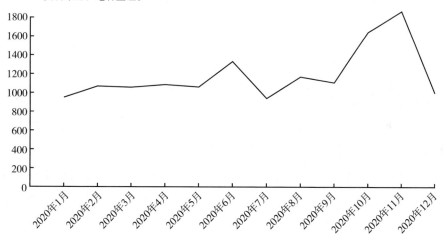

图 7　2020 年线上上海马拉松赛事关注度的变化趋势

资料来源：笔者整理。

月达到峰值。2020 年，"上马"品牌的一个新亮点是，"上马"的首次正式线上跑也登台亮相。在不限制人数和地域的前提下，打破圈层，扩大路跑活动的影响力。配合 App"悦跑圈"和 QQ 音乐，通过多媒体渠道，以高度互动的方式高度呈现上马跑道。邀请知名主持人为参加网络跑步的跑步者提供身临其境的比赛体验。同时，上海马拉松还入驻抖音，在上马官方抖音账号

举行线上启动仪式，共同揭晓"上马"线上跑的更多惊喜玩法与完赛服。2020年"上马"举办的首个线上跑赛事，将拓展"上马"品牌赛事发展的新方向，拉近"上马"品牌与"上马"跑者之间的距离，鼓励所有路跑爱好者即使身处不同的赛道，也能共同为"上马"加冕，共享白金之荣耀。总体上，由于受到新冠肺炎疫情的影响，上海马拉松的线上模式更加受到跑者青睐，未来具有广阔的发展前景。

四　结论与建议

（一）结论

以新型冠状病毒肺炎疫情为背景，本文基于百度指数平台工具，研究了上海马拉松及其相关信息网络关注度的时空特征变化，得出如下结论：（1）上海马拉松网络关注度与新冠肺炎疫情关注度呈直接负相关；上海马拉松需求具有明显的"敏感性"，而且"前兆效应"显著。（2）新冠肺炎疫情对上海马拉松网络关注度造成的负面影响中，对湖北省影响程度更强，影响时间更长。（3）新冠肺炎疫情冲击下，公众对上海马拉松网络关注度"地域分布"差异显著，不同地区对疫情影响下的马拉松赛事安全表现出不同的敏感性。如北京、河南、福建、宁波、南阳等省份或城市较敏感，辽宁、四川、河北、黑龙江、天津、重庆、南京、成都等省份或城市为一般性敏感。（4）新冠肺炎疫情形势下，上海马拉松赛前"马拉松跑全程是多少""上马官网"和赛后"马拉松照片""马拉松起源"的相关信息是用户重点关注的内容。对相关信息如"直播"和"照片"的关注度大幅上升。（5）新冠肺炎疫情下，"线上上海马拉松"更加受到公众关注。

（二）建议

1. 加强媒体宣传推广新手段
①不断通过运用新媒体技术，增强对赛事的深度体验。比如，VR、AR

等新科技进入马拉松推广领域，优化媒体宣传模式。②增强新媒体平台的互动性，提高参与度。利用新媒体的强交互性，在平台上进行话题互动或游戏互动。虽然参与门槛低、难度小，但能大大缩短赛事与参与者的距离。例如，2020 年，上海马拉松组委会邀请防疫专家张文宏和运动员苏炳添等 KOL 跨界参加线上跑网络直播活动，并与跑者们进行交流分享，共同揭晓上马更为惊喜的比赛福利和全新玩法。2020 年正式启动第一场"上马"线上跑，通过 tiktok 互动，让上马更加接地气，让更多的群体关注和参与其中，真正成为全民的运动嘉年华。让类似赛事形成联动，相互促进，共同推动马拉松赛事的传播和发展。

2. 强化对重点人群、重点区域的宣传推广

①加强与重点群体的互动。通过移动视频终端等移动互联网媒体，我们可以与以体育参与群体为导向的 App 进行合作，向这类重点群体宣传马拉松赛事信息。②明确各地区宣传推广的重点。鉴于当地经济发展水平和网络普及率对东部地区的影响较为显著，建议活动推广应首先集中在东部地区、华东和华北地区，其次是网络关注度较高的中西部地区。东部地区有许多核心选手。借助核心跑者的示范效应，通过讲述核心跑者的跑史和故事，与知名跑团合作，加强对赛事的推广。中西部地区可以利用知名人士的渗透效应，通过名人参与马拉松赛事直播，形成带动效应。

3. 准确把握群众需求的新变化

从公众关注上海马拉松相关信息的角度来看，公众更关注旅游、照片、直播等信息，主要关注活动主办方能否提供旅游休闲服务，以及活动的宣传推广。他们更注重参与赛事的过程和收获，这从侧面反映了跑步者心态的变化。互联网时代，马拉松的相关管理部门、企业和组织应善于利用互联网资源和科技，及时了解和掌握马拉松的网络关注信息。比如，通过使用百度指数的相关功能，基本可以锁定自己想了解的关键词、每日指数、人群定位、人群属性、长尾词等，确定互联网的市场状况和公众的关注情况。科学预测公众对马拉松运动需求的动态变化，挖掘马拉松潜在参与者，更准确地进行

赛事定位和推广营销，提升马拉松赛事精准服务水平，最终为后疫情时代赛事恢复和发展提供重要参考。

4. 提升马拉松赛事服务水平和质量

①大众较为关注拍照这一现象，反映了拍照发朋友圈已成为一种风尚。中国年轻人（千禧一代，如美国人所说出生于1984～1995年）和高科技一代（1995～）都默认微信的朋友圈是一个重要的社交平台。在知乎和贴吧上，随处可见"如何在马拉松赛道上拍到适合发朋友圈的照片"等话题。根据参赛者对马拉松影像的需求，组委会可提供专业摄影师，通过与相关影像服务机构合作和下载赛事照片等形式服务选手，吸引用户。同时，照片也是宣传城市的一种手段。运营商还可以通过媒体平台与跑者互动，在社区分享跑者故事和心得体会。另外，随着马拉松赛事的不断升级，图片下载和视频宣传也应成为组委会的"套餐服务"。②鉴于公众对网络直播的关注度较高，建议主办方推出马拉松微直播这项服务，充分利用网络直播和社交自媒体平台，将马拉松信息传递到不同的圈子，最大限度地发挥传播效果。为了将传播的影响力延伸到产业端，我们应该探索"传媒+产业"的整合发展之路。

5. 探索"后疫情时代"破圈路径

机遇与挑战并存。随着疫情的好转、社会经济的复苏和政策支持的不断加强，马拉松在后疫情时代寻找机遇显得尤为重要。疫情影响下越来越多的群体意识到锻炼身体的重要性，因此，如何尽快将马拉松的科学训练和赛事体验相关信息普及给初级跑步者，如何为公众的个性化需求提供准确的服务，是运营商需要思考的问题。赛事承办方可以收集线上马拉松用户大数据并对其分析，并通过线上社区交互功能吸引新用户。受疫情长时间影响，运营方原有的商业模式空间已不能适应新的客户环境。应尽可能多与教育、游戏等其他领域合作，增强娱乐性，提高公众的跑步兴趣和参与热情。同时，运营者要加强对跑步科学训练App模块的开发，通过与主流跑步圈KOL的合作，拓宽业务服务范围，在后疫情时代焕发新的活力。

参考文献

《参赛人次破 700 万！2019 年中国马拉松官方大数据来了》，新华网，2020 年 4 月 30 日，http：//www. xinhuanet. com/sports/2020 - 04/30/c_ 1125928919. htm。

陈丹：《上海马拉松赛事的发展现状与对策研究——以上海国际马拉松赛为例》，《体育社会科学》2017 年第 2 期，第 28 ~ 43 页。

《新冠肺炎疫情下春节小长假旅游网络关注度时空特征——基于百度指数的分析》，《阿坝师范学院学报》2020 年第 3 期，第 79 ~ 85 页。

管陈雷、胡志毅：《基于百度指数的重庆马拉松网络关注度时空特征研究》，《重庆师范大学学报》（自然科学版）2018 年第 5 期，第 136 ~ 142 页。

潘磊、刘芳枝：《我国马拉松赛事网络关注度的时空演进及影响因素——基于 2011—2018 年百度指数的实证分析》，《上海体育学院学报》2020 年第 8 期，第 78 ~ 86 页。

B.9
广州马拉松及其网络关注度研究

王雁行　杨建荣*

摘　要：　2020广州马拉松赛是疫情以来全球规模最大的马拉松赛事，
本文先对本次广州马拉松赞助商和合作媒体进行分析，通过
广州马拉松微信公众号的推文分析得出广州马拉松对赞助商
的线上推广，存在层次不清、不能兼顾所有赞助商的问题；
在转播商方面，广州马拉松能够兼顾报纸类媒体、网络信息
平台、传统电视转播及短视频平台。下一部分以百度指数为
依据对广州马拉松网络关注度进行立体分析，认为广州马拉
松的黄金营销周期为报名日至比赛日的一个半月时间；"广
马"的网络关注度存在较大的地域差异，尽管"广马"的关
注度相比之前有较大的提升，但相比于上海马拉松仍然存在
一定差距。广州马拉松创造价值的方式主要是打造城市名
片、带动综合性消费、创造流量价值。在文章最后一部分提
出延长赛事营销周期增加相关活动、加强赞助商的分级管
理、推进网络传播的建议。

关键词：　广州马拉松　网络关注度　百度指数　流量价值

---

* 王雁行，北京体育大学研究生院硕士研究生，研究方向为体育经济与产业；杨建荣，经济学
博士，北京体育大学体育商学院副教授，硕士生导师，中国体育科学学会会员，研究方向为
体育经济、体育赛事、体育投融资。

一 引言

受疫情影响，全世界的马拉松比赛在规模和数量上都有所减小，而得益于全国抗疫的卓越成效，2020年12月13日上午7时30分，2020广州马拉松赛在广州天河体育中心鸣枪起跑。作为"奔跑中国"系列赛事和世界田径、中国田协"双金赛事"，广州马拉松在本届松吸引了2万多名跑者共同参与，值得注意的是，这次广马是疫情以来全世界规模最大、参与人数最多的马拉松赛事。

广州马拉松创办于2012年，如今已经拥有了9年的历史，每届广州马拉松赛基本是于每年11月或12月举办，可以说疫情并未阻挡"广马"的正常举行。近年来，广州马拉松的办赛水平越来越高，受到的评价也有所提升，在2020年4月世界田径公布的2019世界马拉松排行榜TOP 200中，广州马拉松的排名攀升至第29位，同月，广州马拉松获得2019年最具影响力马拉松赛事排行榜第3名，由此可见其运作水平和受认可的程度正在逐步提高。

疫情的肆虐使马拉松遭遇了巨大的冲击，2020年上半年的马拉松近乎停摆。早在2015年，广州马拉松的参赛人数就已经突破了3万，直至2019年，广马的参赛人数年年都保持在3万以上，马拉松的种类也分为全程马拉松和半程马拉松。但受疫情影响，2020年，广马的参赛人数缩水至两万，而比赛的类型也只有全程马拉松，尽管如此，广马的相关活动还是多种多样。2020年12月10日，2020广州马拉松博览会正式开幕，作为"广马"的配套活动，本次博览会的目的在于服务选手、赞助商品牌展示及赛事推广。在本次博览会上，参会人员可以接受领跑员的专业指导，还可以购买"广马"的特许经营产品。包括阿迪达斯、广汽丰田、农夫山泉、佳能等在内的赞助商们也抓住本次博览会的机会，展示自己的产品，提供体验机会及相关的优惠。另外，广州马拉松也邀请钟南山、施一公院士作为"广马"的宣传大使。钟南山强调，期待通过广州马拉松这次疫情以来全球最大规模

的马拉松比赛，来表达全国人民运动抗疫的决心与信心，铸造"广马"精神。这也将本次"广马"提升到了一个全新的高度，"广马"肩负着重大的使命，承载着重要的意义。

二 广州马拉松赞助商、合作媒体分析

（一）广州马拉松赞助商构成分析

本次广州马拉松赞助商包括顶级合作伙伴 2 个，赛事支持商 14 个，表 1 是本次"广马"赞助商的相关信息。

表 1 2020 广州马拉松赛事赞助商

赞助级别	赞助商名称	经营范围
顶级合作伙伴	阿迪达斯	运动用品制造商
顶级合作伙伴	广汽丰田	汽车整车制造
赛事支持商	农夫山泉	饮用水生产
赛事支持商	六福珠宝	黄金、珠宝采购及零售
赛事支持商	中国工商银行	银行业务
赛事支持商	易方达	基金管理
赛事支持商	正佳广场	文商旅综合体
赛事支持商	敬修堂	药品制造
赛事支持商	战马	维生素功能饮料制造
赛事支持商	如祺出行	移动出行
赛事支持商	刺柠吉	饮品制造
赛事支持商	佳能	相机、办公产品
赛事支持商	阳光保险	保险业务
赛事支持商	康比特	运动营养视频研发
赛事支持商	Dole	蔬菜水果生产销售
赛事支持商	中国体育彩票	彩票售卖

由表 1 可知，本次"广马"的两个顶级合作伙伴——阿迪达斯和广汽丰田属于运动用品制造和汽车制造企业，并且这两家公司与广州马拉松已有长期的合作，这说明广州马拉松的长期商业价值得到了两家公司的认可。赛事

支持商包括饮用品制造、珠宝销售、基金理财、银行业务、保险业务、网约车服务、健康食品制造、药品制造、办公产品、商业综合体、彩票业务等行业的公司，符合马拉松赛事受众群体关注运动、金融、健康、文旅、办公等产业的特征。还可发现，赞助商具有一定的地域特征，广汽丰田、隶属于广州王老吉大健康产业有限公司的刺柠吉、隶属于广州宸祺出行科技有限公司的如祺出行、隶属于广州医药集团有限公司的敬修堂，均属于广州本地企业，而正佳广场也是广州本地的知名城市综合体。从这些广州企业大力支持广州马拉松的商业行为中可以推断出，广州马拉松在广州本地有较高的认可度和商业价值。

（二）广州马拉松赞助商宣传分析

在对赞助商的宣传上，广州马拉松采取的是线上、线下结合的方式。线上，广州马拉松在其官方网站、微信公众号、官方微博上均对赞助商进行了宣传。尽管广州马拉松官方微博拥有6万粉丝，但其运营效果不佳，其每条微博的点赞数量不高，宣传赞助商的微博所收获的点赞、评论更是寥寥无几。在微信公众号上，关于赞助商的推文拥有一定的阅读量，微信推广能够提升品牌价值和影响力。图1是根据广州马拉松微信公众号推文的相关信息绘制的图。

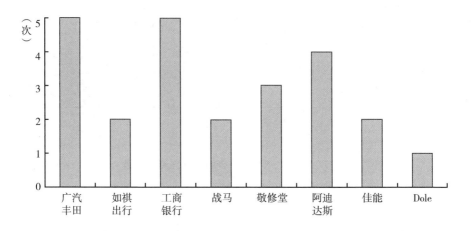

图1 2020 广州马拉松赞助商所获推文次数

资料来源：广州马拉松微信公众号。

从公众号的推广上看，总共16个赞助商中，只有50%获得了公众号推广的权益，而且作为顶级赞助商的阿迪达斯有4次推文，广汽丰田的推文有5次。但是，工商银行作为普通的赛事支持商也有5次推文，50%的赞助商并没有获得公众号的推广。

在公众号推文的阅读总量上，两个顶级合作伙伴——广汽丰田和阿迪达斯位列第二和第三；赛事支持商工商银行拥有最高的阅读量，超越35000+。除敬修堂的阅读量超过10000以外，其余的支持商阅读总量较低，推广效果并不明显（见图2）。从线上推广的角度来看，"广马"的推广并没有面面俱到、涵盖所有的赞助商，而且在宣传上存在一定程度的主次不分，没有划清顶级合作伙伴和赛事支持商的界线。除微信公众号的宣传推广存在一定问题之外，微博的推广也没有起到应有的效果，官方微博的点赞数量普遍偏低，而微博是企业营销的重要渠道，是提升营销效果的关键，今后需要加大微博的推广力度，而微信公众号的推广也应该主次分明，更加全面。

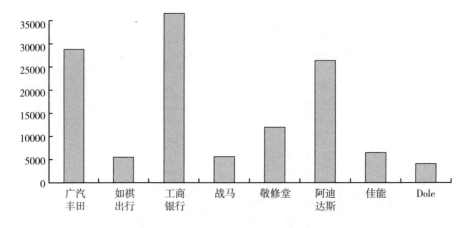

图2 2020广州马拉松赞助商推文阅读总量

资料来源：广州马拉松微信公众号。

赞助商的线下宣传主要集中在广州马拉松博览会和比赛的现场。在12月10日举行的广州马拉松博览会上，主办方为各个赞助商都安排了展览区，其中广汽丰田和阿迪达斯两家顶级赞助商拥有最大的展览面积，14个赛事支持商的展览区分散在博览会的其他地方，参赛者在领取参赛的必需品时，很容易就能接触到赞助商的产品或营销活动，博览会主舞台上举行的"路跑学院"跑步教学活动也可以让参观者沉浸于会场的氛围之中。在这个过程中，赞助商也不仅仅是展览、推销自己的产品，还将宣传推广过程与马拉松元素相结合，如战马在现场设置体感互动游戏体验区、合影区，佳能推出摄影大咖的体育摄影讲座等，这种推广方式也更容易让参会者接受。

在比赛进行过程中，赛事主办方也充分利用资源为赞助商进行宣传，在起点处搭建的展板印有赞助商的相关标识，其中顶级赞助商阿迪达斯、广汽丰田的标志最为醒目，主办方也为两个顶级赞助商张贴了地标，在每名参赛选手的号码布上也印有阿迪达斯和广汽丰田的标志。在赛道上搭建的 LED 广告牌不时变换显示内容，显示的都是赞助商的标识。在赛道的补给站、路灯旁也都张贴着赞助商的标志。可以看出，相比线上的宣传，"广马"在线下为赞助商所做的宣传更加充分和直接。

（三）广州马拉松的合作媒体分析

广州马拉松共有官方合作媒体 25 家，官方短视频平台 1 家，官方图片合作机构 1 家。本文按照媒体的类型对本届"广马"的媒体构成进行分类，图 3 是根据不同类型的媒体数量绘制的饼图。

由图 3 可知，报纸类媒体的占比最大，包括中国体育报、南方都市报、信息时报、南方日报 4 家全国性报纸，广州日报、羊城晚报 2 家地区性报纸。次之是专业跑步门户网站（爱燃烧、最酷、丁丁 Runner、42 旅、跑野）、网络信息平台（腾讯、网易新闻、新华网、人民网、百度）各 5 家。跑步信息平台（搜狐跑步、腾讯跑步、新浪跑步）、电视转播类媒体（中视体育、PP 体育、GZ 竞赛）各 3 家，短视频平台 2 家（快手、抖音），而图片平台（young images）、网络直播平台（虎牙直播）、社交媒体（新浪微博）各有 1 家。由此可以看出，广州马拉松的媒体合作领域广泛，除传统的报纸和电视转播平台，其还与各大专业跑步门户网站有广泛合作，在腾讯、网易、百度等主流网络媒体上的报道也让"广马"的受众变得更为广

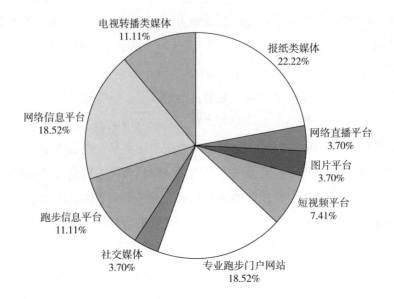

图3　2020广州马拉松合作媒体构成

资料来源：广州马拉松官网。

泛。与快手、抖音、虎牙等平台的合作可以看出"广马"的年轻化战略。此外，本地媒体如GZ竞赛、羊城晚报、广州日报等的报道也能够看出"广马"在广州本地具有强大的号召力和影响力。

三　广州马拉松赛事网络关注度立体分析

（一）2020广州马拉松网络关注度分析

本文以国内搜索引擎百度为研究工具，百度是全国最大的中文搜索引擎，国内市场份额长期处于首位，根据2020年10月发布的中国搜索引擎市场份额排行榜，百度国内市场份额为76.33%[①]，处于垄断地位，笔者认为百度搜索状况基本上可以反映国内大众的总体网络关注行为。百度指数是百

---

① 资料来源：StatCounter Global Stats-Search Engine Market Share。

度所发布的网民行为大数据的可视化产品，它分析了关键词在一定时间的关注度，并且可以反映其在空间上的差异。本文以百度指数中的"搜索指数"为国内对于广州马拉松关注度的衡量标准。所谓"搜索指数"，是以百度搜索引擎的数据为基础，以"广州马拉松"这个关键词为统计对象，对搜索的频率进行加权计算而得到的数值。在时间跨度的选择上，报名起始日本文选取广州马拉松的前一月——2020年10月（2日），截止日选取为广州马拉松比赛日结束后的一个月——2021年1月（13日），把百度指数在这段时间的波动作为衡量本届广马网络关注度变化的依据，相关数据如图4所示。

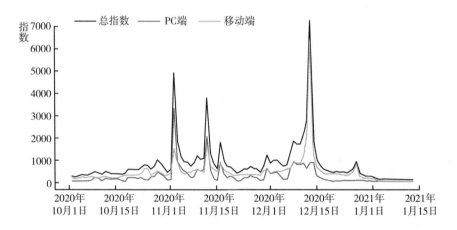

图4　2020广州马拉松百度指数

资料来源：https：//index. baidu. com/v2/main/index. html#/trend/广州马拉松？words =广州马拉松。

图4中共有三条折线，分别是百度指数的总指数、PC端指数和移动端指数，总指数是由另外两条线——PC端指数和移动端指数相加而得到的。从图中我们可以清晰地看出，在11月2日报名公告发布之前及12月13日之后的时间里，广州马拉松的百度指数基本上处于一个较低的水平，可见关注度和影响力在这个时间段上较低；而在报名公告发布和比赛日的这段时间里，广州马拉松的百度指数整体处于较高的水平，其中有三个显而易见的峰值，分

别出现在报名公告发布的 11 月 2 日、抽签结果公布的 11 月 12 日和比赛日 12 月 13 日，这一段时间的高关注度可以推断来自主办方和赞助商的宣传活动，这提高了"广马"的关注度。从 PC 端搜索指数和移动端搜索指数的比较来看，除了 11 月 2 日这个报名时间外，移动端的数据基本上高于或等于 PC 端数据，而报名日 PC 端的高搜索量大部分可以归于报名时需要电脑的操作。

从以上的分析中，我们可以得知，广州马拉松的黄金营销时间为报名起始日至比赛日的一个半月左右，在其他时间里，广州马拉松的关注度较低，主办方和赞助商可以从这个方面着手，加强对"广马"的宣传，让"广马"的关注度在非黄金时间内能够提高。赞助商也应当抓住焦点事件（如表中三个峰值时间）进行营销，从而获得更好的营销效果。主办方和赞助商更应该关注移动端市场，在移动端投入更多的资源。

（二）广州马拉松网络关注度地域差异分析

通过比较广东地区的百度指数和全国的百度指数，可以看出广州马拉松的网络关注度在地域之间的差异。相关数据如图 5 所示。

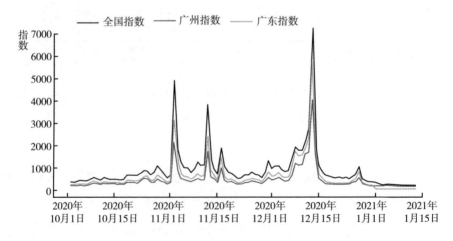

图 5　2020 广州马拉松百度指数的地域差异

资料来源：https：//index. baidu. com/v2/main/index. html#/trend/广州马拉松？words = 广州马拉松。

从图 5 可以看出全国的广州马拉松百度指数，与该指数在广州地区、广东地区的变化趋势基本相同，都存在之前所描述的三个峰值，在黄金营销时间之外的时间内关注度也较低。以 12 月 13 日马拉松比赛日为例，全国的百度指数在 7200 左右，广东地区的百度指数在 5700 左右，占比约 79%；而广州本地的百度指数在 4000 左右，占比约 55%。其他两个峰值的情况也类似于此。这张图一方面可以解释为广州马拉松在广东地区和广州本地有着很大的影响力，另一方面可以解释为广州马拉松在其他地区的影响力有限。因此，主办方和赞助商应该加强在除广东以外地区的宣传推广，提高广州马拉松在其他地区的关注度，推动"广马"在马拉松赛事中地位的提升。

（三）广州马拉松关注度的变迁

2018 年和 2019 年，广州马拉松的时间跨度较长。2019 年的广州马拉松报名时间是 2019 年 6 月 28 日，2018 年的报名时间是 2018 年 7 月 27 日，2020 年受疫情影响，报名时间是 11 月 2 日，由于时间跨度不同，不适合将数据进行比较，因此本文选择比赛日的百度指数作为衡量指标。相关数据如图 6 所示。

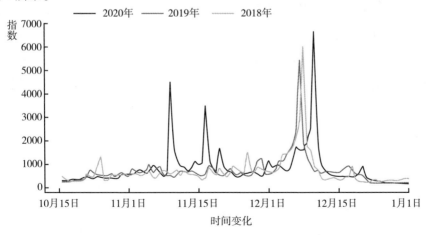

图 6　历届广州马拉松百度指数的变化

资料来源：https：//index. baidu. com/v2/main/index. html#/trend/广州马拉松？words = 广州马拉松。

位于图表右侧的三条曲线的峰值表示 2018 年（关注度 6564）、2019 年（关注度 5969）、2020 年（关注度 7291）比赛日的全国百度指数，可以看出，尽管在疫情的影响下广州马拉松仅有 2 万多人参赛，人数不足 2018 年和 2019 年的 70%，马拉松种类也少于往年，只保留全程马拉松一种形式，但这场疫情以来全球最大规模的马拉松赛事所获得的关注度达到了新的高度，相当于 2019 年的 122%，如果规模达到往年相同的水平，这个数字将会更大。由此可见，疫情过后，人民对马拉松赛事和体育运动的热情会更加高涨。这属于明显的市场信号，主办方和赞助商应该抓住机遇，以此为契机开展营销活动，并且将广州马拉松之于中国和马拉松运动的特殊意义延续下去，让今后的广州马拉松的影响力变得更大。此外，也可以证明广州马拉松的关注度在逐步提升，日后将拥有更高的商业价值。

（四）广州马拉松与上海马拉松关注度对比

在 2020 年 4 月世界田径公布的 2019 世界马拉松排行榜 TOP 200 中，广州马拉松排第 29 位，在国内众多马拉松赛事中排名第 3，排在"广马"前面的是第 25 位的上海马拉松、第 28 位的东营马拉松。可以通过它们之间的网络关注度的对比来比较"广马"与它们之间的差距。受到疫情影响，2020 年的东营马拉松未能举办，因此，本文将广州马拉松与上海马拉松进行比较。由于两者举办时间有差异，为了更直观地进行对比，本文选取报名开始日、抽签结果公布日、比赛日三个关注度的峰值进行比较，相关数据如图 7、图 8 所示。

从图 7 可以看出，广州马拉松在报名开始日和比赛日的百度指数略高于上海马拉松，抽签结果公布日的百度指数低于上海马拉松，但差值都较小，因此可以认为两者的网络关注度基本相同。而这一结果在 2019 年是完全不同的，如图 8 所示。

可以看出，2019 年的上海马拉松与广州马拉松的网络关注度存在较大的差距。2020 年差距大幅缩小主要有三个原因：其一，上海马拉松大幅缩水，2019 年上海马拉松有 38000 左右的人参加，而 2020 年的"上

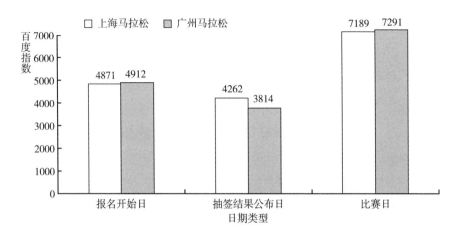

图7 2020 广州马拉松与上海马拉松关注度对比

资料来源：https：//index. baidu. com/v2/main/index. html#/trend/广州马拉松？words =
广州马拉松。

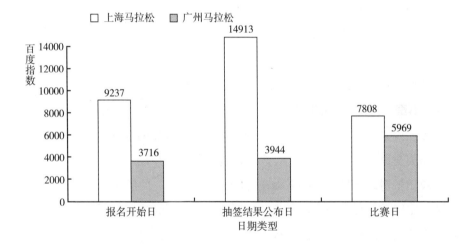

图8 2019 广州马拉松与上海马拉松关注度对比

资料来源：https：//index. baidu. com/v2/main/index. html#/trend/广州马拉松？words = 广
州马拉松。

马"仅有9000人左右；其二，"广马"是疫情以来全球规模最大的马拉
松赛事，具有重要的价值和意义，因此获得了更高的关注度；其三，"广
马"在2020年的宣传水平和办赛水平有所提高，这提高了"广马"的网

络关注度。但可以预见的是，如果上海马拉松恢复原有的办赛规模，其关注度和影响力还是要领先于广州马拉松，广州马拉松距离国内第一大马拉松赛事还存在一定的距离。

四 广州马拉松价值创造分析

（一）城市名片的打造

近年来，广州提出老城市新活力，"四个出新出彩"，在综合城市功能、城市文化综合实力、现代化服务业、现代化国际化营商环境方面出新出彩，广州马拉松作为广州市人民政府主办的体育赛事活动，其开展和成长也需要服务于广州的城市建设。广州马拉松的主题是"名城、和谐、健康"，赛事无论是赞助商的选择还是比赛路线的规划，都处处体现着服务城市建设的思想。2020年"广马"的起点在拥有悠久历史的天河体育中心，沿着珠江两岸排布比赛路线，尽可能地展示这座城市的历史积淀与现代化活力，终点设置在花城广场，参赛者和在电视机前观看比赛的千万观众可以欣赏到海心沙的秀美风景，也可以领略广州图书馆、广州大剧院和广州博物馆的文化底蕴，还能接触广州周大福金融中心的商业化和现代化的气息。

作为全民健身的一种形式，马拉松赛事能有效带动城市的发展，拉动经济增长，塑造政府形象和提升城市影响力。"广马"的成功举办，在向全世界展示中国人民战胜疫情的顽强、乐观态度的同时，也向世界传递了一张广州充满活力、底蕴深厚、高度现代化的城市名片。通过这张名片，可以在未来的时间给广州带来更多的商业投资和旅游收入，提高广州全民身体素质，为这个城市创造更多的价值。

（二）带动综合性消费

马拉松赛事创造的经济价值的构成主要包括两个方面：一个方面是赛事主办方能够获得的如报名费、政府通过某种方式的拨款、公开招标采购获得的资金、赞助商提供的现金和实物支持、官方赛事纪念品的销售；另一个方面就是城市内其他成员可能获得的旅游、餐饮、酒店收入，赞助商衍生品的销售和营销所获得的利润等。马拉松是一种以参与体验为主的活动，参赛者和城市有着较多的互动机会，外地的马拉松参与者在与城市的互动过程中所创造的消费是非常可观的。根据中国田协发布的 2020 年工作规划中提出的完善马拉松运动产业体系，构建路跑产业新格局，通过马拉松与相关产业的融合发展，推动产业链衍生叠加，打造马拉松 + 产业发展的新形态，促进马拉松与科技、旅游、健康、休闲、文化等产业的融合发展。

马拉松赛事所进行的旅游推广及赛事延伸活动，能够带动相关消费的提升。在本届"广马"中，阿迪达斯融合了"广马"赛道和广州城市元素，推出"广马"纪念 T 恤；广汽丰田将自己的畅销车型凯美瑞、威兰达、雷凌等作为引导车、计时车和裁判车；其他赞助商也抓紧这个机会，宣传推销自己的产品。与此同时，众多参赛者在参与"广马"的同时，也会去打卡广州的著名旅游景点，如"小蛮腰"广州塔、"珠江之贝"猎德大桥、大钟楼、爱群大酒店、二沙岛等，在"广马"比赛的前后几日，游客络绎不绝。广州马拉松的消费带动作用，无论是在即期还是在远期，都是巨大的。

（三）创造流量价值

由于疫情的肆虐和反复，线下体育形式遭受了长期的停摆，体育行业的工作者痛定思痛，积极寻求数字化转型，在数字化方面加大投入，有接近90% 的体育从业者表示，提升数字媒体粉丝体验、实现体育数字资产的盈利是未来创造体育行业收入的重要来源[①]。近年来，"95 后"和千禧一代成为互联网的生力军，体育短视频受到热烈的追捧。尽管体育短视频在近些年来发展迅速，但传统媒体仍然拥有较高的受众群体，对于赛事主办方和赞助商而言，传统的电视报道、直播等形式还不能放弃。

广州马拉松在这次传播的过程中，兼顾了短视频类和传统电视转播的传

---

① 资料来源：普华永道，2020 年普华永道体育行业调查报告，N = 698。

播方式，如此，广州马拉松能够积累越来越多的流量，而在互联网时代，流量就等于是网民关注度的"导向标"，也是获得赞助商和媒体青睐的重点。赛事有了流量就相当于有了关注度，关注度的提高可以带给广州马拉松更高的商业价值，如获得更高的赞助支持、吸引更多的媒体甚至带动整改城市的经济发展，当然这也需要产业化、商业化运作，相关人才也是不可或缺的。从前文所述的广州马拉松百度指数创造历史最高水平，就足以证明广州马拉松获取了巨大的流量，这些流量在未来也一定能够给广州马拉松及广州这座城市创造更高的价值。

五　建议

（一）延长赛事营销周期，增加更多活动吸引公众眼球

从第三部分的百度指数中可以看出，广州马拉松关注度较高的时期是报名开始至比赛日的一个半月时间，在一年中的其他时间，广州马拉松的关注度较低。如果能让广州马拉松在更长的时间里得到关注，其商业价值将会更高。往年广州马拉松还有迷你跑、10公里跑等小型活动，可以考虑在黄金营销期之外的时间进行。从图4中可以看出，12月10日左右，百度指数有小幅的提升，原因主要是广州马拉松博览会的举办和主办方发布钟南山为"广马"进行宣传的视频。12月2日，广州马拉松官方发布宣传片，而在该日期，广州马拉松的百度指数也有所提高。因此，在其他时间里开展更多活动，可以吸引更多的关注，推动"广马"的商业化发展。

（二）加强赞助商的分级管理，实施不同的宣传策略

2020年广州马拉松的赞助商只有顶级合作伙伴和赛事支持商两个层级，而国内顶级的上海马拉松拥有至尊赞助商、荣耀赞助商、官方赞助商、赛事支持商四个层级。通过分级，设置不同层级的赞助标准，可以吸引更多的赞助商，让赞助市场更加规范，不同赞助商的赞助门槛有所差异，享受的权益

也应当体现出这种差异。在之前的分析中可以看出，在对赞助商的线上宣传上，并没有体现出赞助商的层次关系，这样的行为可能导致赞助商的赞助意愿降低。广州马拉松在未来对赞助商的管理上，可以设置更多的赞助商分级，让不同级别的赞助商之间的权益更明显，以此规范广马的赞助活动。

（三）推进网络传播，提升广州马拉松的流量

如第二部分所述，广州马拉松在微博上的吸引力有限，而微博现在是人们社交的重要阵地，如果能将广州马拉松的官方微博打造得更加吸引人，那么广州马拉松的网络关注度和流量也将有所提升。此外，短视频用户的快速增长是不容忽视的，截至 2020 年 10 月，抖音体育兴趣用户规模超过 3.5 亿，体育相关内容创作者达到 9800 万①，如此巨大的体量是任何赛事都不能够忽略的。体育类短视频拥有"受众"和"授众"为一体的特征，能够将用户的情感、价值观与赛事 IP 联系起来，从而让赛事拥有更多忠实关注者。广州马拉松与抖音和快手两大短视频平台合作，是值得肯定的，在今后如果官方能引导赛事参与者推出更多优质的短视频内容，那么"广马"的流量会更大。而且如第三部分所述，广州马拉松在广东地区的网络关注度占比约 79%，全国其他地区仅占约 21%，短视频的广泛传播也能有效改善广州马拉松在其他地区影响力和关注度较低的局面。

参考文献

广州马拉松官网，2020 年 12 月 14 日，https：//www.guangzhou‒marathon.com/html/page‒20085.html。

李翠珠：《〈疫情寒冬下的马拉松跑者及产业：春天还有多远?〉深度报道作品阐述报告》，硕士学位论文，上海体育学院，2020，第 13 ~ 15 页。

王艳：《企业微信营销的模式与发展前景分析》，《商业经济》2014 年第 9 期，第 80 页。

---

① 资料来源：2020 抖音体育生态白皮书。

王云娣:《公共文化服务体系的网络关注度研究:以百度指数为例》,《现代情报》2017年第1期,第37页。

广州市人民政府官网,2020年3月21日,http://www.gz.gov.cn/zwgk/ghjh/fzgn/content/post_711180。

陈玲:《马拉松赛事对传播城市形象影响的实证研究》,硕士学位论文,南昌大学,2020,第12页。

李兆锋、邢晓燕:《我国马拉松旅游的消费支出特征分析》,《体育文化导刊》2016年第11期,第122~127页。

董健鹏、赵子建、匡丽萍、彭龙龙:《流量时代下体育赛事借粉丝文化破壁路径探析——以篮球赛事为例》,中国体育科学学会、第十一届全国体育科学大会,南京,2019,第3页。

黄宁:《中国马拉松赛事赞助商的研究》,硕士学位论文,北京体育大学,2018,第20页。

王福秋:《5G时代体育短视频生产传播的媒介趋向与引导机制研究》,《体育与科学》2020年第6期,第55页。

B.10
成都马拉松的价值分析

刘盼盼　杨建荣*

摘　要：　在新冠肺炎席卷全球的时代背景下，众多马拉松赛事因疫情防控的需要而取消。2020年，成都马拉松在防疫措施严格，参赛规模缩小，备赛时间缩短的情况下成功举办。本文主要分析2020年成都国际马拉松赛事的商业价值主要来源，其代表着成都"三城三都"的城市品牌，在举办赛事的同时能够综合性带动成都地区的消费能力增长，赛事本身和在传播时所带来的媒体价值，以及马拉松赛事需要参赛选手自己体验，在体验过程中会产生大量的互动机会，这些机会则形成了成都马拉松的商业价值。成都马拉松的商业价值在运营过程中转化为赛事收入，而赛事收入主要由报名费用、政府补贴、赞助收入和衍生品销售四个部分构成。虽然成都马拉松已经成功举办四年，并且成长为世界马拉松大满贯联盟候选赛事，但其运营收入仍不足以覆盖其办赛成本。成都马拉松赛事的主办方和运营方可从培育赛事特色、对其精准定位，加强开发赛事衍生品，提供赛事服务产品，打包管理赛事版权这四个方面提高赛事的市场化运作水平，在推动全民健身事业发展的同时早日实现盈利。

* 刘盼盼，北京体育大学研究生院硕士研究生，研究方向为体育经济与产业；杨建荣，经济学博士，北京体育大学体育商学院副教授，硕士生导师，中国体育科学学会会员，研究方向为体育经济、体育赛事、体育投融资。

关键词： 成都马拉松　市场开发　赛事版权　商业价值

　　成都马拉松自从 2017 年打响了第一枪起跑枪后，其赛事规模从 2 万人增长至 2019 年的 3 万人，可谓迅速攀升。随着参赛人数增长的是其在国内国际的影响力和辐射范围不断扩大，其迅速成长为 2018 年中国田径协会"银牌赛事"，其赛道设计也获得了"最美赛道"奖。在成都市政府、成都市体育局，以及运营推广单位的不断努力下，2019 年 5 月，成都马拉松作为中国唯一世界大满贯候选赛事，入选世界马拉松大满贯联盟（WMM）候选赛事队伍。同年，成都马拉松成功入围由人民网发布的 2019 年中国最具影响力马拉松赛事排行榜前十。其完赛成绩获得世界田径和 AIMS（国际马拉松和公路跑协会）认定。2020 年，成都马拉松凭借在 2019 年的优异表现，荣获 2019 年马拉松金牌赛事，实现了从"银牌赛事"到"金牌赛事"的升级。2021 年，成都马拉松荣膺"世界田径精英标牌"赛事，实现了新跨越，开启了新起点。在 1 月份世界田径公布的 2020 世界田径城市马拉松排名中，成都马拉松的排名从 2019 年全球 48 位上升至 28 位，在国内马拉松排名中从第 9 位上升至第 7 位。

　　2020 年初，新冠肺炎疫情席卷全球，导致大量体育赛事延期甚至停摆。马拉松产业作为体育产业的重要组成部分，在疫情影响之下，同样遭受重创。除了 2020 年年初部分赛事成功举办，受限于疫情防控措施，2 月至 7 月这 6 个月的时间内没有任何马拉松赛事举办。但 8 月底后，由于国家严格的防控措施，疫情得到有效控制，这时，有中小型马拉松尝试着办赛并且成功举办，为其他马拉松赛事的举办提供了信心和办赛经验。10 月、11 月和 12 月三个月，迎来了马拉松季，这三个月成功举办了 172 场马拉松赛事。2020 年全年全国共举办了 209 场马拉松赛事（仅包含全程马拉松和半程马拉松），全程马拉松赛事 58 场，半程马拉松赛事 151 场。相较于 2019 年总数 719 场（全程 247 场、半程 472 场）呈现大幅下降的趋势。209 场马拉松分别在 31 个省、自治区、直辖市和特别行政区举办，香港、西藏和青海并未有马拉松赛事举办。其中浙江、江苏和广东分别举办 28 场、20 场和 14 场，位列前三。2019 年，三个省份举办的赛事场次分别是 64 场、59 场和 38 场。另外，在 2019 年，山东有 57 场、四川有 44 场，2020 年则均为 10 场。209 场赛事总规模为 92 万人，平均规模约为 4400 人，其中全程马拉松项目总规模 21.8 万人，半程马拉松项目总规模 41 万人。2019 年赛事总规模约为 570 万人，全程项目 88 万人，半程项目超过 195 万人。

在众多马拉松赛事被迫延期或取消的背景下，在疫情防控常态化要求下，2020 年东风国际成都马拉松姗姗来迟。出于安全保障和疫情防控的需要，2020 年成都马拉松将参赛人数控制在 1 万，并仅设置了全程马拉松项目，不再设置往年的半程马拉松和欢乐跑项目。在疫情防控的特殊背景下，即使赛事规模大幅压缩，2020 年成都马拉松依然按照大满贯赛事标准严格进行赛事运营。本文试图在新冠肺炎疫情冲击、赛事规模压缩、赛事筹备时间缩短的背景下，研究 2020 年成都马拉松的商业价值产出。笔者将从马拉松商业价值创造及收入构成这两个方面来浅析 2020 年成都马拉松商业价值究竟从何而来，又怎样构成了商业收入，以及怎样提高商业价值。

一 价值创造

（一）马拉松赛事具有浓厚的城市地域色彩

中国很多城市缺乏足够知名度的城市名片，近几年涌现的马拉松热潮也从另一个角度反映出城市希望借力马拉松来塑造城市体育名片。成都马拉松无论是从 LOGO、奖牌的设计上还是从宣发的口号上都凸显了强烈的成都特色。大熊猫、火锅、天府新区的高楼大厦等元素贯穿了整个赛程，给参赛者和观众留下深刻的城市印象。在第一届成都马拉松举办的同年，中共成都市委在十三届二次全会上提出，要将成都塑造成为世界文创名城、赛事名城、旅游名城和国际美食、音乐和会展之都，不断提升成都的城市知名度和认同感。在成都马拉松办赛四年的历史中，成都也不断推进建设"赛事名城"，成

都"赛事名城"建设和"成马"快速发展相互成就，不断提升着成都的国际知名度。成都马拉松以赛事为媒介，不断传播成都所蕴含的区别于世界和国内其他城市的独特的天府文化内涵，将成都马拉松打造成为展示天府文化魅力的新窗口，塑造和营造成都"三城三都"城市品牌，提升全球影响力；展示成都蕴含的天府文化及生活美学，展示成都作为南方丝绸之路起点，"一带一路"建设和长江经济带发展重要节点城市的独特魅力。在Sportcal发布的2019年全球赛事影响力（GSI）国家（地区）和城市榜单中，成都作为唯一一座中国中西部城市，入围全国前三，排名28位，而在2020年公布的国际体育赛事指数上，成都排名全国第二。2020年，东风日产成都国际马拉松的成功举办，为成都建设"赛事名城"的目标贡献了力量。

（二）马拉松赛事能够综合性拉动城市消费

成都作为一座网红城市，拥有丰富的旅游资源和深厚的文化底蕴。来参加马拉松的参赛选手平均在成都逗留两天至三天，这对成都的公共交通、旅游、餐饮等行业带来巨大的消费潜力。在2020年成都马拉松举办期间，赛事当天参赛选手可凭号码布免费乘坐地铁和公交。在领取参赛包的锦华万达广场，选手还可以凭借号码布在活动门店享受餐饮满减优惠。本届"成马"沿用2019年的经典赛道，参赛选手从金沙遗址博物馆出发，在杜甫草堂、青羊宫、宽窄巷子、人民公园、天府广场等城市地标中穿越古今，使选手在参与比赛的同时接受成都深厚历史文化的浸润。最让本届"成马"出圈的是最后到了41公里的特色补给站，钵钵鸡、火锅粉、甜水面、豆腐脑等成都名小吃在给选手带去能量的同时，也俘获了选手们的胃，这届"成马"也被网友戏称为"麻辣松"，在宣传当地特色美食的同时，也将"成都是一座美食之都"的印象深深烙印在网友心中。

根据《2019年度成都市体育局部门决算》中《2019成都国际马拉松专项类项目绩效自评表》，2019年赛事共计吸引聚集约7万名外地参赛选手和观光人员，加上本地选手和观众，赛事期间日均直接消费达到上亿元，有效带动了成都地区的消费增长。

（三）马拉松赛事引流带来媒体价值

2019 年成都国际马拉松赛事的宣传主题为"高标准筹备世大运，高质量建设赛事名城，运动新成都，跑向大满贯"，吸引了国内外媒体的广泛关注。中央广播电视总台体育频道对赛事进行了长达 2 小时 40 分钟的直播，成都美丽宜居公园城市建设成果、市民乐观包容友善公益的精神风貌得到充分彰显，辐射全球观众 3 亿人次。截至 10 月 28 日，全网共有 2019 年"成马"相关信息 7 万 5000 余条，累计点击阅读量 2.8 亿余次，互动量 234 万余次，呈现了聚焦性、爆炸性的立体宣传氛围，对天府文化美丽、成都城市形象及发展成就、美丽宜居公园城市建设等方面做了全方位宣传报道，这是成都向世界的一次充分展示，为成都塑造"三城三都"城市品牌，推进世界赛事名城建设，提升城市发展品质和国际化程度起到了积极作用。

2020 年成都马拉松提供 200 个 2021 年世界马拉松大满贯年龄组世锦赛名额，这也是国内唯一能够提供该名额的马拉松赛事。这使 2020 年成都马拉松备受关注。在 2020 年成都马拉松中，抖音作为本届马拉松赛事的官方战略合作平台，在赛事筹备时积极预热，举办中实时更新热点。抖音话题播放量超 1660 万次，互动量超 4500 万次，保障了赛事能够得到高质量的曝光。微博作为本届赛事的独家社交媒体平台，微博话题阅读量超 1.3 亿次，表明本届赛事在社交平台上引起了广泛的关注。30 余家电视、网站、新媒体客户端同步直播，共同呈现 2020 年东风日产成都马拉松的盛况，中央广播电视总台赛事直播累计观看人数超 1000 万，赞助商的曝光权益得到充分实现。凭借高曝光度和媒体流量的加持，成都马拉松获得了第六届 SportIN 体育 BANK 年最具商业价值赛事。

（四）马拉松赛事体验以参与性体验为主

本届马拉松从报名通道开启到公布中签结果，再到新闻发布会公布赛事奖牌和参赛服装，并启动倒计时十天装置，至后期的领取参赛包、比赛以及下载成绩证书，每一个重要的时间节点，运营推广公司都进行了大量的宣传和预热，这让参赛选手能够更加直观地感受到赛事的氛围。虽然本届成都马拉松的参赛人数应疫情防控的要求而大幅缩减，但从绝对人数上来看，其仍是一场大型的体育赛事活动。除了10000名马拉松参赛员之外，还有裁判员、志愿者、安保人员、医疗工作者等共计14481名工作人员为赛事的顺利举行保驾护航（见表1、表2、表3）。

表1 竞赛保障

项目	数量
裁判员	145 人
主裁判	48 人
官方领跑员	37 人
志愿者	2451 人
安保人员	11000 人
存衣车	42 辆
收客车	10 辆
工作人员运输车	150 辆

资料来源：《细节暖心，成马体现城市温情》，万达体育微信公众号，2020年11月29日，https：//mp. weixin. qq. com/s/0sRO5t3BUOZ2OfavOGzPAg。

表2 医疗保障

项目	数量
医疗站	19 个
救护车	22 辆
AED	72 台
医疗工作者	200 人
赛道救援	30 人
医师跑者	70 人
医疗志愿者	500 人

资料来源：《细节暖心，成马体现城市温情》，万达体育微信公众号，2020年11月29日，https：//mp. weixin. qq. com/s/0sRO5t3BUOZ2OfavOGzPAg。

表3 物资保障

项目	数量
饮用水	90000 瓶
块降温海绵	21000 块
瓶功能饮料	37000 瓶
能量棒	20000 个
砂糖橘	5000 斤
小番茄	3000 斤
巧克力	6000 块
肌肉舒缓喷雾	2350 瓶
香蕉	11000 斤
水杯	310000 只
能量胶	20000 支
盐丸	40000 颗
成都特色小食	10000 份
冰袋	780 个
完赛毛巾	10000 条
保温毯	10000 条
完赛食品	10000 份
姜汤	20000 杯

资料来源：《细节暖心，成马体现城市温情》，万达体育微信公众号，2020 年 11 月 29 日，https：//mp. weixin. qq. com/s/0sRO5t3BUOZ2OfavOGzPAg。

市民也积极参与赛事活动，沿途不断有市民高喊"加油""雄起"等口号，并为运动员提供私人补给，形成市民与运动员的良好互动，展现了成都良好的市民形象。参赛选手从领取参赛包开始就能够直接参与到博览会营造的马拉松氛围中。在比赛进行中，提示牌、公里牌的设置，移动卫生间和医疗点的安排，标准化的马拉松补给设置，音乐或表演加油站的安排都使参赛选手获得了良好的竞赛体验。在赛道专业性方面，赛事不仅由国际 A 级丈量员进行赛道丈量，还配备了能够实时监测比赛时天气数据、更新赛道 WBGT 指数风险的 WBGT 黑球指数仪，以更好地反映参赛选手在赛事中承受的热负荷和风险预警参数，保护参赛选手的身体健康。竞赛体验是参赛选手能够直接感受到的，对于赛事的满意度

起到了至关重要的作用。2019 年成都马拉松举办后，由赛后调查问卷的数据得出，市民对于成都马拉松的满意度大于 85%，支持办赛率大于 90%；参赛选手对于比赛的满意度大于 85%，再次参赛意愿大于 80%。数据表明，成都马拉松不论对市民还是参赛选手都留下了良好的观赛、参赛感受。

（五）马拉松赛事创造大量的互动机会

线下名额有限、中签率低一直是困扰马拉松爱好者和组委会的一大难题，在疫情防控的背景下，这一难题显得尤为突出。但扩大赛事影响力，为更多跑者服务是成都马拉松组委会不断努力工作的方向。为了让更多的跑者"云感受"成都马拉松的魅力，成都马拉松组委会开始了一次全新的尝试——加入由中国田径协会主办的"跑遍中国"线上马拉松系列赛，完赛后即可点亮成都的城市图标。线上马拉松的举办能够避免传统线下马拉松产生的人数和地域限制、因参赛选手聚集带来的防疫压力、因报名要求带来的参赛限制。线上马拉松能够使马拉松爱好者通过更加机动灵活的参赛形式参与马拉松比赛。完成线上马拉松的跑者即可获得可爱的水晶奖印——"国宝印"和电子奖牌。线上赛的加入拓展了成都马拉松辐射人群，给更多跑者与成都马拉松进行互动的机会。其中完赛礼包的购买等给赛事组委会带来了可观的经济收入。

2020 年成都马拉松组委会对赞助商开放了一部分直通名额。例如，特步买够 1688 元就送直通赛名额；线下指定店铺买够 15 件佳得乐即可获得直通赛名额一个；哈尔滨银行指定信用卡消费 421.95 元以上即可获得抽奖直通赛名额的机会。种种活动既增加了未中签选手与赛事互动的机会，也保障了赞助商的权益能够得到充分实现，增加了成都马拉松的赞助价值。在开赛前的"成马"博览会上，赞助商设置展位，为参赛选手提供参赛服印制的服务，选手们还可以通过参与互动游戏赢得周边纪念品。

综上所述，成都马拉松赛事在举办期间给成都带来了巨大的流量经济和消费潜力。赛事自身的热点也给赛事带来了高曝光度和媒体价值。无论是赛事自身所蕴含的经济价值还是其附带产生的其他经济价值，都对其收入构成起到至关重要的作用。马拉松赛事的收入主要由报名费用、政府补贴、赞助商赞助、衍生品销售4个部分构成。

二　赛事收入

（一）报名费用

2017年首届成都马拉松开跑，赛事规模就达到了2万人。成都马拉松官网显示，中国籍运动员全程马拉松、半程马拉松、欢乐跑报名费用分别为150元、120元和80元；外籍运动员全程马拉松、半程马拉松和欢乐跑的报名费用分别300元、240元和160元。首届成都马拉松赛事的报名收入超过了200万元。第二届成都马拉松赛事规模扩展至2.8万人，全程马拉松1.2万人，半程马拉松1万人，欢乐跑6000人。官方提供的数据显示，2018年成都马拉松赛的报名收入超过348万元。2019年的成都马拉松赛事规模增长3万人，报名费用收入较之前有进一步提高。2020年因新冠肺炎疫情的影响，为落实党中央、国务院关于抗击新型冠状病毒感染肺炎疫情的决策部署和相关工作要求，确保赛事安全举办，将赛事规模压缩至1万人，而且仅设置了全程马拉松项目。表4是2017～2020年成都马拉松赛事的报名人数和报名金额统计。

表4　成都马拉松赛事报名人数及金额统计

时间	项目	人数	报名金额
2017年	全马	7000	中国籍150元/人　外国籍300元/人
	半马	8000	中国籍120元/人　外国籍240元/人
	欢乐跑	5000	中国籍80元/人　外国籍160元/人

续表

时间	项目	人数	报名金额
2018 年	全马	12000	中国籍 150 元/人
	半马	10000	中国籍 120 元/人
	欢乐跑	6000	中国籍 80 元/人
(第二届外国籍报名者费用按照排名等值人民币换算美元)			
2019 年	全马	15000	中国籍 180 元/人 外国籍 60 美元/人
	半马	10000	中国籍 150 元/人 外国籍 50 美元/人
	欢乐跑	5000	中国籍 100 元/人 外国籍 30 美元/人
2020 年	全马	10000	180 元/人

资料来源：成都马拉松官网等公开资料整理。

2020 年成都马拉松赛事报名费用收入为 180 万元，虽说绝对数值较之前几年有大幅度下滑，但在 2020 年众多马拉松赛事取消的背景下，成都马拉松能够成功举办且有 10000 名跑者参加实属不易。

（二）政府支持

成都在建设"赛事名城"过程中，充分学习其他城市举办大型赛事的经验，借鉴了北京模式和上海经验。所谓北京模式即通过举办奥运会等大型综合性赛事来提高城市在全球范围内的影响力，而上海经验是通过举办国际高级别单项赛事，如 F1 汽车赛、上海网球大师赛来提高上海城市的知名度、认知度和美誉度。

中国田径协会发布的《2019 年中国马拉松大数据分析报告》显示，成都 2019 年以举办 57 场规模赛事稳居举办马拉松赛事城市排行榜第一。在举办马拉松赛事的同时，还圆满举办了 ATP 250 男子网球巡回赛、国际篮联三人篮球世界巡回赛、国际网联青少年网球年终总决赛、第 18 届世界警察和消防员运动会等 32 项大型国际赛事。

成都还成功申办了第 31 届世界大学生运动会（已延期至 2022 年举办）、2022 年世乒赛、2023 年亚洲杯、2025 年世运会等重大国际型赛事，而且亚洲体育舞蹈联合会总部落户成都，实现了成都市无国际组织总部落户的突破。

即使在 2020 年新冠肺炎疫情使世界范围内的体育赛事遭受重大打击的背景下，成都仍然高标准严要求的成功举办了 2020 全国射箭锦标赛和成都马拉松，并获得了 2022 中甲、WCBA 和羽超三项国内高级别职业联赛的承办权。

众多赛事成功落地并举办的背后离不开政府的大力支持，成都马拉松也不例外。一场国际马拉松赛，其经费主要来自政府购买服务、品牌赞助和报名费等。除了首届成都马拉松比赛政府部门没有进行拨款之外，2018～2020年，成都市政府都通过拨付的方式，每年给予 1000 万元的政府补贴以弥补赛事经费不足，增强赛事自我造血功能，确保赛事圆满完成。

（三）企业赞助收入

一场成功的体育赛事不仅与城市相互成就，也会为参与其中的赞助商提供一个展示的平台，在马拉松产业链条里形成良性的价值流动。成都马拉松是品牌的一个绝佳的广告载体，通过赞助赛事和在这个马拉松场景里与消费者进行各种互动，品牌的认知度和美誉度可以得到指数级的提升。2017 年首届成都马拉松赛事官方赞助商近 20 家，支持企业达到 60 家，2018 年和 2019 年成都马拉松赛事的官方赞助商就超过 30 家，其中 2018 年的赞助收入达到了 2777 万元。2019 年，《体育画报》联合我要赞体育发布了"2019年中国最具赞助价值的马拉松赛事"，成都马拉松排名第 27 位。这对于办赛历史仅仅三年的成都马拉松而言是一大肯定。2019 年成都马拉松赛事品牌曝光时长达到了 4 小时 48 分，长时间的曝光会带来媒体价值的增加，也会使赞助商的权益得到更好实现。2020 年成都马拉松凭借国内唯一的世界马拉松大满贯年龄组世锦赛直通赛事，为参赛选手提供了 200 个直通名额。这意味着完成了 2020 年成都马拉松且年龄在 40 岁以上的选手，组委会将为他们提供代表中国去参加 2021 年世界马拉松大满贯年龄组世锦赛的机会。世界大学生运动会与成都马拉松赛事进行宣发联动，将邀请 2020 年成都马拉松完赛的前三名参加大运会的开幕式；除了开幕式这一诱人奖励外，完赛

前100名的参赛选手可以免费到大运会现场观看重要赛事，感受大学生的热情与活力；当然，福利覆盖了每一位完赛选手，每一位完赛者都能够在终点的大运会专区参与抽奖活动，抽取专属自己的大运会纪念品。种种参赛福利吸引了大批马拉松爱好者、媒体和赞助商的关注。2020年成都马拉松官方赞助商达到39家之多。

（四）衍生品销售

销售各类纪念品也是获得收入的途径之一。2020年受到筹备时间压缩的影响，并没有进行相关文创产品的开发。但是，在往年成都马拉松赛事中，主办方积极开发成都的特色文化，如历史文化、戏曲文化、休闲文化等，赛道选取、奖牌、LOGO和赛服的设计等有效结合了成都传统文化元素，赛事出售具有成都特色文化的商品在传播特色文化的同时带动了赛事收入的增加。2017年成都马拉松组委会官方授权的特色商品有熊猫图案的亲子杯、手机壳、冰箱贴和纪念相册等。2018年成都马拉松官方推出了三件套，还有成都传媒集团推出的涵盖成都特色文化和旅游景点的成都礼物，成都礼物通过线上和线下两种渠道进行销售。2019年成都马拉松赛事期间，赛事文创官方微店上线，商品糅合了波普艺术缝合和孟菲斯风格设计，重组经过成都马拉松赛事赛道的地标建筑，用更加国际化、时尚感的设计，表达成都文化、传递马拉松精神。赛事纪念品价格从几块到上千块不等，为参赛选手和广大市民提供了根据自己消费能力和喜好进行选择的余地。

虽然成都马拉松已经成为"世界田径精英标牌"赛事，但对于办赛历史仅有四年的成都马拉松而言，其市场开发程度与历史悠久的"北马"、市场运作成熟的"厦马"仍相距甚远。虽然成都马拉松在不断提高赛事的市场化水平，市场开发数量能够完成既定目标，但由于马拉松大满贯办赛要求高，"成马"目前自身商业价值尚不足以覆盖"成马"的执行成本。

三　对策

（一）培育赛事特色，提高成都马拉松 IP 独特性

当前大多数马拉松赛事项目设置出现高度同质化的问题，即均为全马、半马、欢乐跑的项目，均打出"最美跑道"的口号，但其本质并无差别。成都马拉松在项目设置上应向世界大满贯赛事靠齐，设置具有成都特色或独创性的项目，以此来更好地推广和营销马拉松赛事。

（二）加强开发赛事衍生品

赛事衍生品作为赛事 IP 的载体，对于参赛选手而言具有重要纪念意义。成都马拉松虽然坚持从事赛事周边产品和官方特许纪念品的开发，但其衍生品设计元素单一，始终以熊猫为主要元素，容易使参赛选手产生审美疲劳，并且纪念品的销售周期短，仅集中在赛事举办前后，并没有很好地贯穿整个赛事举办周期。成都马拉松推广运营部门应该在赛事衍生品设计方面多挖掘成都元素，令参赛选手耳目一新，可以延长销售周期，打造纪念品新卖点。

（三）提供赛事配套服务

马拉松赛事收入构成中，赛事服务产品收入也是其中一个重要组成部分。在出现体育产业与旅游产业深度融合新业态的今天，赛事运营推广单位可以围绕马拉松赛事的周期，在马拉松赛事结束后，联合旅行社或者酒店推出旅行套餐或者酒店套餐，为参赛选手提供更好的服务，带去良好的参赛体验。

（四）打包管理成都马拉松赛事版权

与国外马拉松赛事版权打包销售不同的是，目前，成都马拉松赛事版权

仍属于成都市政府。当前，我国马拉松赛事没有盈利的主要原因有两点。一是政府掌握赛事版权，没有将赛事版权进行拍卖，这就直接减少了赛事的版权收入，还是以政府主导为主，没有实现真正的"市场化运作"。二是目前举办马拉松赛事并非以营利为主要目的，而是通过这个赛事推动全民健身事业的发展和进行相应的城市营销，带动城市经济的发展。成都马拉松赛事收入中，报名费用占比较低，其主要收入来源于政府补贴和赞助收入。从赛事健康持久的角度出发，成都马拉松应在赛事版权市场化方面进行相应的管理，以期早日实现盈利。

结 语

"成马"举办四年以来，对成都市民的生活方式产生了巨大影响，跑步已成为成都市民最喜爱的运动类型，以65%高居榜首。在马拉松赛事的带动下，成都跑者的人数较之四年前增长了86.4%。

"成马"为成都人民带去的不只是赛事经济，更是健康的生活方式。希望成都马拉松在成都市政府和运营推广部门的经营下能够越办越好，早日迈入世界马拉松大满贯联盟的行列。

参考文献

2020年成都马拉松官方网站，http：//chengdu－marathon. mararun. com。

崔晨：《大型体育赛事对城市经济发展的影响研究》，硕士学位论文，兰州理工大学，2020。

李志强：《成都马拉松赛事现实状况、存在问题及品牌建设策略研究》，硕士学位论文，四川师范大学，2020。

文英健、张旭乾、刘定财、唐中鉴：《城市马拉松对城市品牌构建影响——以成都国际马拉松为例》，《体育科技文献通报》2019年第7期，第54～57页。

王进：《基于扎根理论的中国马拉松赛事赞助市场影响因素研究》，《体育与科学》2021年第1期，第98～105页。

管均桓：《西安市大型体育赛事的市场化运作策略研究》，硕士学位论文，西安体育学院，2018。

石春健、魏香明、郑振国：《我国城市马拉松赛事定位研究》，《北京体育大学学报》2016年第10期，第18~25页。

许春蕾：《中国城市马拉松赛事旅游效应测度与创新发展》，《上海体育学院学报》2020年第9期，第24~33页。

张辉、罗建英、孙天星：《城市马拉松和城市品牌认知的关系调查——基于现场参与者体验的视角》，《北京体育大学学报》2020年第6期，第93~100页。

王相飞、康益豪、延怡冉：《马拉松赛事对举办地城市形象影响的实证研究——基于马拉松跑者的新视角》，《武汉体育学院学报》2020年第3期，第20~27、33页。

丁小歌：《我国线上马拉松的发展趋势及原因分析——以悦跑圈App为例》，《体育世界》（学术版）2019年第6期，第21~20页。

贾鹏、罗林：《供给侧改革背景下我国城市马拉松发展路径研究》，《哈尔滨体育学院学报》2019年第2期，第61~67页。

B.11
2020南京马拉松赛事价值分析

陈有利　杨建荣*

摘　要： 体育赛事是体育产业的核心。新冠肺炎疫情对体育赛事影响较大，包括马拉松在内的众多体育赛事停摆。2020年下半年，体育赛事逐渐恢复，马拉松等大型群众体育赛事相继举办。2020南京马拉松作为疫情防控常态下的唯一一站马拉松全国锦标赛和东京奥运会达标赛，具有研究意义。本文以2020南京马拉松为研究对象，基于赛事运营管理及赞助商视角、媒体行业的分析，主要从赛事管理、运营服务和品牌传播三方面，对该赛事的发展现状及品牌价值进行分析。

关键词： 南京马拉松　赛事管理　运营服务　品牌价值

　　2014年，国务院在《关于加快发展体育产业促进体育消费的若干意见》中提出将全民健身上升为国家战略，同时促进体育产业与其他产业融合发展，实现体育产业与经济社会协调发展。2015年，中国田径协会按照简政放权的要求，取消赛事审批，社会办比赛的积极性提高。作为拥有广泛群众基础的大众体育赛事，马拉松运动在我国蓬勃开展。2017年3月，

---

　　* 陈有利，北京体育大学研究生院硕士研究生，研究方向为冰雪产业与冬奥项目管理；杨建荣，经济学博士，北京体育大学体育商学院副教授，硕士生导师，中国体育科学学会会员，研究方向为体育经济、体育赛事、体育投融资。

国务院办公厅印发《关于进一步激发社会领域投资活力的意见》，江苏省政府办公厅在《关于进一步激发社会领域投资活力的实施意见》中提出"提高体育赛事承办和管理服务的标准化、规范化水平，对马拉松等人民群众参与热情较高的项目，专门出台赛事管理规定"。马拉松运动在江苏省进一步发展。

2020年上半年，受疫情影响，包括马拉松在内的众多线下体育赛事停摆，体育产业发展受到严重影响。中国田径协会出台了《关于开展线上马拉松等跑步活动的指导意见》，修订完善了《中国马拉松及相关运动办赛指南》《中国马拉松及相关运动参赛指南》，为线上马拉松的开展提供了指导意见。2020年下半年，体育赛事逐渐恢复。

南京为六朝古都，具有浓厚的山水城林的城市气息和悠久积淀的文化底蕴。马拉松运动的长距离、长时间的特点，将南京的自然景观与人文景观紧密联系起来。马拉松自身的挑战自我、超越极限、永不放弃的精神，与南京的资源禀赋与人民的精神风貌相契合。南京马拉松由中国田径协会、南京市人民政府和江苏省体育局共同主办，由南京市体育局承办。南京马拉松是国家田协"金牌赛事"和世界田径"银标赛事"，曾获得"最美赛道特色赛事"称号。自2015年第一届南京国际马拉松举办以来，南京马拉松已成功举办了六届，因其优美的赛道风景和体贴的赛事服务，广受参与者的好评，南京马拉松已成为南京一张崭新的独特的名片。

体育赛事是体育产业的核心，赛事品牌的构建有助于吸引更多的社会关注和企业赞助，赛事主办方可以通过赞助费、转播权销售、门票收入、衍生品销售等获得收入，促进体育产业的发展和经济社会的进步；举办赛事所在城市也可借赛事提高自身知名度，打响城市品牌。赛事品牌评价的重要性不言而喻。马拉松赛事构成要素有很多，如举办城市、赛事级别、赛道设计、跑者服务、场地规划、竞赛组织、合作媒体、规模及项目设计等。本文基于赛事运营管理及赞助商视角、媒体行业的分析，将马拉松赛事构成要素分为赛事管理、运营服务和品牌传播三方面，对2020年南京马拉松赛事的举办情况及品牌价值进行分析。

一　赛事管理

赛事管理的基础指标主要从城市、成绩、标牌、历史来考虑。

（一）城市

南京为六朝古都，具有深厚的历史人文底蕴和优美的自然风光。南京马拉松曾被评为"最美赛道特色赛事"，紫金山、玄武湖、明城墙、浦口老山、江宁横溪等，风景壮丽，资源独特，马拉松能让参与者切实感受到南京城的人文景观。南京为江苏省省会，位于长江中下游富庶地区，辐射长三角经济发展带，经济较为发达。南京国际马拉松的起跑点是南京奥林匹克体育中心。2014年南京成功举办青奥会后，南京马拉松是南京第一个由中央广播电视总台直播的大型体育赛事，与青奥会"活力青奥""人文青奥"的理念相符，有利于传承青奥精神，推动南京城市的发展。南京马拉松的开展也为后青奥时代举办城市如何发展提供了参考。

（二）成绩

2020南京马拉松作为疫情防控常态化下的本年度唯一一站马拉松全国锦标赛和东京奥运会达标赛，竞技成绩突出，有10000名选手参与比赛，比2019年全程马拉松项目报名人数增长101.9%，其中187名国内顶尖专业马拉松选手参赛，包括13名国家队专业运动员。参赛选手彭建华以2：08：50的成绩获得男子全程冠军，刷新南马赛会纪录（2：11：44）；选手李丹以2：26：59的成绩获得女子全程冠军；8人达到奥运会马拉松参赛标准。同时，本届马拉松赛事中有4名参赛选手的马拉松成绩闯入210大关，49名男性参赛选手跑进220，24名女性参赛选手跑进240。4月7日，在由人民体育、人民网舆情数据中心共同发布的"2019最具影响力马拉松赛事排行榜"中，南京马拉松排名第19，赛事影响力为67.52，其中赛事专业度为28.42，媒体辨识度为18.87，公众认可度为20.23。"2018最具影响力马拉松赛事排行榜"中，南京马拉松排名第33，赛事影响力为54.28，其中赛事专业度为63.64，媒体辨识度57.63，公众认可度为40.45。可以看出，南京马拉松的赛事影响力在不断提升。

（三）标牌

2016年1月，南京马拉松被中国田径协会授予"铜牌赛事"称号，并被评为2015"中国马拉松特色赛事"。2016年2月，南京马拉松荣获"2015最具影响力马拉松赛事"称号。2017年3月，南京马拉松被中国田径协会授予"银牌赛事"及"最美赛道特色赛事"称号。2018年1月和2019年1月，南京马拉松连续两年被中国田径协会正式授予"金牌赛事"称号。2019年7月，南京马拉松被世界田径授予"铜标赛事"称号。2020年3月，南京马拉松正式升级为世界田径银标赛事（见表1）。

表1 南京马拉松标牌称号

时间	称号	授予单位
2016年1月	铜牌赛事	中国田径协会
2017年3月	银牌赛事 最美赛道特色赛事	中国田径协会
2018年1月	金牌赛事	中国田径协会
2019年1月	金牌赛事	中国田径协会
2019年7月	铜标赛事	世界田径
2020年3月	银标赛事	世界田径

资料来源：南京马拉松官网。

（四）历史

2015年，第一届南京国际马拉松赛事在南京奥林匹克体育中心东门开跑，拉开了南京马拉松的序幕。迄今为止，南京马拉松已成功举办了六届，马拉松将与南京这座历史名城共同成长。

如图1所示，2015年南京马拉松报名人数37168，参与人数16000，中

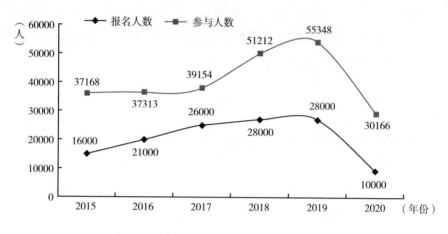

图1 "南马"历年参与人数及报名人数

资料来源：南京马拉松官网。

签率为43.0%；2016年南京马拉松报名人数37313，参与人数21000，中签率为56.3%；2017年南京马拉松报名人数39154，参与人数26000，中签率为66.4%；2018年南京马拉松报名人数51212，参与人数28000，中签率为54.7%；2019年南京马拉松报名人数55348，参与人数28000，中签率为50.6%。2020年，南京马拉松作为全国马拉松锦标赛（奥运会马拉松达标赛），仅设置全程马拉松，未设置半程马拉松和迷你马拉松项目，但仍有30166人报名，参与人数为10000。可以看出，除疫情影响因素外，南京马拉松的报名人数和参与人数不断增加，赛事规模不断扩大，赛事影响力逐步提升，侧面反映出南京马拉松群众基础较好，赛事组织能力不断提升。

赛事管理的管理指标主要从赛道管理、车辆管理、安保管理、裁判管理等来考虑。

①赛道管理。赛道管理是赛事正常运行的重要保障，主要包括赛道的封闭与解禁、赛前标识定位等，以确保赛事举办期间赛道正常使用。赛事组委会围绕赛事具体线路，根据交通组织原则"赛道严控，三级分流，先外后内，统筹交通"，对赛事起点、终点线路进行严格管控，对部分道路实施临时交通管控；为方便机动车辆出行，提出利用快速内环穿越赛道、

货车分流等方案，保障赛道正常运行的前提下最大限度为车辆出行提供方便；同时为非机动车、行人设置过街通道跨越赛道。②车辆管理。马拉松赛事的管理车辆主要有定位车、工作车、收容车、保障车等，在起点、终点提供赛事运行服务。引导车为参赛选手引领导向，保驾护航；医疗车在赛道沿线设置，为需要帮助的选手提供及时有效的援助及医疗保障。③安保管理。2020南京马拉松全长42.195公里，分布着8000余名警力，主要负责交通疏导、赛事安保和应急处理。马拉松赛事会给正常交通带来一定的影响，参赛者每跑过一段，安保便解禁一段，恢复一段，尽快解除交通管制，方便市民交通。④裁判管理。中国田径协会选派了技术代表、技术官员及部分裁判员参加了2020南京马拉松的赛事裁判工作。除此之外，包括南京体育学院运动训练学院田径专业的学生认真完成了裁判工作，确保赛事活动的规范有序。

赛事管理的竞赛指标主要从赛道设计、起跑仪式、饮水饮料站、计时等来考虑。

①赛道设计。赛道设计和规划是马拉松赛事的重要组成部分，好的赛道设计会吸引众多马拉松爱好者参与。2020南京马拉松的起跑点为南京奥林匹克体育中心东门，途经江东中路、凤台南路、应天大街、雨花路、中山路、长江路、龙蟠路、玄武门、神武路、金沙江西街、邺城路等路段，最终回到南京奥林匹克体育中心东门。参与者参赛途中会经过夫子庙、新街口、总统府、玄武湖等地，用双脚丈量南京城的厚度，感受南京厚重的历史文化和日新月异的发展。同时，2020南京马拉松取消了坡度较大的龙脖子路段，对赛道进行了调整优化，赛道更加平坦开阔，为参赛者提供了更好的参赛体验。

②起跑仪式。2020南京马拉松的起跑仪式较为简洁。参赛选手换好参赛装备后到起跑点南京奥体中心东门集合后，参与升国旗、奏国歌，组织领导鸣枪发令，比赛开始，选手齐发。

③饮水饮料站。马拉松运动持续时间长，体力消耗大，参赛选手需要进行食品补给。2020南京马拉松赛事沿途共设置15个补给站，提供数量充足

的功能饮料、矿泉水。此外，还提供累计30000根能量胶、62000粒盐丸及其他多种丰富的食品补给。2020南京马拉松每隔5公里设置1个饮料/饮水站，共设置8个饮料/饮水站；每隔7.5公里设置1个饮水/用水站，共设置7个饮水/用水站；此外，在赛程17.5公里后，每隔5公里设置1个能量补给站，共设置5个能量补给站。饮水饮料站的设置，为参赛选手提供了及时的能量补给。

④计时。2020南京马拉松采用感应计时方法，参赛选手佩戴感应计时芯片，通过起点线时开始计时，须通过所有的计时地毯，在关门时间内完成比赛。关于比赛关门时间，赛道终点即42.195公里处，关门时间为13：30。关于收容站，比赛在11.2公里、15.5公里、17.1公里、22.6公里、24.2公里、29.9公里、34.8公里处分别设有收容站，以收容参赛选手，最后一个收容站的关门时间为12：35。参赛选手可选择搭乘赛事收容车或自行乘坐交通工具。

二 运营服务

表2为2020南京马拉松的赞助商及其所属行业。

运营服务主要从赞助商、志愿者、医疗、服务、IT系统等方面来阐述。

表2 2020南京马拉松赞助商及行业

赛事名称	官方称谓	赞助商名称	行业类别
2020南京马拉松	冠名赞助商	南京银行	金融
	顶级合作伙伴	华泰证券	金融
		特步	体育用品
	赛事赞助商	怡宝魔力	饮料
		中国电信	通信
	赛事支持商	青岛啤酒	酒
		太平洋保险	保险
		跑能	运动营养
		南京万泰华丽酒店	酒店

资料来源：根据南京马拉松官网整理。

从赞助商角度来说，南京马拉松的冠名赞助商为南京银行。冠名赞助商的赞助金额最多，赞助商主要来自金融、汽车和房地产企业，本身具有较好的经济效益。《支持社会力量举办马拉松、自行车等大型群众性体育赛事行动方案（2017年）》中明确表示"加大马拉松赛事的金融支持力度，鼓励赛事主办机构与金融机构合作，提供更多符合大型群众性体育赛事特点的金融产品和服务，不断提高金融服务的针对性和质效"。南京银行从2015年首届南京国际马拉松开始冠名赞助，持续至今已有六年。南京银行推出了鑫梦享App、鑫智力以及鑫微厅一对一轻金融小程序，为广大用户提供便捷的线上贷款平台，为科技创新企业发展各阶段提供投贷联动、鑫转贷等服务。南京银行提供了很多现场物料，包括选手身上的号码牌和比赛现场的大展台，都能看到"南京银行"的标志。同时，南京银行还发起了公益项目"圆梦体育包"，帮助青海、宁夏、甘肃等地区的学校配置或更换体育器材，丰富学生的体育活动，有利于提高南京银行的社会价值。南京银行在赞助马拉松的同时，也提高了自身的知名度，使自身被更多的参赛选手和观众知晓，有助于更好地开展金融业务。

2020南京马拉松的顶级合作伙伴是华泰证券和特步。华泰证券在证券行业连续五年月活跃用户数保持第一，华泰证券赞助马拉松，报名者可通过华泰证券旗下平台注册成为用户，有机会成为华泰证券跑团内成员，参与马拉松抽签，增加中签概率。华泰证券可借助马拉松增加自身活跃用户，带来相应的经济效益。特步为我国领先的体育用品企业，已连续赞助许多城市的马拉松赛事。特步产品本身与马拉松赛事的赞助匹配度较高，特步还提出了"国人竞速 全民赛跑"战略，有助于体育精神的回归。

赛事赞助商是怡宝魔力和中国电信。赛事支持商包括青岛啤酒、太平洋保险、跑能和南京华泰万丽酒店。以青岛啤酒为例，青岛啤酒从2018年开始支持南京马拉松的开展，运营服务包括啦啦宝贝现场为参赛者呐喊助威，比赛结束后与参赛者进行互动游戏或为参赛者提供号码塑封服务。赞助商参与体育赛事赞助的目的是让自身被更多的潜在消费者知晓，提高自身知名

度，从而提升消费者的购买消费意愿，获得利润。马拉松赛事因其参与人数多、范围广、持续时间长，再加上受媒体广泛关注，成为众多赞助商青睐的对象。赞助商借助南京国际马拉松这个平台，能被更多消费者知晓，增加媒体曝光机会，提高自身经济效益。

2019 南京马拉松的赞助商为 21 家。2019 南京马拉松的冠名赞助商为南京银行；荣耀赞助商为特步和问源体育，问源体育同时是近几年南京马拉松的运营商，2020 年运营商更换为中奥路跑体育管理有限公司；官方赞助商有 5 家，除赞助南京马拉松的怡宝魔力和中国电信外，还有 KFC、VIVO 及中国移动；赛事支持商有 13 家，除赞助南京马拉松的青岛啤酒、太平洋保险、跑能外，还有 Dole、南京大排档、协众汽车、货拉拉、苏泊尔、南洋药业等，赞助商领域涉及蔬果销售、饮食、汽车、物流、医药等行业。可以看出，2020 南京马拉松的赞助商相比 2019 年少了 12 家，赞助商行业类别有所减少。受疫情影响，在经济下行压力下，赞助商的市场推广计划被打乱，赞助预算缩减。南京马拉松的赛事价值相比 2019 年有所下降。

从志愿者角度来说，2020 南京马拉松赛事当天，共计 22 大类志愿服务岗位的 2400 名志愿者参与赛事服务，包括防疫筛查、发放物品、赛道补给、完赛服务等，他们各司其职，为参赛者提供便利，为南京马拉松的顺利举行提供保障。2020 南京马拉松共招募赛事服务志愿者 1400 名，分别来自南京的九所院校及部分青工单位，以团体形式进行志愿者的选拔招募，赛前进行了相关的通用培训和赛事服务培训。赛事志愿者具有自愿性、无偿性和组织性，是赛事成功举办的重要保障。

在医疗救助方面，2020 南京马拉松设置了 15 个医疗点、19 辆急救车、150 名医护人员、90 位紧急救援队人员、50 位医师跑者、9 所（10 园区）定点救治医院及 610 名医疗志愿者，为选手提供及时有效的救助援护，保障选手顺利参赛。同时，赛道沿途设有 AED（自动体外除颤器），为参赛选手提供及时的抢救。

从服务角度来说，2020 南京马拉松的运营商为中奥路跑体育管理有限公司。中奥路跑有着丰富的办赛服务经验，除 2020 南京马拉松外，中奥路跑同时拥有北京马拉松和广州马拉松赛事运营权，大型体育赛事的办赛经验有助于为南京马拉松提供更好的服务，塑造更好的口碑。出于疫情防控考虑，2020南京马拉松的领物入口设在室外，领物前有提示展板，提醒参赛者准备好自身有效证件及国务院客户端防疫行程卡14天轨迹，并且进行体温测量与身份核查，提供健康码和行程查询，佩戴参赛手环和领取号码布，进行芯片检测及领取参赛服。同时设有咨询处，参赛者有疑问或寻求帮助可向咨询处咨询。为了保障赛事安全，参赛选手须持一周内核酸检测报告纸质版及健康码，参赛者进入赛道前须全程佩戴口罩。参赛现场设有临时隔离点，有专职消毒人员，配有红外线测温仪。赛事在起点、比赛路线沿途及终点设置移动卫生间，2~5公里处每间隔1公里、7~40公里每间隔2.5公里设置移动卫生间，为参赛选手及观众提供方便。同时，2020南京马拉松还开设了"南北联动"直通北京马拉松活动，组委会将随机抽取1000名完赛选手，直通2021年北京马拉松。

从IT系统来说，IT系统包括参赛选手报名、支付参赛费用及退款、赛事信息发布等。参赛选手可通过南京马拉松官网或马拉马拉App进行报名。抽签结果在南京马拉松官网和马拉马拉App上进行公布并开通支付渠道。2020南京马拉松的官方账号有微信"南京马拉松"、微博"南京马拉松"、抖音"南京马拉松"等，相关赛事信息在这些账号平台上发布。如报名者14天内去过中高风险地区，赛事组委会将发送短信提醒报名者无法参赛。赛事信息发布渠道较多，报名者可及时接收赛事信息。

三 品牌传播

品牌传播进行持续性的内容输出，可以提高品牌的知名度和影响力，塑造品牌形象，强化品牌的核心价值。品牌传播包括直播、媒体传播、合作媒体、自媒体、广告投放、名人合作等。

关于直播，2020南京马拉松不仅是全国马拉松锦标赛（奥运会马拉松达标赛），还是"奔跑中国"系列活动中的重要一站，2020南京马拉松由中

央广播电视总台体育频道 CCTV5 进行直播，26 家网络平台同步播出，近 30 家官方合作媒体立体报道，联合海外媒体平台向超过 160 余个国家和地区展示南京马拉松的盛况。2020 南京马拉松可通过优酷和微博平台回看直播，直播时长为 3：10：06，比一般的马拉松直播时间延长约 20 分钟。

关于媒体传播，从微信阅读量来看，截至 2021 年 4 月 20 日，官方微信公众号"南京马拉松"于比赛当日发布的文章"4 人跑进 219 大关、8 人达标奥运会！2020 南马展现国人速度"的阅读量达到 1.5 万，165 个账号分享到"看一看"，368 个账号进行点赞；"南京银行·2020 南京马拉松暨全国马拉松锦标赛（奥运会马拉松达标赛）今日开跑"的阅读量为 8410，24 个账号分享到"看一看"，78 个账号进行点赞；"青岛啤酒成功助跑南京银行·2020 南京马拉松 | 上场皆英雄！"的阅读量为 2933，4 个账号分享到"看一看"，27 个账号进行点赞。从微博账号来看，2020 年 11 月 29 日，2020 南京马拉松官方微博"南京马拉松"共发布 4 条微博，评价累计 47 条，点赞数累计为 121，转发量累计为 23。可以看出，南京马拉松主要传播渠道为微信公众号，阅读量和分享数明显高于微博渠道，微博账号的关注度不高。

关于媒体合作，2020 南京马拉松的官方合作媒体有中视体育、新华网、扬子晚报、微博、新浪跑步、腾讯跑步、搜狐跑步、咪咕善跑等；独家短视频合作平台为抖音；支持媒体包括 42 旅、最酷、极度配速、慧跑、跑步之声、跑者世界等（见表 3）。

表 3　2020 南京马拉松合作媒体

官方合作媒体	中视体育、新华网、扬子晚报	紫牛新闻 微博、百度 App	百家号、新浪跑步、腾讯跑步 网易新闻、搜狐跑步、PP 体育、咪咕善跑
独家短视频合作平台	抖音
支持媒体	42 旅、慧跑、最酷、跑步之声、马拉松 123、 跑马去旅游、门派、跑者世界、极度配速、NK

资料来源：根据南京马拉松官网整理。

以官方合作媒体咪咕善跑为例，此次马拉松比赛同时设置线上赛，参赛选手在活动期间使用咪咕善跑"户外跑"功能，单次成绩达到全程马拉松里程要求并上传数据则视为完赛。完赛选手可获得线上电子勋章和完赛奖牌。

以支持媒体"最酷"和"爱燃烧"为例，"最酷"上关于南京马拉松的赛事评价共 160 条，其中 2020 年的评价为 71 条，2019 年 33 条，2018 年40 条，2017 年 7 条，2016 年 4 条，2015 年 4 条；"爱燃烧"上关于南京马拉松的赛事评价共 475 条，其中 2021 年的评价为 9 条，2020 年 3 条，2019年 52 条，2018 年 53 条，2017 年 327 条，2016 年 31 条。图 2、图 3 分别为根据 2020 年"最酷"和"爱燃烧"用户评价生成的词云。

图 2　"最酷"2020 南京马拉松用户词云

从以上词云中可以看出，除"南京""马拉松"等客观词外，2020 南京马拉松的关键词为"古都""赛道""机会""疫情""难度降低"等。"古都"出现的次数为 19 次，"六朝"出现的次数为 15 次，"期待"出现次数为 13 次，"疫情"出现次数为 7 次，"赛道""感谢"等词出现的频率也较高。由此可以看出，南京悠久的历史底蕴是吸引马拉松爱好者参与比赛的重要因素。

以支持媒体 42 旅为例，42 旅设有赛事评价员，赛事评价员参与比赛，根据真实体验为 2020 南京马拉松打分。打分项目主要包括路线风景、组织

图3 "爱燃烧" 2020 南京马拉松用户词云

服务、氛围文化以及风格特色，总分为 10 分，42 旅赛事评价员为 2020 南京马拉松最终打分为 9.43 分，其中路线风景平均为 9.5 分，组织服务平均为 9.33 分，氛围文化平均为 9.63 分，风格特色平均为 9.25 分。由此可以看出，2020 南京马拉松的路线风景和氛围文化较为出色，而组织服务和风格特色仍有发展空间。相比于同日举办的上海马拉松和成都马拉松，42 旅给出的分数分别为 9.1 分和 7.95 分。

从评价中可以得出广大参与者对南京马拉松的直观感受。综观评价，参与者对 2020 南京马拉松的正面感受主要有以下几个方面。(1) 报名。2020 南京马拉松采取先报名、后缴费的方式。如果有的选手中签而未缴费，则视为弃权，进行二次抽签活动。此举可覆盖更多的参赛选手，避免名额浪费，提高参赛效率，为报名者创造更多的参赛体验。同时，出于疫情防控需要，如报名者 14 天内到达中高风险地区，则会收到组委会短信，提醒其无法报名参赛，节约报名者的时间。(2) 赛道。赛道指示清晰，指示牌大型易见，交通管制到位。在前半程景区的重要路段设置两层护栏，外层护栏分隔行人观众，内层护栏分隔安保和志愿者，以确保参赛者参赛流畅。赛道标志牌上标有此处的关门时间，每一公里的标志牌下都有人员为参赛者呐喊打气。(3) 科技。赛道沿途设置多个机位，运用 AI 技术不间断进行人脸识别，选手完赛后即可生成个人专属的"南马微电影"。如果选手对视频不满意，还可以通过剪辑页面自行剪辑编辑视频。同时有交通流量检测、参与者能量预判等，为赛事提供科技保障。（4）氛围。参赛选手完赛后，会有志愿者列队欢迎，参赛选手的被认同感较高。同时，为了提高赛事的多样性和趣味性，除了组织群众展演，赛道沿途有多个音乐加油站，包括"秦淮风韵""金陵风采""现代民乐"等主题，多人啦啦队在赛道沿途为选手加油助威，运动节日氛围浓厚。参与者对 2022 南京马拉松的负面感受有以下几个方面。（1）出签时间。2020 南京马拉松的出签时间为 11 月 20 日，比赛时间为 11 月 29 日，出签时间距比赛时间不到 10 天，可能给部分参赛者带来不便；并且二次中签的时间为 11 月 22 日，距比赛时间只有一周。（2）参赛体验。首先，参赛包对参赛者来说有点小。"南马"举办时间为深秋，比赛当天气温较低，参赛者所带衣物无法全部放进参赛包，需要额外带包。其次，部分补给点没有提供纸杯，瓶装水可能会造成浪费。往届会提供糕点、方糖等特色小吃，2020 年没提供，可能影响参赛者的参赛体验；2020 南京马拉松设有赞助商的站台，包括南京银行、青岛啤酒、中国电信等，同时有南京本地饮品卫岗牛奶，选手集赞即可赠送牛奶，但未提供官方纪念品。（3）赛道。前半程人文景观和自然景观丰富，后半程则略为逊色。

受疫情影响，2020 南京马拉松不接受来自境外（含港台地区，长期在大陆地区生活的除外）的选手参加，参赛者几乎全为本土选手。疫情过后，国外选手参与比赛的比例将增大，马拉松赛事将会进一步实现国际化发展。马拉松品牌价值的构建需要在赛事管理、运营服务等方面共同发力。在赛事设计方面，赛事后半程的自然景观和人文景观相比前半程较为乏味，应更科学合理地设置赛道，均衡景点布置，更好地展现城市风貌，更多地吸引马拉松爱好者。在赞助方面，赛事主办方应更加注重市场开发，寻找与自身匹配度较高的赞助商，在提高赛事品质的同时，开发赛事本身的商业价值。在衍生品方面，赛事主办方应注重衍生品的设计。纪念品的销售是赛事收入来源之一，好的纪念品不仅可以满足马拉松爱好者的收藏想法，提高爱好者对南京马拉松的忠诚度，还可以体现南京马拉松的赛事特点，激发人们的体育消

费热情，为赛事主办方带来收入，有利于马拉松赛事的持续性发展。同时，赛事可提供更多细节服务，如在沿途增设垃圾桶、提供本地特色食物补给、提前出签时间等，为参赛选手提供更好的参赛体验。

我国很多城市缺乏足够的品牌名片，借助马拉松等大型群众性赛事可以塑造城市体育名片。相比"北马""厦马"等国内老牌马拉松赛事，南京马拉松起步较晚，还在不断发展进步中。无论是赛事管理、运营服务还是品牌传播，南京马拉松在赛事品牌价值构建方面都显现出了高规格和高标准。马拉松已成为南京一张崭新的名片，着力推动南京"世界体育名城"的构建。

参考文献

南京马拉松官网，2020 年 11 月 29 日，http：//www. nj – marathon. cn/。

中国田径协会：《马拉松运动产业发展规划》，中国田径协会官网，2020 年 9 月 16 日，http：//www. athletics. org. cn/bulletin/hygd/mls/2020/0916/358307. html。

白莉莉、冯晓露：《我国马拉松赛事赞助市场的现状、特征和问题》，《中国体育科技》2018 年第 4 期，第 3 ~ 11 页。

李志伟：《南京马拉松赛事运作研究——基于网络文本视角》，硕士学位论文，南京体育学院，2020。

梁国力：《我国城市马拉松赛事问题审视及对策》，《体育文化导刊》2017 年第 4 期，第 36 ~ 40 页。

刘辛丹、吕兴洋、李惠璠：《基于网络跑记的马拉松赛事形象研究——以北京马拉松为例》，《中国体育科技》2016 年第 6 期，第 38 ~ 42 页。

王进：《基于扎根理论的中国马拉松赛事赞助市场影响因素研究》，《体育与科学》2021 年第 1 期，第 98 ~ 105 页。

易剑东、范英丽：《从奥运会看 2022 年杭州亚运会品牌规划、传播和运维》，《北京体育大学学报》2020 年第 6 期，第 45 ~ 52 页。

於晓慧：《以城市定向为载体塑造南京体育赛事品牌的研究》，硕士学位论文，东南大学，2016。

朱志清、张建明：《南京马拉松赛事发展状况研究》，《辽宁体育科技》2019 年第 1 期，第 17 ~ 20 页。

B.12
太原国际马拉松商业发展探究

王 钰 杨建荣*

摘 要： 城市马拉松作为我国迅速发展的一项体育赛事，在许多城
市纷纷落地生根。太原国际马拉松诞生于2010年，迄今为
止已成功举办11届，并已成功入选了"双金俱乐部"。在
2020年新冠肺炎疫情的影响下，"太马"仍然积极办赛，最
终大获好评，其成功离不开赛事组织间的亲密合作。本文
在分析"太马"赞助、媒体及技术等方面的基础上，总结出
政府主导和专业赛事公司运作的重要性，并针对赛事公司
内部有关的赞助、推广、技术三个方面进行讨论。本文提
出马拉松赛事不只是一场单纯的赛事比赛，更是一个展示
经济、政治、文化、历史的硕大平台；运营公司应该协调好
各部门之间的关系；在赞助、推广、技术方面持续发力，提
升"太马"的商业等级等建议。

关键词： 太原国际马拉松 "双金赛事" 衍生品推广 马拉松＋技术

一 太原国际马拉松概况

（一）整体概括

太原国际马拉松于 2010 年筹办第一届开始，已成功举办 11 届。从 2013

---

* 王钰，北京体育大学研究生院硕士研究生，研究方向为冰雪产业与冬奥项目管理；杨建荣，
经济学博士，北京体育大学体育商学院教授，硕士生导师，中国体育科学学会会员，研究方
向为体育经济、体育赛事、体育投融资。

年开始，被连续评为"中国马拉松金牌赛事"，2018 年被国际田联（2019 年 6 月改为"世界田径"）评为"银标赛事"，2019 年被评为"金标赛事"，成为国内第 10 个"双金"马拉松赛事。由图 1 可知，2010～2019 年，十年间，太原马拉松的报名人数一直都等于或大于参赛人数，随着健康理念的普及，其报名人数与参赛人数的差值也越来越大，这侧面反映了太原国际马拉松的茁壮发展。表 1 是人民体育与人民舆情数据中心连续五年联合发布的最具影响力排行榜，可知，太原国际马拉松的排名几经波折，并在 2019 年排名第 11。

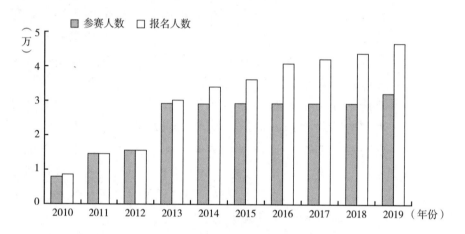

图 1   太原国际马拉松参赛人数与报名人数

资料来源：中国田径协会。

表 1   太原国际马拉松位于影响力排行榜名次

年份	2015	2016	2017	2018	2019
最具影响力排行榜	12	12	16	12	11

资料来源：人民网 - 体育频道。

（二）疫情影响下太原国际马拉松的发展情况

由于新冠肺炎疫情的影响，2020 年的太原国际马拉松采取了"线上赛 + 线下精英赛 + 线下大众赛"全新模式，全球共有 37 个国家和地区，全国共有 33 个省（自治区、直辖市）及港澳台地区的 83000 余名跑友报名了线上马拉松比赛。150 名左右国内外顶级选手和 4500 名跑友参加了线下马拉松。此次太原马拉松也成为"后疫情时代"背景下，中国国内首场保留原赛道举办线下赛的双金马拉松。

线上分为欢乐跑、标准跑和忠粉跑，每个项目均设有全程、半程、10公里、5 公里 4 个组别。其中欢乐跑不限制人数，标准跑和忠粉跑合计 30000 人，其中全程 5000 人，半程 12000 人，10 公里 10000 人，迷你 5 公里 3000 人。

线下分为全程精英跑和半程大众跑。"太马"作为 2020 年国内首个举办的线下原赛道双金马拉松，引起了中国田径协会以及山西省、太原市政府的高度重视。

在世界田径公布的 2020 世界马拉松排名中，太原马拉松第三次上榜，排名第 24 位（国内排名第 4）。世界田径主要是根据赛事的竞技水平、精英分、世界分、世界纪录来进行统计的。2020 厦门马拉松在疫情之前开跑，时隔半年后，"太马"成为疫情后国内第一个保留原赛道的比赛。源于对跑步的热情和许久未参加马拉松赛事，各精英选手摩拳擦掌，积极奔跑，最终杨成祥、姚秒刷新了各自的最好成绩并打破了国内男女子参赛的纪录。除此之外，参加比赛的近 150 名选手中，有 40 % 以上的人取得了各自的最好成绩，即 PB >40%。选手们 PB 的提高不仅来自自身，更是来源于天时地利的配合，以及组委会为选手们创造的高品质的赛事安全保障和贴心服务。

二 太原国际马拉松的组织情况

（一）赛事组织

2020 太原国际马拉松组委会构成如表 2 所示。城市举办马拉松在于以此来推动当地经济增长，同时传播城市文化，提升城市形象。作为赛事的组织者，应该由政府和专业的赛事运营公司共同完成马拉松的架构。

表2　2020 太原国际马拉松组委会

单位等级	具体单位	数量
主办单位	山西省体育局　太原市人民政府	2
技术认证单位	中国田径协会	1
承办单位	山西省田径协会　太原市体育局　开承体育	3
协办单位	山西省、太原市各相关单位	

资料来源：太原马拉松官方网站。

2020"太马"开赛前一周，青岛又暴发了疫情，在此情况下太原市领导仍下定决心举办赛事，并且太原市疫情防控小组做出了稳妥严密的赛事防控计划，正是源于太原市人民政府对"太马"给予了足够的重视，对"太马"的路线规划、交通管制、场地基础设施安置、参赛人员安排等都进行了详细的规划和指导，才促成了此次马拉松的成功举办，这也完全显示出政府的主导作用。

2016 年就开始承办运营"太马"的重庆乐视体育在 2019 赛前正式更名为"开承体育"，并与"太马"签订了新的四年运营合同。

开承体育是太原国际马拉松和重庆女子半程马拉松的运营公司，也是一家同时开展体育赛事票务、体育培训等体育相关业务的公司。同时，该公司对外招聘赛事总监、平面设计师、销售助理等职位，这些职位的共性要求是热爱体育，愿意在体育行业长远发展。可见该公司对于体育人才和体育事业的重视程度。其中要求赛事总监具有 5 年以上的体育赛事执行和策划工作经验，2 年以上赛事运营管理经验。这些都透露出该运营公司的专业性。

该公司自 2016 年开始承办太原国际马拉松，参与次数多，经验丰富，便于找出每次赛事的不足之处并在下次加以改正。该公司也在京东上开设了开承体育赛事服务专营店来进行"太马"衍生品的出售，还负责了此次线上跑的缴费：欢乐跑 0.01 元（电子证书）、标准跑 39.9 元（完赛奖牌、电子竞赛证书）、忠粉跑 138 元（"太马"限量版纪念服、电子完赛证书、完赛奖牌、冰箱贴）。

（二）运营公司部门的组成

开承体育运营"太马"的相关部门主要包括市场部、推广部、设计部、竞赛部、医疗部等，每个部门都由赛事总监进行统筹规划。

市场部主要是进行招商工作，需要和赞助商及时进行有效沟通，确保将赞助的奖金和物资落到实处，配合协调完成赞助广告的摆放以及审批程序，还要为赞助平台打造合适的营销主题和营销模式。

推广部门主要负责太原国际马拉松的新闻发布会，以及与各直播平台进行交流，还负责赛事海报制作，以及在抖音、快手、微博、公众号等自媒体上进行宣传。

设计部主要将可售产品赋予当地马拉松的文化，从而设计出精美的衍生产品，如衣服、文具、纪念品等。

竞赛部门主要包括赛事的组织和实施工作，需要该部门制定出相关的竞赛规程，对于赛事路线进行合理规划。对手环的技术芯片进行检查，实时关注竞赛人员的情况，防止出现顶替、犯规等现象，保证比赛公平公正的完成。对裁判员进行选拔和培训，并在比赛结束后根据赛事成绩制作赛事成员的成绩册，及时对前几名进行奖励。

医疗部门在规定的地点设置医疗帐篷，配备一些必备药品，并配备救护车，防止出现意外。

马拉松赛事是一个庞大的体系，需要统筹各方力量共同完成。本文接下来主要从其中的赞助、推广、技术三个方面来分析太原国际马拉松赛事。

三　太原国际马拉松赞助支持

（一）整体情况

太原于 2010 年开始第一届马拉松赛事，虽没有明确的数据表明太原的知名度提升，但太原在马拉松之后被评为"2010 年度全国十大体育营销城市"，

由此可见举办国际马拉松赛事有助于提升城市的影响力。马拉松对城市的影响力度逐渐增大，一些企业也抓住商机，纷纷对太原马拉松伸出橄榄枝。

在 2017 年提出的中国最具赞助价值赛事前 100 排行榜中，太原马拉松并未上榜。2018 年由于马拉松赛事在中国赛事中占据了重要位置，所以对国内马拉松赛事的赞助价值进行了单独排名。太原国际马拉松 2018 年排在第 23 名，2019 年升至第 16 名。

"太马"2018 年前四级赞助商共计 14 家，2019 年达到了 18 家，其中 9 家是续签和长期合作的，另外 9 家为新开发客户。"太马"前三级的合作伙伴均为续签客户和长期合作客户，这反映出赞助商客户对于"太马"市场价值的认可。另外，在新增的客户方面，新增了酒店、银行、手机等行业，"太马"的市场价值正在被越来越多的行业所认可和接受。

因为 2020 年疫情，开承体育最初的计划是要举办一个小型赛事，即仅有 100 人左右的精英赛。但由于人数少，很难在市场上得到认可，于是在 100 人基础上，又加了 1000 人以内的大众比赛。同样的道理，赞助商和合作伙伴对此的合作意向低，经过多次与市场、赞助、政府商讨，终于定下了 2020 年的线上马拉松赛事，定到了 150 人左右的精英赛、4500 人左右的大众比赛。2020 年的具体赞助单位如表 3 所示。

表 3　2020 太原国际马拉松赞助商

赞助等级	赞助单位	数量
冠名赞助商	九牛牧业	1
高级合作伙伴	特步	1
官方赞助商	京东体育　华润怡宝　阳光保险	3
官方支持商	晋商银行股份有限公司	
	华为运动健康	
	中国光大银行股份有限公司太原分行	
	中国移动太原分公司	
	河北承德露露股份有限公司	
	中国银联股份有限公司山西分公司	

续表

赞助等级	赞助单位	数量
官方支持商	肯德基	10
	北京跑能运动科技有限公司	
	山西蓝舍精选酒店管理有限公司	
	山西蓝舍智选酒店管理有限公司	
赛事服务供应商	中国邮政	1

资料来源：太原马拉松官方网站。

（二）冠名赞助商

2017 年 8 月 21 日，山西九牛牧业有限公司、太原市体育产业管理中心、重庆乐视体育产业发展有限公司三方签署协议：山西九牛牧业有限公司将连续三年独家冠名太原国际马拉松赛，三方将共同努力把这项赛事打造成国际一流赛事、太原新名片。九牛牧业作为"太马"的冠名赞助商，拥有部分马拉松的直通名额。

2018 年，九牛牧业共开启了三轮的直通名额。第一轮从九牛牧业资深会员（会员卡积分达到 1000 分）中抽取 20 个迷你马拉松名额。第二轮开放 6 个半马名额、3 个全马名额，从资深会员评价得票数中进行选取，评价页面达到了 40161 浏览量，共 16467 票。第三轮开放 17 个迷你，12 个半马，10 个全马名额。在门店一次性充值 200 元、500 元、800 元可分别获得迷你、半马、全马直通名额一个。名额有限，先到先得。

2019 年充值 100 元即可参加评价投票活动。评价页面达到了 319755 访问量，共 62957 投票量。

由于 2020 年特殊原因，线下大众跑的名额骤减，而多日以来人们参加马拉松的热情暴增，导致这次的中签比例低。此时九牛牧业作为冠名赞助商，拿出了 80 个直通名额，要求参与者在微博上配图片，并在#九牛牧业——领鲜一步 Running GO 跑起来# 超话上进行打卡，此超话阅读次数达 1.9 万。

连续3年九牛牧业中关于马拉松直通名额的浏览量越来越多，由此可见大众对于九牛牧业的关注度也越来越高。"太马"与九牛牧业的合作，使大众更加认识到这个本土品牌，有利于九牛牧业的产业发展。

太原国际马拉松的赞助商相比于北京国际马拉松而言，存在数量少、影响力小、市场估值低和资金实力薄弱等不足。赞助商的自身实力程度反映了马拉松赛事的等级，反之马拉松的等级又影响赞助商的选择。

（三）加强赞助合作

开承体育在每年完成马拉松之后，都会给参赛者以短信形式发送调查问卷，通过问卷收集到，企业赞助马拉松赛事可以给参赛者留下深刻印象的，主要有两种形式，一是大量的品牌曝光，二是为跑者提供的产品或者服务。有结果显示，大量的品牌海报并不会激发人们的强烈购买欲望。反而提供的产品或服务，如果可以满足跑者欲望的话，会大大激发人们的购买欲望，甚至推荐给身边朋友，为赞助商带来更多的预期收益。所以应该为参赛选手提供可供感受的产品，如2018年推出的"美食大礼包"，应继续参与马拉松。希望借此提高产品的知名度，增加产品的购买量，使赞助商的收益提升，最后让各企业知道赞助带来的利益颇丰，从而使马拉松的赞助商升级，带来更加精彩绝伦的赛事，提升赛事知名度。

赞助合作方面，可以思考更多的权益开发。例如，公司站在参与者的角度来分析问题，从了解赛事—准备报名—决定参赛—开始比赛—离开比赛现场等，哪些是参与者关注的，哪些会吸引参赛者，哪些是参赛者想要但目前还未有的。从多方面考虑，看其中是否可以找到与赞助商契合的点，从而招商，在增加赞助收益的同时，也满足了参与者的需求，有利于提高赛事满意度评价指标。而在权益提升方面，应该采取更加细致的方式，如可以在固定机器摄像范围内设置广告位，也可以在冲线处和领奖位进行广告投放，使单个广告效益达到最大值。总之，要向赞助商保证，赞助的广告投放和赞助金额和物质成正比，并一定会物超所值。

四 太原国际马拉松的推广情况

（一）媒体宣传

媒体作为马拉松宣传的重要平台，在马拉松推广上发挥了重要作用。从 2010 年的第一届到现在加入的媒体越来越多，平面媒体、电视媒体、新媒体等都通过各自方式对马拉松进行播报传播。2020"太马"由太原电视台新闻综合频道进行全程直播，山西网络广播电视台等电视媒体，太原日报、潇湘晨报等平面媒体，新浪微博、抖音、微信公众号等网络媒体以及太原马拉松官方网站进行宣传。这些都通过信息发布、社交互动、赛事播报等形式对太原马拉松进行了宣传，有利于吸引相应的客户群体，促进相关的品牌传播。

新华网、微博、抖音、中搜搜悦、今日头条等多个网络平台对 2020 "太马"进行了直播。官方微博、公众号也都实时进行更新，表 4 是部分相关的媒体单位。之前的马拉松多是采用传统媒体进行宣传，但随着时代变化，现在马拉松宣传更多地采取相关垂直媒体、新媒体、社交媒体渠道，以吸引更多的年轻客户群。

表 4　2020 太原国际马拉松相关媒体

马拉松类型	媒体单位
线上马拉松	马拉松报名网　跑跑网　依路 Running　马拉马拉　马拉松 123
	马拉松照片　跑团邦
线下马拉松	新浪微博　快手　新华网体育　咪咕视频　爱奇艺　哔哩哔哩
	太原电视台　太原日报　澎湃新闻　腾讯网　潇湘晨报　搜狐网等

2020 年 4 月公布的"2019 最具影响力马拉松赛事排行榜"中，如表 5 所示，太原国际马拉松排第 11 位。此排行榜是根据赛事专业度、媒体辨识度、公众认可度来进行考量的。"媒体辨识度"主要指该赛事在网络媒体上

的覆盖热度，以微信公众号、微博、抖音、快手等直播短视频的转播情况为依据进行统计的。在"媒体辨识度"方面，"太马"得 19.11 分，与榜单前 10 的赛事相比，为最低分，可见媒体宣传力度处于劣势。但在公众认可度方面，与榜单前 10 的比较，太原国际马拉松以 21.55 分排第 4，得到了较高的评价得分，从侧面反映了人们对于"太马"的认可。

表5 2019 最具影响力马拉松赛事排行榜

排名	赛事名称	赛事专业度	媒体辨识度	公众认可度	赛事影响力
1	北京马拉松	35.78	21.44	21.92	79.13
2	厦门马拉松	33.81	22.96	22.02	78.79
3	广州马拉松	34.09	22.56	21.43	78.08
4	武汉马拉松	30.24	24.14	23.33	77.71
5	杭州马拉松	35.78	22.03	19.37	77.18
6	兰州国际马拉松	34.18	22.16	19.81	76.15
7	无锡马拉松	32.00	22.29	21.47	75.76
8	上海国际马拉松	35.41	21.04	19.15	75.60
9	重庆国际马拉松	33.18	21.62	20.21	75.01
10	成都马拉松	31.36	20.46	21.31	73.13
11	太原国际马拉松	30.88	19.11	21.55	71.54

资料来源：人民网－体育频道。

随着时代发展，电视媒体和平面媒体的受众范围缩小、受众老龄化，所以应该将媒体的重心转移，将预算投入更多的新媒体、垂直媒体中。应注重视频的输出内容，做出精品化的视频，吸引更多的"太马"受众。在快手、抖音短视频平台上发布相关视频，加强与大众的互动。2019 年首次开设了自媒体分发平台，联合矩阵和对点投放，让现场的信息得到了快速传播。应该积极构建马拉松的专属平台，让参与者、志愿者都参与进来，现身说法，以吸引更多人加入。

（二）官方衍生品推广

2018 年"太马"推出了官方衍生品，2019 年以"晋龙城之壮，览河山之美"为设计理念,对其进行了全面升级,制作了卫衣、棒球帽、环保袋等"太马"文创产品,并在京东上的开承体育赛事服务专营店进行售卖。店里共上架 12 款产品,其中 11 款的好评率为 100%,8 款产品现已处于售罄状态。这种衍生品越来越得到大家的认可,说明伴随着马拉松的消费方式也跟着发生了变化。开承体育的赛事总监黄德强认为,了解城市历史和文化是进行特许经营产品设计的基础。同时,他认为:一是不要想着在衍生品上赚钱,但也要坚持做衍生品的开发,因为它可以增加比赛的附加值和美誉度,弘扬城市的历史和文化;二是要做与参赛者和与跑步相关的产品,这样才能增加跑友的购买欲望;三是必须坚持自身城市的文化和特色,保持自身独特性。

大力、有效地发展太原国际马拉松赛事,应该从赛事专业度、媒体辨识度、公众认可度三个维度上进行提升。运用新媒体的形式拉近赛事与跑者之间的关系,利用有限的视听说提供给大众翔实、有趣的马拉松赛事。媒体宣传和衍生品的推广发售有助于"太马"的商业发展。

五 太原国际马拉松技术支持

(一)目前技术

2018 年,太原国际马拉松中报名人数达 4.5 万,是 9 年以来举办"太马"报名人数之最。为防止出现代领、替跑等现象,推出了人脸识别系统,可以在 1 秒内完成并识别身份,不仅可以有效减少替跑比例,也提高了赛前领取物资的效率。防替跑手环用来确保报名参赛的和正式开跑的是同一个人。手环中内置了芯片,在领取物资时将芯片与参赛者的个人信息进行绑定。

2019 年,在绝大部分赛事都只提供照片的服务下,"太马"首次采取了 AI 个性定制视频的方式。企鹅体育作为"太马"官方战略合作伙伴,将"鹅智播"运用到此次赛事上,将 AI 深度融合到直播服务,为比赛提供独家信号制作、全程互动直播,以及 AI 定制视频服务,实现智播一体化。企

鹅体育的 AI 定制视频服务是将 AI 与个人参赛者的完美结合，将全程捕捉跑者的一举一动，清楚抓拍，最终生成跑者视频，打造专属于个人的纪录片。全程选手在完成比赛的第二天即可在太原马拉松官网以及微信公众号平台查询到专属参赛视频，此次共有 7734 位跑者收到了自己的参赛纪念视频，合成率高达 99%。

2020 年，受新冠肺炎疫情影响，"太马"进行"线上 + 线下"两种模式，线上采取"跑步狗"小程序，线下严格防控。比赛采取净计时方式，组委会在赛前为所有参赛选手提供计时芯片，并在比赛场地现场的起点、终点以及每五公里都设有感应计时芯片感应区，参赛者必须依次通过，如选手缺少其中任何一个感应区，将被取消成绩。若两个感应区计时点的误差少于 0.1 秒，也会被取消成绩。

（二）缺少技术

打造 AR 奖牌。太原马拉松奖牌按照城市历史、文化进行设计打造，将诸多祝愿融入其中，也可以利用 5G 技术将 AR 动态效果融入奖牌构建中，这样广大跑者可以通过扫描奖牌，身临其境地感受太原文化，从而产生一种求索欲望，以此来增加太原额外的经济收入。奖牌的升级，也会促使一部分人为了奖牌而来，受奖牌驱动来参加马拉松。

运用温度指数预警系统。"太马"通常在 9 月的第一个周日举办，此时虽已入秋，但气温仍然很高，为了检测气候与赛道情况，可以为赛事配备专门用来检测环境热负荷的科技系统，即温度指数预警系统。这是一种在热环境中受热强度的量化评价方法，可以客观及时地反映出赛道上所承受的热负荷和风险预警系数，从而负责选手们的安全，它能根据系统显示的温度、湿度、风力大小等引导选手科学参赛，保障自身安全。

运用阿里体育推出的可视化数字系统以及急救指挥系统。通过此系统，可以查看比赛的人数、年龄阶段、性别类型，还可以了解各个节点通过的人数，知道参赛人员的实时排名等。竞赛部门也可以通过系统及时知晓比赛信息和跑者的情况，以便于及时安排救援，保障选手安全。

近几年智慧马拉松理念的提出，更加证明了当马拉松与科技结合时，更能焕发出马拉松新的魅力，为马拉松带来更多的商业契机。

六 结论和建议

太原国际马拉松作为"双金赛事"，是展示太原文化的一个重要符号。对太原而言，马拉松绝不只是一场单纯的赛事比赛，更是一个展示经济、政治、文化、历史的大平台。

太原国际马拉松需要太原市政府的积极主导和专业运营公司高度的协调配合，这样才可以保证赛事正常、完整的举行，保障选手可以顺利完成比赛，甚至达到选手提高 PB 的目的。运营公司应该协调好各部门之间的关系。

市场部应该做好招商工作，在招到更多的赞助商的同时，做好赞助营销，承担起将产品推荐出去的责任，让赞助商的每一分钱都看到回报，从而增加来年赞助商的数量，提升赞助商的等级。推广部应当做好媒体宣传和衍生品售卖等事项，虽说传统媒体在公众视野的占比已经大幅度下降，但仍不能放弃此种宣传渠道。要充分发挥好微博、快手、抖音等社交媒体的互动作用。随着年轻化群体的发展，宣传应更加向年轻化的思路靠拢，针对不同的年轻心态做好相应的对接展示，以吸引更多的年轻受众。衍生品方面仍要设计，制作出更好更优质的产品。竞赛部门应该制定出更加精细的竞赛规程，保障赛事的运行。要设计出各种类型的跑道，吸引不一样的群体。同时，在此过程中做到马拉松+技术的结合，如人脸识别、防替跑手环、AI 定制、可视化系统以及温度指数预警系统等。用技术助力马拉松，推动马拉松更好更快发展。

"太马"未来的发展目标是，打造一个拥有"太马"体系、"太马"特色、"太马"标准的优质赛事。

在优化"太马"赛事的基础上，细分市场，设计有关亲子、女子、高端人才的专属精品跑道，将体育的各方面与社会各领域相结合，让"太马"走出太原，吸引更多人群。对"太马"的口号、宣传片、奖牌、跑道等都进行充分考量，突显出山西特色、太原特色。在专业运营公司的支持下，打

造一个符合各项运营指标的专业赛事，制定出自身的赛事标准，并不断优化升级，使其一直保持在一个较高水准。要在赞助、推广、技术方面持续发力，提升"太马"的商业等级。

参考文献

太原马拉松官方网站，http：//www. tymarathon. org/。

石磊、时广彬：《马拉松赛事竞赛组织风险与评估研究》，《体育文化导刊》2017 年第 12 期，第 22～26 页。

王进：《基于扎根理论的中国马拉松赛事赞助市场影响因素研究》，《体育与科学》2021 年第 1 期，第 98～105 页。

白莉莉、冯晓露：《我国马拉松赛事赞助市场的现状、特征和问题》，《中国体育科技》2018 年第 4 期，第 3～11 页。

付磊、蔡兴林：《大型赛事赞助、网络关注度与企业市场价值——2018 年俄罗斯世界杯中国赞助商实证研究》，《体育科学》2020 年第 4 期，第 28～34 页。

刘红华、曹连众：《价值工程视角下大型体育赛事赞助功能分析与功能实现路径》，《北京体育大学学报》2020 年第 9 期，第 65～73 页。

赫立夫、张大超：《中国马拉松金牌赛事运营管理及对策》，《北京体育大学学报》2019 年第 3 期，第 88～100 页。

魏少华：《社交媒体"话题"功能与大众体育的多元化传播——以马拉松微信公众号传播为例》，《郑州大学学报》（哲学社会科学版）2018 年第 2 期，第 148～153、160 页。

寇婧：《媒体在城市马拉松赛事管理中的运行策略研究》，硕士学位论文，西北师范大学，2015。

要泽亮：《太原国际马拉松赛事运作研究》，硕士学位论文，中北大学，2017。

王韬宇：《太原国际马拉松参赛者的顾客让渡价值对顾客忠诚影响的研究》，硕士学位论文，上海体育学院，2020。

西安马拉松赛事产业链分析

袁 伟 杨建荣*

摘 要： 运用文献资料法、对比研究法、数据分析法等方法，从产业
链出发，来研究西安马拉松赛事在运营过程中如何组织、如
何进行宣传和吸引赞助、如何进行产业链条延伸等。分析发
现西安马拉松在宣传结构、体育旅游形成集聚特色、文创产
品开发等方面可以进一步发挥优势。赛事举办方可以采取措
施完善西安马拉松赛事，主要包括提高市场化程度、调整宣
传模式、促进体育旅游产业集聚，加速文化创意产业平台建
设等。

关键词： 西安马拉松 文化创意 产业链 体育旅游

一 概况

西安马拉松始于 2017 年，是继西安城墙马拉松后的西安又一个大
型马拉松赛事，虽然起步较晚，但西安马拉松已经取得诸多荣誉。"西
马"一年一个台阶，2019 年从中国田径协会银牌赛事跃升为金牌赛事；
2020 西安马拉松赛获得国家体育总局"2020 年国家体育产业示范项目"

* 袁伟，北京体育大学研究生院硕士研究生，研究方向为冰雪产业与冬奥项目管理；杨建荣，
经济学博士，北京体育大学体育商学院教授，硕士生导师，中国体育科学学会会员，研究方
向为体育经济、体育赛事、体育投融资。

和全国"2020 十佳体育旅游精品线路"荣誉称号；2021 年世界田径对赛事评级系统进行改进，由原来的白金标、金标、银标、铜标四个等级调整为"白金精英标牌"赛事、"精英标牌"赛事、"标牌"赛事三个等级，西安马拉松已经获得"世界田径精英标牌"赛事，相信未来"西马"会走得更远。

（一）参赛人数变化

图 1 显示西安马拉松自创办以来报名人数不断增加，其中以 2019 年最为明显。资料显示，2019 年西安马拉松首日报名人数就超过 8 万，直接超过了 2018 年的总数，报名总数更是直接飙升至 12 万多，2019 年后西安马拉松的报名人数逐渐稳定在 12 万左右（见图 1）。这些数据真实生动地说明了西安马拉松的赛事影响力在不断攀升。

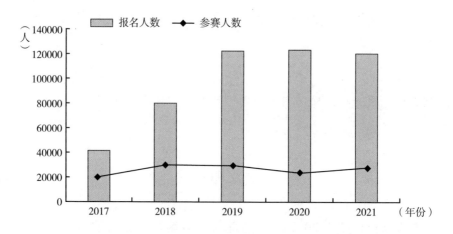

图 1　2017～2021 年西安马拉松参赛人数变化

资料来源：数据整理自西安马拉松官方网站。

（二）参赛人员布局变化

2017 年西安马拉松共有来自非洲、欧洲、美洲、亚洲的 26 个国家参与，就国内而言，陕西省人数占比 61.15%，其中西安本地人参与人数占比为48.75%。这说明西安马拉松在这一年还属于区域性赛事，赛事的延广度不足。2021年，参赛人群分布已经超过30个国家和地区，而且开展了多地跑活动，河南、河北、甘肃、湖南等地的20个分赛场同时以"西马"的名义奔跑，还有众多没能中签的跑友选择了西安马拉松线上赛。西安马拉松参赛人群比例和形式的变化也间接体现出西安马拉松在逐步摆脱地域局限，逐渐扩展自身影响力，成长为国际性的体育赛事。

二 西安马拉松的产业链

产业链是指从原材料一直到终端产品制造的各生产部门的完整链条，以西安马拉松为例，结合文献资料和赛事本身特点，西安马拉松的赛事产业链上游主要是赛事的组织，产业链中游主要是赛事宣传和赞助，产业链下游则主要有体育旅游和其他衍生品的开发。

（一）西安马拉松的赛事组织和路线

1. 西安马拉松的组织

2021年西安融创国际马拉松由第十四届全国运动会组委会指导，主办单位为中国田径协会、陕西省体育局、第十四届全国运动会和第十一届全国残运会马拉松项目竞赛委员会、西安市人民政府，承办单位是陕西省田径运动管理中心、陕西省田径协会、西安市体育局、西安市文化和旅游局、西安曲江新区管理委员会，协办单位是西安市田径协会，运营单位则是西安曲江体育集团有限公司。据此可知，除了运营单位，其他都是官方机构，在赛事组织过程中更容易得到官方政府的支持，极大地减少了办赛的阻力。但由于涉及的部门较多，而且多数是政府机关，这样会引起部门间的沟通不协调，运营单位本身所要承担的压力也会较大，一定程度上限制了专业市场运营单位的权力，影响赛事的市场化程度。

根据表1可知，世界著名的马拉松赛事波士顿马拉松和伦敦马拉松的主

办机构都为社会团体，政府在其中发挥的只是宏观调控的作用，非政府性质的主办单位有很大的自主性，与当下社会主义市场经济的发展轨迹和社会经济效益的要求非常符合。西安马拉松的主办单位包括多个政府部门，但却没有社会部门的参与，因此为了缓解比赛经济压力，提高经济效益，延长马松的产业链条，政府还应当适当放权，吸引更多专业性的社会组织参与马拉松的组织筹办。

表1　国际知名马拉松赛的组织情况

赛事名称	组织机构	性质
波士顿马拉松	波士顿田径协会	社会组织
伦敦马拉松	伦敦马拉松赛有限公司	独立法人资格的公司

2. 西安马拉松赛事路线

赛事的路线选择也是马拉松组织过程中的重要内容，赛事路线直接影响运动员的参赛状态。表2是国际知名马拉松赛事路线的标志地点，西安马拉松经过五年的调整，逐渐优化赛事路线组合，2021年西安马拉松起点仍然是西安永宁门，全程终点设在大明宫国家遗址公园御道广场，半程终点为慈恩西路，欢乐跑终点是高新咖啡创业街区。沿途经过钟楼、唐城墙遗址公园、大雁塔、大唐芙蓉园等著名景点和现代化氛围浓厚的高校与商圈，既展示了西安古都的历史文化魅力，也昭示了西安古都的现代发展，历史与现代的碰撞带给跑者不一样的感受。西安马拉松的终点处还设有个性展位，赠送西马五周年纪念品等，与参赛者进行全方位互动，展示了西安的热情与特色，为参赛者、观赛者留下深刻印象，对西安旅游和文化起到了很好的宣传作用。

表2　国际知名马拉松赛事路线的标志地点

赛事名称	起点	中途	终点
伦敦马拉松	格林威治公园	0度经线、白金汉宫、大本钟	圣詹姆斯公园
东京马拉松	东京都政府大楼	日本桥、银座	东京站/京瓷通大道

在路线选择上，西安马拉松和国际知名马拉松一样，都选择了城市标志性建筑来贯穿赛事始终，作为西安马拉松产业链的开始，"西马"组委会经过周密仔细的组织，生产了西安马拉松这件独特的体育产品，在组织进行的过程中，通过赛事宣传和赞助进入产业链的中游。

（二）西安马拉松的媒体宣传与赞助

1. 西安马拉松的赛事宣传

2021 年西安国际马拉松联合各类媒体 80 余家，宣传报道次数达到了 1100 余次，宣传覆盖 2.22 亿人次。赛事直播联合央视体育、陕西地方平台等多家媒体，其中通过央视观看西安马拉松的人数达到 6982 万，占据直播观看榜首，陕西广播电视台新闻中心直播观看人数达 102 万人次，抖音平台则有 230 万人次观看。除却视频直播形式，平面媒体也对西安马拉松进行了赛事宣传，传播覆盖 130 万人次，参与赛事报道 20 余次。中央、省、市媒体传播覆盖 1755 万人次，参与报道 126 次，垂直媒体以及自媒体覆盖 332 万人次，报道 569 次，总浏览量约 332 万（见表 3）。就数据显示，初步形成了新媒体与传统媒体的结合。

表 3　西安马拉松的赛事直播和宣传情况

单位：人，次

宣传类型	传播覆盖	宣传次数	观看/浏览人次
赛事直播	7442.62 万		7352 万
平面媒体	130 万	≥20	
中央、省、市媒体	1755 万	≥126	
垂直媒体以及自媒体	332 万	≥569	332 万
网络新媒体	612 万	≥332	612 万

资料来源：整理自西安马拉松官方网站。

虽然媒体数据相对而言非常亮眼，但其网络热度却没能和数据实现完美匹配，相比于其他马拉松而言，西安马拉松在网络媒体平台的讨论度低得可怜。2021 年 4 月 17 日，西安（融创）马拉松开跑，作为当天唯一一个大型马拉松赛事，西安马拉松都没能冲上微博热搜，各大官方媒体的视频转播、视频剪辑也没能引起网友的讨论，其中西安发布微博账号的关于西安马拉松的置顶微博中只有51个赞、6个评论和2个转发，18号热搜新闻则是赞扬一位医生的专业无畏，几乎没有赛事讨论，如此来说这的确是一个非常差的数据。数据显示，西安国际马拉松的官方微博账号只有4027个粉丝，作为一个发展了五年的国内金标赛事，这个粉丝量着实少得可怜，而且其置顶微博为2020年10月22日发布，最新微博则停在了2020年11月3日，关于新一届马拉松赛事的各项信息和宣传根本没有，仿佛放弃了这个平台。微信公众号中，最新消息发布于2018年10月22日，在懒熊体育公众号中没有关于西安马拉松的单个专题分析报道，中国马拉松平台也属于查无此马拉松的状态。

查询2021年西安马拉松的媒体转播，可以发现其特约媒体中增加了微博和抖音这两个如今风靡全网的大平台，西安马拉松的抖音数据相对微博而言非常漂亮，传播覆盖达到1.2亿人次，话题互动共有3490人，"#西安马拉松"话题访问量达到1.2亿人次，而且进入了当天的同城热搜，但却没有进入当天的全部热搜榜。看得出来，西安马拉松在尽力使用互联网平台进行赛事的造势与推广，但效果却很值得深思，尤其是在微博平台上。

根据数据总结，在自媒体和互联网"当道"的现今，西安马拉松的宣传策略应该进行一些调整，转移一些宣传重心，更好地实现新媒体与传统媒体的联合，多平台加强赛事宣传，提高趣味性和互动性，吸引更多的参赛者、观赛者和旅游者来到西安。媒体宣传也可以提高赞助商的媒体曝光度，扩大受众群体，吸引更多优秀运动员前来参赛，这些运动员本身就带有极大的流量，这也相当于一种赛事宣传，优秀运动员本身自带赞助合作，马拉松赛事也可以以此为契机提高赞助层次、扩展赞助群体。

2. 西安马拉松的赞助

西安马拉松的商业赞助价值在国内排名并不是很高，大约位于30名，排名前三位的分别是北京马拉松、上海马拉松和厦门马拉松，西北地区排名最高的是兰州国际马拉松，"西马"距离"兰马"还差将近 20 个身位。国内著名赛事的一级赞助商情况见表 4。

表 4　国内著名赛事的一级赞助商情况

赛事名称	一级赞助商	赛事名称	一级赞助商
北京马拉松	华夏幸福	厦门马拉松	东风日产
上海马拉松	沃尔沃汽车	兰州马拉松	兰州银行

西安马拉松冠名赞助商变动较大，从第一届的碧桂园换成了第五届的融创，值得欣慰的是，2021 年西安马拉松的冠名赞助商和 2020 年保持一致，这两年稳定的赞助商选择也反映了西安马拉松日趋稳定的趋势。冠名赞助商除了可以享受 TOP 级的顶级待遇外，还需要支付高昂的赞助费用，与赞助费用相匹配的是冠名赞助商可以得到的理想的回报。根据赞助等级分类，融创给西安马拉松的赞助至少要 1000 万元，这种高昂的赞助费用也限制了冠名赞助商的行业性质，最新数据显示，马拉松赛事的冠名商多为房地产行业和汽车行业。融创中国就是以地产为核心主业，坚持"地产＋"战略，推动发展文旅＋体育发展的新模式，赞助西安马拉松与此战略吻合度极高，而且有助于融创开发体育营销的新模式，这种定位也与马拉松参赛者的经济收入和购买力相吻合。2021 年 4 月 13～19 日融创中国股价变化见图 2。

最新的股票数据显示，在西安马拉松赛举办的前后，融创中国的股票价格是持续上涨的，而且其中出现了一个高峰值，此后数据变动平缓。股票信息直观地反映出西安马拉松带给融创中国的社会影响和经济效益。作为冠名赞助商，融创中国可以和西安马拉松的名字写在一起，说在一起，极大地提高了其出现率。作为发展了五年的大型马拉松赛事，西安马拉松的专业性被广泛肯定，选择此项赛事也提高了融创中国在消费者或者潜在消费者心中的形象，作为直接正面的回报，融创股价上涨也在情理之中。

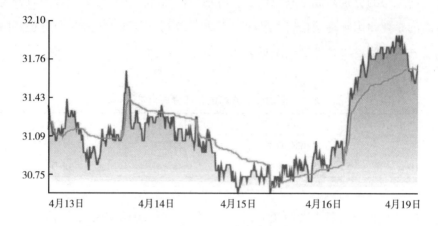

图2　2021年4月13~19日融创中国股价变化

资料来源：融创中国官网。

西安马拉松共设置了四种赞助商级别，其中第二层级赞助商被称为官方合作伙伴，其中企业包括特步、中国农业银行、怡宝。第三层级则是一汽丰田、中国电信、雪花啤酒（见表5）。其下还有官方供应商、赛事官方直播、特约媒体、战略媒体、合作媒体，团队庞大，类型多样。但是，综观西安马拉松的赞助商，虽然数量庞大，但主要还是选择了本土的商业性企业，如此看来其国际性就会受到影响，为了拓展国际影响力，西安马拉松还需要不断提高自己的办赛水平，提升赛事地位和品质，以此来吸引更多、更高级、更符合赛事规格和要求的赞助商。

表5　西安马拉松的赞助商

赞助名称	企业名称
冠名赞助商	融创
官方合作伙伴	特步、中国农业银行、怡宝
官方赞助商	一汽丰田、中国电信、雪花啤酒
官方供应商	西航旅业、钛克运动、华为运动健康、跑能、GARMIN

资料来源：《曲江体育，2020西安马拉松专题》，https：//www.qjty‐xian.com/。

（三）西安马拉松与体育旅游以及衍生品开发

1. 西安马拉松与体育旅游

大型体育赛事作为一种增进游客对举办城市旅游资源认知的工具和作为一种旅游吸引物的功能日益提高，2021年西安马拉松吸引了来自众多国家的12万人报名，赛事宣传能力可见一斑。根据西安地铁的数据统计，仅仅4月17日一天西安地铁的客流总量就达到了413.92万人次，其中2号线占据单日榜首，客流人次达到117.16万，[①] 这些来自四面八方的选手和游客在同一天到达西安，为西安增添了不少人气。根据最酷的评论数据词频，大概20%的人会提到古都，6%的人会提到文化，4%的人会提到美食，9%的人会提到历史（见表6），而且90%以上都是好评，显示出极大的旅游逗留兴趣。而且在赛事举办期间，西安的酒店大多爆满，出现了一房难求的火爆景象。羊肉泡馍、凉皮、肉夹馍等西安特色小吃的销量也在持续上涨，而且为了应对人流量暴增的状况，西安交通还调整了众多主要的交通线路，缓解主要路段的交通压力，既方便了原居住人群的出行，又满足了游客的出游要求，一举两得。西安马拉松就像一个开始按钮，按下之后便开始了整个产业链条，从旅游到交通再到食宿，为西安带来了巨大的经济收益。

表6　被调查者的关注点

单位：%

	古都	文化	美食	历史
百分比	20	6	4	9

资料来源：最酷网，zuicool.com。

表7展示了2016～2019年西安市接待人次和旅游业收入情况。可见，西安马拉松的举办为西安吸引了来自四面八方的人流，体育旅游也丰富了西安当地的旅游特色，拓宽了西安马拉松的赛事广度。随着体育旅游的发展，

[①]　资料来源：西安地铁官网，www.xianrail.com。

西安市的第三产业也在迅速发展，酒店数量不断增加、交通情况不断改善、景区服务更加合理的同时也更好地服务了西安马拉松赛事的开展，两者在一定程度上呈现出相互促进的良好状态，但赛事在举办期间出现的问题也应该引起赛事主办方的重点关注。

表7　2016～2019年西安市接待人次和旅游业收入

赛事年份	接待人次	旅游业总收入（万元）	增长率（%）
2016	15012.56	1213.81	13
2017	18093.14	1633.30	35
2018	24738.75	2554.81	56
2019	30110.43	3146.05	23

资料来源：整理自西安市文化和旅游局发布数据。

在正常的关系中，体育赛事与旅游的关系应该是相互促进、相互成就的。首先体育赛事作为一种体育旅游产品，在赛事进行前应该做好自我宣传，提高自身知名度，在这个过程中，赛事可以借助举办城市的影响力来提高自身的知名度，如西安和西安马拉松。西安是一个历史文化气息浓厚的城市，作为十三朝古都，拥有秦始皇兵马俑、华清池、西安碑林、大唐不夜城等众多历史古迹，是备受青睐的旅游目的地，西安马拉松背靠如此强大的旅游资源和名气，却没有进行有效的利用，西安交通旅游微博账号中几乎没有关于西安马拉松的宣传。在赛事进行的过程中，此时赛事应该作为一个宣传平台，展示城市的旅游资源和人文风貌，西安马拉松在设置赛事路程的时候充分考虑到这个问题，选取了西安现有的最具代表性的景观，囊括历史和现代两个方面，以此体现西安的独特之美，但由于组织管理的落后，西安马拉松并没有因此得到表扬，赛道垃圾得不到有效清理、较差的交通情况都是其饱受诟病的原因，这在一定程度上会影响人们对西安这座城市的印象，体育赛事和旅游产业之间就无法形成良好的双向作用。赛事结束后，是检验赛事对旅游宣传作用的最佳时期，在此阶段，城市旅游应该适当开放，依靠赛事举办余韵推出各种活动吸引顾客，但西安在这方面并没有做出很好的示范。

虽然其在一些景区推出了凭借马拉松参与凭证则免除门票的活动，但并没有开展一些特殊的旅游活动，也没有和当地特色进行有效的连接。2021 年西安马拉松推出西安一日游地铁票，但只限于西安当地使用，没有拓展到周边区域，没有办法形成一种完美的区域整合优势。

根据这种情况可以提出以下几点意见。首先，西安马拉松的各个主管部门和旅游业主管部门应该积极主动地为体育赛事的活动提供其所需的旅游基础设施，以及组织相关旅游企业为体育赛事的筹办提供相对完善的配套服务，对目标客源市场进行积极营销，促成体育赛事和举办城市旅游互动发展的共赢。其次，要和地区特色相互结合，西安大唐不夜城、不倒翁小姐姐是西安具有典型代表特色的旅游产品，可以将其与西安马拉松结合起来，在赛事结束后进行一些趣味赛事、趣味体验活动，留给参与者不一样的感觉。最后，进行捆绑营销，吸引参赛者、旅游者前往周边其他地区进行旅游观光，分散当地的旅游观光人群，避免人挤人现象，提高游客满意度，从而实现赛事价值最大化，建立一个完整的旅游圈子。

2. 文化宣传与文创产品

在成熟的体育产业主题功能区内应该聚集着与该赛事相关的各种配套及延伸文化创意产业，从上游原材料的供给、产品的生产到下游的销售宣传，形成一个完整的产业链，西安马拉松作为体育产业的重要组成部分，也要形成自己独特的文化创意产业。

文创产品是一种典型的文化衍生产品，需要结合赛事特点、地区特色、文化内涵进行创意设计，其产品类型可以多种多样，如创意水杯、有纪念意义的小型胸针等，作为西安马拉松产业链的第三层次，文化创意产品可以作为西安马拉松的补充收益，以提高赛事收益率，缓解经济压力。

2021 年西安马拉松迎来了办赛五周年纪念日，为此西安马拉松特意设计了一个新的主题——"西马五年，奔向全运"，为了凸显赛事的纪念意义，西安马拉松组委会还为前四年一直参加西安马拉松的选手定制了终身号码牌，西安马拉松组委会还为参赛者提供了特殊的五周年纪念徽章和帆布包，这些纪念品和服务虽然都是免费的，却淋漓尽致地体现了西安马拉松的

赛事文化，赛事文化深入人心的传递也为西安马拉松文化创意产品的开发创造了先决条件。2021年西安马拉松将与西安市上善公益慈善基金合作，共同打造"折翼天使运动看世界"专项工艺计划，并成立"与爱同行"专项基金，打上了慈善赛事的标签，在这种宽松的宣传下，西安马拉松更应该开发自己的文化创意产品，为慈善事业的开展筹集更多的资金，带去属于西安马拉松的人文关怀。

搜索西安马拉松官网，可以看到西安马拉松准确地分出体育文创与赛事文化这两个板块，但遗憾的是无法打开，显示"体育文创建设中……"由此可以得出西安马拉松文化创意产品的匮乏现状，虽然有精心准备的赛事纪念品，却没有成功打造自己的文化创意产业平台。如今文化创意产业正在迎来一个发展的黄金时期，"根据国家文创实验区的数据显示，2015~2018年，实验区内的文化企业共实现税费收入207.6亿元，年均增速达到了10.5%；2019年，实验区内1111家规模以上文化企业收入1270.4亿元，占全北京全市文化产业总收入10%。2020年1~5月，实验区内1093家文化单位实现收入357.1亿元，而整个北京市的文化创意产业收入则达到4502.3亿元。文化创意产业不仅得到了真金白银的支持，也给出了真金白银的回报"①。

2021年西安文化创意产业也在持续发展建设中，陕西博物馆以"'活化'文物，以文创打造IP、传承文化"打造新的文化创意产业IP，西安曲江文创建设中心建设成功，西安工程大学时尚文化创意产业园获批陕西"十百千"工程多项认定，在众多工程项目中脱颖而出。这一系列的举措都表明了西安以及西安各个企业公司对文化创意产业的重视，遗憾的是，西安马拉松并没有孵化出自己的文化创意产业平台。在这个大背景下，西安马拉松不仅要有乘风而上的志气，也应该有乘风而走的实践，在进行文化创意产品开发实践的过程中延长赛事影响周期，增加盈利方式，而不仅仅局限于门票、赞助与媒体。

因此，根据西安马拉松文化创意产业发展现状以及优秀文化创意产业发

---

① 资料来源：www.bjd.com.cn。

展经验提出以下五点建议。

第一，凸显西安马拉松的赛事 IP，联合全运会和五周年特殊时期，开发独具特色的限量版产品。2021 年西安马拉松与全国第十四届全运会接轨，赛事核心主题为"全民全运，同心同行"，赛事奖牌以"展翅长安，腾飞全运"为主题进行设计，将西安马拉松与第十四届全运会完美结合，体现了西安的腾飞与发展，以及西安对全运会的重视程度。在这种特色下，西安马拉松完全可以以此主题开发文化创意产品，将奖牌缩小化，做成别致精巧的胸针，或者与全运会一起做出限定版带有西安马拉松特色的吉祥物娃娃、印有西安奖牌图腾的水杯等，在文化创意产品中体现西安马拉松的赛事内涵，增加赛事收入。

第二，西安马拉松可以联合陕西博物馆开发既具有文化气息又具有体育特色的文化创意产品。陕西因为其独特的地理优势，吸引了周、秦、汉、唐等辉煌盛世在内的十四个王朝或政权在这里建都，历史文化遗存丰富，其中又以唐文化最为突出。2021 年，陕西博物馆开发设计出《陕博日历》，并进行限量发售，积极促进搭建符合文化传播的创意平台，进行系列文化创意产品的研究开发。陕西博物馆具有丰富的文化创意产品开发和生产经验，西安马拉松和陕西博物馆合作，不仅更有利于产品开发，还可以学习其专业经验，为后续的自主开发积累经验。

除了与历史博物馆的合作，西安马拉松还可以寻求同样种的合作开发伙伴，北京马拉松 2017 年就有文创纪念品，2020 年更是联合中国邮政发行了35 周年纪念邮票，与西安马拉松同样年轻的成都马拉松也有自己的吉祥物和带有独特内涵的文化创意产品。与此相比，西安马拉松的文化创意产业发展速度较慢，所以应该积极汲取经验，多方寻求合作，设计生产独具西安马拉松特色的文创产品，这既是一种经济输出，也可以作为一种文化输出。

第三，西安马拉松应该设立专门的文创开发部门，进行文创产品的设计、生产与销售。应捕捉西安马拉松期间独特的人文风景，进行可行的设计开发，生产符合西安马拉松宗旨的文化创意产品。专门的文创开发部门具有更高的专业性，部门间的人员沟通也更加直接方便，可以很好地提高文化创

意产品的艺术性，符合大众审美，获得更好的市场反应。

第四，西安马拉松应该拓宽文创产品的销售渠道，开设专门的淘宝、京东文创旗舰店，创建文创赛事官方网站。此处可以借鉴奥林匹克官方旗舰店，其淘宝店铺的粉丝数量已经达到42.4万，在2022北京冬奥会到来之际，出品了众多结合2022北京冬奥会元素的文创产品，价位设置不等，最便宜的只需10多块钱，可以说是涵盖了各个消费层次人群，满足了多层次的消费需求。①

第五，与慈善机构合作，实现盈利与公益的结合。2021年西安马拉松与西安市上善公益慈善基金合作，共同打造"折翼天使运动看世界"专项公益计划，并成立"与爱同行"专项基金，西安马拉松旗舰店完全可以将收入投入慈善，提高良好的社会形象，以此提高销量，增加营业额。

西安马拉松自身待开发的文化创意价值很高，西安拥有数量庞大的独特的历史文化资源，西安马拉松又恰逢五周年纪念日，再加上全运会的加持，西安马拉松文化创意产业正处在一个机遇黄金时期，应该加快文化创意脚步，建设自己的文化创意产业品牌。

结　语

西安马拉松产业链中还有许多值得开发的东西，从产业上游的赛事组织，到产业下游的衍生品开发，西安马拉松展示出巨大的产业经济价值，坐拥如此大型的赛事产业IP，如何进行有价值的开发值得我们深思。

参考文献

杨红丽、刘志阔、陈钊：《中国经济的减速与分化：周期性波动还是结构性矛盾？》，

---

① 资料来源：www.taobao.com。

《管理世界》2020 年第 7 期，第 29 ~ 41 页。

王庭东：《新科技革命、美欧"再工业化"与中国要素集聚模式嬗变》，《世界经济研究》2013 年第 6 期，第 8 页。

支强：《产业价值链视角下我国马拉松赛事运营模式研究》，《体育文化导刊》2018 年第 10 期，第 103 ~ 109 页。

黄钊：《西安市马拉松比赛现状及其对城市发展的研究》，硕士学位论文，陕西师范大学，2016，第 16 ~ 30 页。

王鹏鹏：《关于 2018 西安国际马拉松对西安旅游业影响的研究》，硕士学位论文，西安体育学院，2019，第 37 ~ 39 页。

李燕、骆秉全：《京津冀体育旅游全产业链协同发展的路径及措施》，《首都体育学院学报》2019 年第 4 期，第 307 页。

傅宝珍：《公共图书馆文创产品开发研究——由博物馆文创产品开发引发的思考》，《图书馆工作与研究》2021 年第 3 期，第 23 ~ 31 页。

王进：《基于扎根理论的中国马拉松赛事赞助市场影响因素研究》，《体育与科学》2021 年第 1 期，第 98 ~ 105 页。

孙志伟：《经济增长与文化基因：城市马拉松的现实追求与实践进路——以扬州鉴真马拉松为例》，《体育学研究》2020 年第 6 期，第 29 ~ 32 页。

许春蕾：《中国城市马拉松赛事旅游效应测度与创新发展》，《上海体育学院学报》2020 年第 9 期，第 24 ~ 33 页。

高峰：《我国体育创意产业发展研究》，《体育文化导刊》2017 年第 10 期，第 108 页。

B.14
新冠肺炎疫情下北京马拉松赛事
重启面临的挑战分析

王　盼　李唯实　陈思泉*

摘　要：　随着《关于支持社会力量举办马拉松、自行车等大型群众性体育赛事行动方案（2017年）》《全民健身计划（2016～2020年）》《体育强国建设纲要》等一系列政策文件的出台与实施，国内掀起了一股全民参与马拉松的热潮。由于国内越来越多的城市想要举办马拉松，马拉松赛事呈井喷式增长，这在一定程度上为马拉松赛事蓬勃发展奠定了基础。但是，在疫情的影响下，北京马拉松赛事重启在赛事卫生安全、赛事运营、赛事参赛者、赛事赞助商、当地政府和赛事志愿者等方面均面临诸多挑战。本文运用文献资料法、数理统计法等，对疫情下北京马拉松赛事重启面临的挑战进行 SWOT 分析，从赛事卫生安全、赛事运营、赛事参赛者、赛事赞助商、当地政府和志愿者六个方面说明疫情下北京马拉松重启面临的挑战。提出以下六点建议：赛事卫生安全方面，加强防控传染病的措施；赛事运营方面，进行赛事全面复盘，商定危机预案；赛事参赛者方面，优先考虑本地参赛者，减少城际人员流动；赛事赞助商方面，线上开展"云赛事"以回报赞助商权益；当地政府方面，构建马拉松赛事的评估体系，加强各部门之间的信息交流；志

---

* 王盼，北京体育大学体育商学院副教授，研究方向为体育统计分析、数学建模、体育风险管理、体育模型分析等；李唯实，北京体育大学研究生院硕士研究生，研究方向为体育经济与产业；陈思泉，北京体育大学研究生院硕士研究生，研究方向为体育经济与产业。

愿者方面，更多招募本地志愿者，减少城际人员流动。

关键词： 北京马拉松　赛事卫生安全　"云赛事"　志愿者

一　疫情下北京马拉松赛事发展现状

（一）马拉松赛事发展整体情况

近几年，马拉松赛事蓬勃发展，2019 年中国田协认证的赛事达到 357 场，全马和半马的参赛人数也在快速增长，由图 1 可知，2019 年参赛人数已超过 210 万，其中半马的参赛人数占到了近七成。

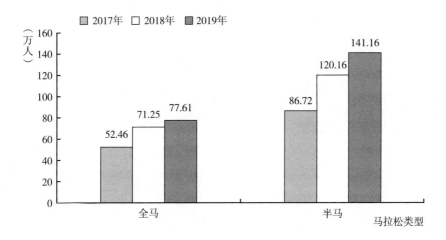

图 1　中国田协认证马拉松比赛参赛人数

资料来源：《中国田径协会和华米科技发布马拉松跑者研究蓝皮书》，中国田径协会官方网站，2020 年 12 月 1 日，http://www. athletics. org. cn/news/xiehui/2020/1201/368704. html。

2019 年 6 月，国际田径联合会（International Association of Athletics Federations）宣布更名为"世界田径"（World Atheltics），世界田径在田径中是最具专业性、地位最高的国际组织，对赛事评选十分严格。2021 年 2 月，

世界田径对于认证赛事的评级做出了较大幅度的修改，取消了我们原先熟悉的金、银、铜标的评定称号，取而代之的是全新的标牌赛事（Label Races）、精英标牌赛事（Elite Label）和精英白金标赛事（Elite Platinum Label）。由表1可知，截至2021年3月，我国的精英白金标赛事为2场——上海马拉松和厦门马拉松，其中厦门马拉松在2021年初新晋级到白金标；世界田径精英赛事为28场（包括港澳台地区），世界田径标赛事为38场。

表1　2021中国马拉松赛事列表（截至2021年3月）

赛事级别	赛事名称
精英白金标赛事	上海马拉松
	厦门马拉松
精英标牌赛事	无锡马拉松
	扬州鉴真国际半程马拉松
	西安马拉松
	吉林市国际马拉松
	凉都·六盘水夏季国际马拉松
	北京马拉松
	常州西太湖半程马拉松
	上海国际10公里精英赛
	黄河口（东营）国际马拉松
	香港渣打马拉松
	大连国际马拉松
	成都马拉松赛
	苏州太湖马拉松
	南京马拉松
	武汉马拉松
	西昌邛海湿地国际马拉松
	杭州马拉松
	重庆国际女子半程马拉松
	南昌国际马拉松
	合肥国际马拉松
	深圳宝安马拉松
	上合昆明国际马拉松
	广州马拉松
	深圳马拉松
	黄石半程马拉松
	汕头国际马拉松
	新北市万金石马拉松
	台北马拉松
标牌赛事	略

资料来源：世界田径官网2021赛事日历2021，https：//www.worldathletics.org/Competitions/world-athletics-label-road-races/calendar/2021。

由表2可知，由于疫情影响，国内2020年35场金、银、铜标赛事中仅有不到一半的赛事举办。国际方面，在2020年世界田径评选的世界马拉松大赛中，也仅有52场马拉松赛事入围。国内积分最高的是厦门马拉松，排名世界第6，而厦马是疫情前举办的，国际精英选手没有受到影响。南京马拉松世界排名第12，此次竞赛水平史无前例，4人突破2∶10大关，8人达到奥运达标线。国内第三是上马，世界排名第23。

表2　2020年全国（不含港澳台地区）举办的 WA 等级赛事

日期	赛事等级	赛事名称
2020/11/29	白金标	上海国际马拉松
2020/1/5	金标	厦门马拉松
2020/10/18	金标	太原国际马拉松
2020/11/15	金标	重庆国际马拉松
2020/11/22	金标	杭州马拉松
2020/12/13	金标	广州马拉松
2020/10/11	银标	常州西太湖半程马拉松
2020/11/1	银标	无锡马拉松
2020/11/29	银标	南京马拉松
2020/12/6	银标	上合昆明国际马拉松
2020/10/18	铜标	上海国际半程马拉松
2020/11/1	铜标	池州国际马拉松
2020/11/8	铜标	重庆国际女子半程马拉松
2020/12/27	铜标	桂林马拉松

资料来源："WA Label Road Races Archive of Past Events"，https：//www.worldathletics.org/competitions/world－athletics－label－road－races/calendar/2020。

AIMS（Association of International Marathons and Distance Races）国际马拉松和公路跑协会是一个民间组织，目的在于促进各国成员间赛事信息交流，在世界马拉松运动发展过程中起着很大的作用，也是世界田径所认可的组织。表3是中国境内 AIMS 所认证的赛事。中国马拉松的赛事认证等级是指中国田协（CAA）所认证的金牌、银牌和铜牌赛事，也对马拉松赛事评级 A1、A2、B、C，其中 A1 \ A2 的赛事能够在中国马拉松官网上查到相关的比赛成绩。

表3　中国境内 AIMS 认证赛事

序号	赛事名称	序号	赛事名称
1	北京马拉松	8	衡水湖国际马拉松
2	上海国际马拉松	9	大连国际马拉松
3	厦门马拉松	10	成都马拉松
4	兰州国际马拉松	11	长沙国际马拉松
5	杭州马拉松	12	黄河口(东营)国际马拉松
6	重庆国际马拉松	13	南靖土楼国际马拉松
7	无锡马拉松	14	中国·天津黄崖关长城国际马拉松

资料来源："AIMS-Calendar of Races"，http://aims-worldrunning.org/calendar.html。

（二）北京马拉松赛事发展历程和特点

北京马拉松自 1981 年开始创办，是国内历史最为悠久、连续举办时间最长的单项自主品牌赛事。2020 年，由于新冠肺炎疫情的影响，北京马拉松取消举办，这也是"北马"创办 40 年来首次取消。

北京马拉松每年都吸引超过 50 个国家的 30000 名精英选手前来参赛。从起点——天安门出发，沿线经过北京的经济（金融街）、文化（学府路）、科技（中关村）核心区域，最后到达终点——国家奥林匹克公园中心区庆典广场。表4 是北京马拉松五年来的赛事口号，可以看出近两年的口号主要围绕着"幸福"二字，这正是"北马"所要传递的理念。

表4　北京马拉松赛事口号

时间	2015 年	2016 年	2017 年	2018 年	2019 年
赛事口号	从心出发	致敬平凡	一路向北	向幸福出发	向着幸福跑

（三）北京马拉松赛事与其他马拉松赛事发展比较

1. 赛事运营

从表5 可以看出，现行的马拉松组委会均采用职能型组织结构进行运营管理，这种组织结构的特点是"专业的人干专业的事"，但它带来的缺点也是

表5　马拉松组委会构成

名称	组成部门
北京马拉松组委会	办公室
	竞赛委员会
	运动员委员会
	宣传委员会
	交通委员会
	电视委员会
	志愿者委员会
	医疗委员会
上海国际马拉松组委会	办公室
	竞赛部
	国际联络部
	新闻宣传部
	保安部
	市场推广部
	医务部
	社会活动部
	接待保障部
扬州鉴真国际半程马拉松组委会	办公室
	竞赛部
	后勤接待部
	宣传部
	群工部
	市场开发部
	保障部

资料来源：赫立夫、张大超《中国马拉松金牌赛事运营管理及对策》，《北京体育大学学报》2019年第3期，第88~100页。

显而易见的，各部门常常会因为追求各自职能目标而忽视整体的最佳利益，导致各职能部门之间相互不了解、不清楚，造成部门间任务和责任的互相推诿。所以，马拉松组委会应该加强专业的沟通，建立沟通渠道，向矩阵型组织结构转变，以便职能部门间及时沟通，促进马拉松组委会更好地发展。

2. 赛事赞助

目前，国内马拉松的赞助等级通常分为五个层级：冠名赞助商，顶级合作伙伴，官方合作伙伴，官方赞助商，赛事支持商。各个赛事因为定位或文化的不同,名称会有差异。但赞助商的等级梯度大致如此。[①] 北京马拉松、上海马拉松、厦门马拉松赛事赞助商如表6所示。

表6 马拉松赛事赞助商

赞助商级别	北京马拉松	上海马拉松	厦门马拉松
第一级	华夏幸福	东丽	建发集团
第二级	阿迪达斯、北京现代	耐克	特步
第三级	中国平安	中国银联、浦发银行、沃尔沃	中国建设银行、青岛啤酒、怡宝
第四级	华夏基金、怡宝、雪花勇闯天涯	汇添富基金、携程集团	东风日产、卡尔顿食品、松霖整装、京东物流、Hilton、康比特、阳光保险集团等
第五级	北京和睦家医院、Dole、承德露露、康比特	东方证券、佳农、怡宝、上海外服、六福珠宝、中国体育彩票	轻оказ侠、赛客、远通、吉宝原热养生

资料来源:根据各大马拉松官网整理所得。

第一层级为冠名赞助商,以房地产类企业为主。这些赞助企业产品需要很强的购买力,并且这类产品市场营销费用较高。同时,这类赞助商在通过冠名赞助马拉松展现企业的雄厚实力的同时,也可以很好地与政府进行对话交流。如华夏幸福冠名北京马拉松。

第二层级为顶级合作伙伴,以运动品牌居多。赞助马拉松可以使运动品牌与跑者有很强的互动性,能够让运动品牌直接与跑者接触,这在很大程度上吸引了运动类品牌赞助商。比如,阿迪达斯赞助北京马拉松、耐克赞助上海马拉松等。

第三层级为官方合作伙伴,以金融类企业为主。这是赞助环节中最重要的合作伙伴,是很关键的赞助环节。如2020上海马拉松,在中国银联的"陪跑"下圆满落幕。中国银联在赞助上马的同时获得了极大的品牌曝光率和品牌商誉,并且助力了马拉松经济。

第四层级为官方赞助商,这是马拉松赛事赞助商最集中的层级,以食品

---

① 黄宁:《中国马拉松赛事赞助商的研究》,硕士学位论文,北京体育大学,2018。

饮料等品牌居多。官方赞助商级别原则上不管在哪个城市、哪场赛事，都必须是一定的部分现金加上部分实物组合而成，同时这也是低级别赛事赞助收入的主要来源。

第五层级为赛事支持商，以为跑者提供直接服务的品牌居多，包括餐饮品牌和一些中小型快消品牌。以 2019 年华夏幸福北京马拉松为例，主要包括都乐、承德露露、康比特等中小型餐饮赞助商。

3. 医疗

北京马拉松有 19 个固定医疗站、6 个线路流动医疗站、8 辆摩托车救护组、27 辆救护车以及 110 名医务人员；厦门国际马拉松有 4 个大医疗站、15 个医疗点、15 辆救护车并配有呼吸机、监护仪、AED 等设备；上海国际马拉松有 20 个医疗点、19 辆救护车；扬州鉴真国际半程马拉松则每 3km 有 1 个医疗点、10 辆救护车和 1 辆指挥车。可见，大型的全马和半马赛事的医疗配置都十分齐全，以保证参赛者的安全。①

（四）疫情下北京马拉松赛事环境分析

随着《关于支持社会力量举办马拉松、自行车等大型群众性体育赛事行动方案（2017 年)》《全民健身计划（2016 ~ 2020 年)》《体育强国建设纲要》等一系列政策文件的出台与实施，国内掀起了一股全民参与马拉松的热潮。此外，国家对体育制度的不断改革和完善以及赛事审批权的逐渐放开，也能够在一定程度上促进马拉松赛事的可持续发展。另外，越来越多的社会组织力量能够加入马拉松产业，新鲜力量的注入也能够在一定程度上促使马拉松赛事发展得越来越好。

《大型马拉松赛事助推城市经济发展研究》② 一文中运用双重差分模型：一是证实马拉松赛事推动了城市的经济增长；二是城市级别越高，马拉松赛事举办所获得的收益就越大；三是赛事带动经济增长具有一定的时间滞后

---

① 赫立夫、张大超：《中国马拉松金牌赛事运营管理及对策》，《北京体育大学学报》2019 年第 3 期，第 88 ~ 100 页。

② 魏秋月：《大型马拉松赛事助推城市经济发展研究》，硕士学位论文，天津财经大学，2019。

性。由此可见，北京马拉松的举办确实能带动北京的经济增长，并且相对于其他城市来说，北京马拉松的举办带来的收益更大。

根据《2018年北京马拉松核心数据报告》[1] 研究可知，约48.4%的参赛者第一次参加"北马"，一方面是由于"北马"在"国马"中签率低，另一方面说明这些参赛者是北京赛事期间的主要旅游人群。在北京马拉松赛事举办期间，北京马拉松在一定程度上促进了北京市旅游人数和收入的增加。疫情期间，"北马"赛事取消后，北京体育旅游经济收益损失惨重。

赛事不单单是体育产业，它还会带动相关产业的发展，如交通运输、酒店餐饮、传媒等服务行业，而疫情影响下的马拉松赛事举办受限，大部分的相关产业也无法得到联动发展，而也有一些在疫情下得以良好发展，如智能穿戴设备、跑步机、营养品等体育用品业。[2]

疫情下的马拉松报道主要是以消息类新闻为主。一是赛事公告类消息，如北京马拉松宣布赛事取消的消息；二是聚焦采访跑者专家，给出跑步健身的科学建议，在家跑马拉松一度成为特殊时期马拉松跑者无法参加马拉松后的锻炼方法；三是聚焦于马拉松产业发展的新闻，如凤凰网体育的文章《疫情下的马拉松旅游：上半年基本停了参赛者退款成为难题》，该文指出了由于马拉松基本处于停摆的状态，参赛者的退款问题导致运营公司遭遇现金流危机。而相对应的东京马拉松在取消大众选手参赛后表示并不退报名费，引起一阵争议。本来2020年对于体育旅游给予了厚望，但疫情的到来对体育产业是一次重大的冲击，尤其是对人群聚集类项目如马拉松运动、自行车运动等来说更是如此。[3]

随着智能体育和居家锻炼的兴起，由于疫情的影响，马拉松赛事无法在线下大规模举办，线上马拉松成为一个新的趋势。线上马拉松不受到时间、地点的限制，只要打开官方指定的App进行记录跑步，完成即可获得马拉松纪念奖牌、线上电子纪念证书、赛事纪念品等。线上马拉松其实于2015

---

① 邢晓燕：《2018年北京马拉松核心数据报告》首都体育学院体育产业研究基地，2018。
② 秦沐：《城市马拉松赛事影响的指标体系构建研究》，硕士学位论文，首都体育学院，2019。
③ 李翠珠：《〈疫情寒冬下的马拉松跑者及产业：春天还有多远?〉深度报道作品阐述报告》，硕士学位论文，上海体育学院，2020。

年悦跑圈在厦门马拉松时首创，但这次疫情的到来使更多的人参与线上马拉松，而且线上马拉松也可以满足马拉松跑者在跑完后发朋友圈炫耀的心理。跑步 App 及智能可穿戴设备等新技术的兴起运用，使线上马拉松得以快速发展。"北马"也推出了 40 周年线上赛系列活动，在马拉马拉 App 中实名验证后，有单人完成 42.195 公里的全马跑；也有 4 人小组，每人单次完成 10 公里的团队跑；还有 3 公里家庭跑和 5 公里个人跑。

（五）疫情下北京马拉松赛事发展的 SWOT 分析

1. 优势——参赛选手水平较高

北京马拉松赛事定位是向国际赛事方向发展，因此，北京马拉松的参赛者水平普遍较高。相比 2018 年，2019 年北京马拉松完赛人数多了 1256 人。其中，三小时（含）以内 986 人，创国内赛事单场破三人数新纪录。全马时代的北京马拉松，每届都有突破的背后是赛道不断调整优化、组织与服务水平不断提升、天气适宜给力和大众选手经年累月科学训练的付出。此外，北京马拉松越来越快，除了破三人数逼近千人大关这一历史突破外，还体现在 2019 年北京马拉松的平均完赛成绩上。对比 2019 年六大满贯平均完赛成绩，北京马拉松也完全不输。北马比东京马拉松、纽约马拉松等赛事的平均完赛成绩都好很多。这在很大程度上体现出了北京马拉松参赛者水平较高，能够与国际马拉松赛事相媲美。

2. 劣势——赛事的组织和服务工作有待改进

赛事审批权取消后，大量的马拉松赛事兴起，在如此突飞猛进的发展之中，出现问题也是在所难免。由于马拉松参赛人数众多，往往要协调各方面的相关部门，如公安交警部门、医疗部门、环卫部门、文化旅游部门、食品安全部门等，这决定了其管理难度是所有专项体育赛事中最大的。首先是关于马拉松的道路交通问题。由于全马往往在全城最繁华或景点最好的地区跑，城市的道路交通会受到影响，出行受到影响的市民纷纷表示不满，认为马拉松比赛扰民添堵，一个马拉松赛事导致一座城"瘫痪"。其次是垃圾和厕所设立的问题，跑完后垃圾随处都是。在天安门广场清扫垃圾的工作人员

声称，北京马拉松期间，仅一天的时间就从天安门广场清理出超过一吨的垃圾，耗时大约一个小时。①

3. 机遇——"井喷式"发展趋势和疫情以后的变化

从赛事数量上看，2019年全国范围内所举办的规模赛事达1828场，总规模人次超700万人，相比于2016年规模赛事993场来说，三年来的赛事平均增长率近30%。再从参与人数上看，2019年规模赛事人次达712.56万人，相比于2017年赛事总人次498万人来说，两年来规模赛事参与人数的平均增长率达21.5%。② 从数据中能够得知，我国的马拉松赛事从2016年起就呈现出了"井喷式"发展态势，2020年的疫情使多半的马拉松赛事难以举行，"北马"也是自创办40年来的第一次停赛。虽然疫情使有些赛事难以如期举办，但从整体的马拉松发展趋势来看，笔者相信这一次的突发事件并不会对今后"北马"的继续举办产生太大的影响。

上面提到马拉松出现了"井喷式"的发展，但同时也出现了因为办赛门槛低、参赛者需求大而赛事质量良莠不齐、同质化严重的现象，有的仅仅是为了"赚快钱"而并没有考虑到赛事质量。这次疫情的到来对马拉松来说也是一次机遇，它使整个马拉松赛事运营"适者生存"；而且由于疫情防控的需要，那些举办的马拉松赛事也是鼓励或只让本地选手参加，本地选手更了解赛事的服务与质量等，只有好的服务质量被大众认可，赛事才能够生存。有着"国马"之称的"北马"，之前也出现过负面新闻，通过这次疫情的冷却也能更好地思考赛事组织架构，从自身出发，从而更好地提高赛事的服务质量。③

4. 挑战——疫情防控风险

对于大型马拉松赛事来说，风险主要来源于两类：赛事本身的独特性带来的风险和赛事组织结构带来的风险。参赛人数及马拉松赛事裁判员、志愿

① 徐宇丹：《中国城市马拉松热背后的冷思考》，《体育文化导刊》2016年第3期，第108~111页。
② 中国田径协会：《2019中国马拉松蓝皮书》，搜狐网，2020年5月5日，https://www.sohu.com/a/393093843_505583。
③ 侯昀昀、张钊瑞、肖淑红：《新型冠状病毒肺炎疫情对我国体育赛事行业的影响及应对策略》，《北京体育大学学报》2020年第3期，第106~112、148页。

者等各部门工作人员的人数年年攀升，大大增加了人员风险的可能性。另外，城市马拉松组委会往往与政府密切合作，多数情况下人员安排有交叉现象，任务和信息传递时，很容易出现多头领导、互相推诿的现象，降低工作效率，严重时会影响整个比赛的顺利进行。这次疫情什么情况下可以举办马拉松赛事，需要当地政府和组委会协商达成一致，马拉松赛事的志愿者招募和培训也是一个极其复杂、风险不确定的因素。在国内现有的规模马拉松赛事中，很少有赛事组委会可以系统地将风险评估与控制应用在工作部署中，这是一个很大的隐患，亟待完善。[1]

二 疫情下北京马拉松赛事重启面临的挑战

（一）卫生安全方面——跑者的健康安全

保障跑者健康安全的重点是减少人员聚集，减少人员流动。减少聚集可以通过现场配置"安全距离保持"的志愿者、减少参赛人数、在起跑时占区起跑、分枪起跑等举措，如 2020 年的"上马"就采用了"分三枪起跑"的方式——第一枪 A、B 区，第二枪 C 区，第三枪 D、E 区。减少流动可以通过大数据筛选参赛者的近期行程，鼓励本地选手参加。让参赛者在参赛前进行体温报备，2020 上马组委会始终贯彻防疫措施——在抽签结束后，借助大数据中心的协助，进行跑者后台数据筛查，及时劝退 14 天内曾途经和旅居中高风险地区的、健康码或行程码异常的人员。[2]

（二）赛事运营方面——复杂的审批流程

"北马"在 2010 年后，赛事主要的运营团队就由美国八方环球公司改

---

① 邹昀、卢仁浩：《以 SWOT 模型探讨北京马拉松赛事发展现况》，《当代体育科技》2015 年第 11 期，第 246～247 页。

② 澎湃新闻：《上马起跑！确保防疫安全，这场"白金标"赛事付出多少努力》，腾讯网，2020 年 11 月 29 日，https：//view. inews. qq. com/a/20201129A01PQT00。

为中国田协下属的中奥路跑体育管理有限公司。中奥路跑体育管理有限公司一方面因其官方背景，有着对田径、马拉松产业发展的责任和使命；另一方面也要进入市场，跟大家一起竞争。由于有着政府背景，北马赛事作为运营的核心，还是得等上级审批后才能举办，为此"北马"坚持到最后一刻，赛事计划是于11月8日举办的，因为疫情原因，规模缩至5000人。据悉是审批流程过长，待组委会拿到文件时，时间上已来不及，只得放弃。①

（三）参赛者方面——赛事众多难以选择和其他参赛者参赛

疫情中的大部分马拉松赛事取消后，各大赛事的举办挤压到一起，而且我国马拉松赛事面临着同质化严重的问题。我国马拉松赛事在短时间呈井喷式发展，大量的赛事堆积所呈现的结果是赛事设置理念、发展途径、项目安排较为相似，② 各类比赛内容大同小异，缺乏城市特色。这就导致疫情后众多一样的马拉松赛事产品供给于市场，在疫情下举办的国内认证马拉松比赛中，除了厦马在1月举办，剩下的13场比赛都在10～12月举办，可见赛事举办的紧凑。参赛者在同一时间只能参加一场，前后几天还要进行恢复休息，很多参赛者还是通过跑团参赛，跑团会根据经验等进行择优选取。可以预测到的是，优质赛事将仍然一票难求，而名气不足的赛事在疫情后依旧难以维系，这对于整个马拉松产业来说将是巨大打击。中国马拉松赛事"冷热"不均、两极分化的现象将进一步加剧。③

参赛者流动性大并不利于疫情的防控，马拉松异地参赛的人数平均超过了50%，作为举办方应该考虑到是否允许外地的和国外的参赛者参赛，如果要参赛的话，是否采取核酸检测隔离等措施。比如，"杭马"报名时说

---

① 《办了疫情后最突出的两场马拉松，中奥路跑有"套路"》，腾讯网，2021年1月17日，https：//new.qq.com/omn/20210117/20210117A03IOL00.html。

② 贾鹏、罗林：《供给侧改革背景下我国城市马拉松发展路径研究》，《哈尔滨体育学院学报》2019年第2期，第61～67页。

③ 《被疫情按下"暂停键"的中国马拉松，如何找到"重启键"？——疫情下的马拉松赛事公司调研（下）》，新华网，2020年2月24日，http：//www.xinhuanet.com/2020－02/24/c_1125619650.htm。

明，所有参赛选手限定是本省人员，同时今年无外籍人员参赛；"上马"2020 年也没有邀请国际精英选手参赛。这些举措都是为了保证参赛者和当地居民的安全，参赛者在参赛前应提前向当地体育局咨询好是否允许参赛的问题。中国田径协会在发布的《关于 2020 中国马拉松及相关运动赛事技术认证工作有关要求的通知》[①] 中也明确指出，建议赛事规模在 5000 人以内且参赛人员不跨省（自治区、直辖市）。

（四）赛事赞助方面——赞助商权益和赛事投入

企业赞助马拉松赛事的目的就是得到赛事的权益回报，大致包括企业声誉及收益两个方面。疫情之后北京马拉松赛事的参赛者数量相对会降低，观众及相关工作人员会相应减少，赛事的影响宣传力度也会在一定程度上减小，这就难以满足企业对扩大其声誉的诉求。另外，赛事的宣传力度及影响力减小之后，赞助商的影响力及受众会相应减少，这在很大程度上会影响企业的收益，因此，难以保障北京马拉松赞助商的权益。

疫情后的北京马拉松赛事筹备困难、参赛者数量减少、赛事举办时间不确定等问题，都是赞助商减少赛事资金投入的原因；并且赛事赞助一直是赛事资金的重要来源之一，赞助商对赛事的投入降低对于北京马拉松赛事来说无疑是雪上加霜。企业赞助马拉松赛事会从短期和长期两个方面进行考虑，在赞助马拉松赛事时，赞助商会采取宣传的手段来增加因赞助而带来的收益。疫情后，赞助商一定会再次考虑是否进行投资，尤其是会考虑疫情带来的负面影响，北京马拉松赛事的赞助商资金投入减少之后，该赛事的重新举办会更加困难。

（五）当地政府方面——疫情防控举措

一直以来，北京市对疫情防控的要求都十分严格，北京市政府需要从各个方面确保当地居民的健康安全，因此政府部门对北京马拉松赛事的筹备工

---

① 中国田径协会：《关于 2020 中国马拉松及相关运动赛事技术认证工作有关要求的通知》，搜狐网，2020 年 11 月 17 日，https：//www.sohu.com/a/432525130_658595。

作会做严格的要求。北京马拉松赛事的筹备工作，需要在严格遵守政府疫情管控相关要求的基础上强化医疗卫生方面的工作，才能够确保赛事的安全举办。北京马拉松需要在赛前对参与赛事的各方工作人员进行健康检测，赛中也需要对各个环节进行防疫的严格把控，赛后还需要进行一段时间的健康监测跟踪，以确保赛事真正地安全举办。①

（六）志愿者方面——赛前培训

受疫情防控的影响，赛事志愿者招募需要考虑各方面的因素，招募本地志愿者最为方便和安全。但是，当地的赛事志愿者数量有限，并且考虑到北京马拉松志愿者大部分是北京地区高校大学生，而疫情期间北京高校均采取封闭管理的措施，因此，北京马拉松志愿者招募比较困难。

此外，赛事志愿者服务是整个赛事服务最重要的方面之一。而其中很大一部分志愿者是北京各个高校的大学生，很多志愿者的工作经验不足，并且除医疗志愿者外，很多志愿者并未进行赛前志愿者培训。即使在赛前对非医学专业的学生进行过志愿者培训，但对于医疗保障方面的工作来说，专业的工作人员及志愿者来做会更加安全可靠，因此，可以看出北京马拉松大学生志愿者的整体专业质量有待提高。

三　疫情下北京马拉松赛事重启的对策

（一）加强防控传染病方面的措施

2021 北京马拉松赛事的防控安全，可以从以下四个方面入手：一是要在政府相关部门指导下制订防疫工作方案；二是赛事疫情防控精细到赛前、赛中、赛后的每个环节；三是对志愿者和工作人员进行大量的招募和疫情的赛

---

① 傅梦婷：《疫情影响下中国体育赛事发展困境与升级路径分析》，《辽宁体育科技》2020 年第 5 期，第 11～15 页。

前培训；四是缩减参赛人数，对于异常人员进行劝退。盛华芳（2020）① 提出了一种基于有效再生数的大型体育赛事重启评估的方法，即将疾病传播有效再生数 Rt 作为衡量体育赛事重启安全评估的关键系数，并进行安全分级。该指标可以作为 2021 年北马赛事是否能重启的参照，同时举办前还需要具有疾控方案。中国田协在发布的关于 2020 年中国马拉松及相关运动赛事技术认证工作有关要求的通知中指出，赛事必须由县级以上地方政府主办，并经地方防疫部门、公安机构批准，并且具备完善的竞赛组织方案、疾控方案、应急预案。

（二）赛事运营方全面复盘，危机预案

赛事风险应急预案，是根据以往经验对未来的风险进行预测和判断。应急预案应当从可能发生的风险事件出发，给出相应的解决方案，细致到具体的人员安排和行动流程。一旦风险事件发生，可以确保有关人员能以预先确定的方案有效应对，避免损失或将损失降到最小。针对人员风险，需要建立完善的组织架构，确保信息的顺利传递。针对运动员的安全问题，可以为每一位参赛选手配备专业的运动记录手环，保障其在参赛过程中的生命安全。在赛事进行过程中可能会出现一些商业风险，如品牌的竞品侵犯了赞助商和赛事的无形资产权益，赛事方要严厉打击此类行为，维护赞助商的权益，在协议中商定好相应的处理办法和免责行为。在疫情下举办赛事更需要风险预案，建立相应的"熔断机制"，一旦发现异常状态立即处理，尽量减少损失。

（三）优先考虑本地参赛者，减少城际人员流动

2020 年的重庆马拉松参赛要求上报备案审核和 14 天活动轨迹查实（仅限重庆本地/本地常住人员居住半年以上，而且未有高风险地区出行史，未与疑似人员接触，本人健康状况良好）。2020 年台州马拉松也要求，根据赛事组委会疾控小组规定，非浙江省内长期居住的选手，须提供 12 月 14 日

---

① 盛华芳：《新冠疫情后大型体育赛事重启评估建模研究》，《计算机工程与应用》2020 年第 17 期，第 33 ~ 40 页。

（含）后的核酸检测报告，组委会现场免费提供核酸检测服务。中国田协在发表的通知中也说道，建议赛事规模在 5000 人以内且参赛人员不跨省（自治区、直辖市）。北马组委会应考虑到中国田协文件、疫情控制状态、参赛者需求等方面，制订出关于外地选手参赛的方案。

（四）线上开展"云赛事"回报赞助商权益

受到疫情的影响，除了个别比赛冒险举办，几乎全球的马拉松都遭遇停摆，何时能够完全恢复，至今还很难说。在这样的背景下，线上马拉松部分可以成为线下赛事的替代品。线上马拉松可以打破时间和空间限制，来一场"异地同天跑，没有起点和终点的马拉松"。赛事主办方可以与运动 App 合作，授权举办线上配套的赛事，这样能够吸引更多的跑者异地同跑。线上跑不仅能够为更多参赛者提供虚拟的参赛机会与体验，还能够帮助赞助商获得一定的权益回报。通过媒体的宣传推广扩大企业的影响力，挽回赞助商部分线下权益的损失。

（五）构建马拉松赛事的评估体系，加强各部门之间的信息交流

体育部门应与各体育组织进行协商交流，构建公开透明的马拉松赛事评估体系。该体系需要考虑到马拉松赛事的时间、地点、规模等各个方面来进行综合评判，还要考虑赛前、赛中、赛后的团队凝聚力和赛事组织管理水平等进行赛事等级评估。疫情影响下，还需要特别考虑到马拉松赛事组委会是否有应对疫情等突发事件带来的赛事风险的能力。体育部门应将最终的评估结果在中国马拉松官网上进行实时更新，以便马拉松参与者更好地了解行业信息。

此外，在疫情常态化情况下，交通、卫生、公安、体育等部门之间需要加强沟通协调，在严格遵守疫情防控要求的基础上进行马拉松赛事的审批，构建起一站式的信息资源服务平台①，减少申请流程，化简审批时间，真正

---

① 黄海燕、刘蔚宇：《新型冠状病毒肺炎疫情对体育赛事发展的影响研究》，《体育学研究》2020 年第 2 期，第 51 ~ 58 页。

做到方便快捷、利赛利民。体育部门应考虑大局，在马拉松赛事的时间、规模等方面加强与各体育组织的沟通与交流，进行精准的协调对接，坚决杜绝马拉松比赛扎堆举办现象的出现。①

（六）更多招募本地志愿者，减少城际人员流动

北京马拉松赛事志愿者招募可以分为两个方面：定向招募和社会招募。首先，可以进行定向招募，指的是北京马拉松赛事组委会与各高校团委、学生会的负责人及进行联系，由学校方面遴选出赛事志愿者。这一招募体系的优势是志愿者大多为北京高校学生，志愿者整体素质较高，但由于缺乏社会经验，在突发事件发生时的临场应变能力不足。但在疫情防控方面，这一体系有很大的优势，能够将志愿者群体来源控制在本地高校学生范围，可以减少城际人员流动。其次，可以进行社会招募，指的是北京马拉松赛事组委会在赛事官网上发布志愿者招募信息，广招社会人员来提供赛事志愿服务。这一招募体系的优势是志愿者大部分是社会人员，有很丰富的社会经验，应对突发状况的能力较好。但在疫情常态化情况下，这一招募体系人员流动较频繁，有增加赛事医疗卫生风险的可能。北京马拉松赛事组委会应将社会招募志愿者群体范围控制在本地居民范围内，从而确保赛事安全地举办。

---

① 张春萍、杨婧怡、向佳兴、周梦渝、成骆彤、陈宇：《新冠肺炎疫情对我国体育赛事利益相关者的影响及应对策略》，《北京体育大学学报》2020年第11期，第34~41页。

案例及借鉴篇

Case Studies

B.15

东京马拉松发展经验
及对北京马拉松的启示*

杨占东　梅雪**

摘　要：　东京马拉松在短短七年内成为世界级赛事，主要与其雄厚的赛
　　　　事基础、有力的赛事保障和深入人心的马拉松文化观念有关。
　　　　本文将对东京马拉松及北京马拉松进行比较研究，从东京马拉
　　　　松的主办承办、比赛路线、奖金设置、医疗与志愿者体系、参
　　　　赛选手与观赛文化几个方面分析"东马"能够在短时间内跻身
　　　　六大满贯赛事之一的原因，并从北京马拉松的实际情况出发，
　　　　指出目前"北马"存在的问题，提出以下几点建议：加强志愿
　　　　者团队建设，提高赛事组织与服务水平；注重医疗团队配置；

＊　基金项目：马拉松赛事与城市文化的耦合共生关系及发展路径研究（17CTY012）。
＊＊　杨占东，北京体育大学体育休闲与旅游学院院长助理、体育旅游教研室主任，讲师，研究方
　　向为体育赛事与体育旅游；梅雪，北京体育大学体育休闲与旅游学院硕士研究生，研究方向
　　为马拉松与城市旅游。

提高赛事知名度与吸引力；增强民众观念意识。

关键词：　东京马拉松　北京马拉松　世界马拉松大满贯　赛事组织

世界马拉松大满贯是设立于 2006 年的世界顶级马拉松巡回赛。其中包含六个城市马拉松赛：波士顿马拉松、伦敦马拉松、柏林马拉松、芝加哥马拉松、纽约马拉松和东京马拉松。其中东京马拉松创办于 2007 年，每年 3 月举行，于 2013 年被纳入世界马拉松六大满贯赛事，是世界马拉松大满贯中最年轻也是成长最快的赛事。

北京马拉松全名为华夏幸福北京马拉松，在本文接下来的论述中将简称为北京马拉松或"北马"；东京马拉松在本文论述中简称为"东马"。

近年来，中国马拉松赛事的关注度逐渐提高，北京马拉松、上海国际马拉松、厦门马拉松、广州马拉松、兰州国际马拉松等马拉松赛事的影响力也逐渐增大。其中北京马拉松作为中国田径协会主办的最具有代表性的单项赛事，不仅赛事市场化程度高，其规模在国内马拉松赛事中也是最大的。同时，其在近年来逐步发展成为具有一定国际影响力的、国内较高水平的传统体育赛事。如何借鉴与吸收世界级赛事的优秀成果，转化为"北马"自身独特的赛事经验，逐渐追赶上世界级赛事的脚步，对"北马"的发展来说十分关键。

东京马拉松凭借哪些优势在世界众多马拉松赛事中脱颖而出，成为六大满贯赛事之一，跻身世界前列；北京马拉松与其他世界级赛事又存在哪些差距、应当如何取长补短。本文将以华夏幸福北京马拉松和日本东京马拉松为研究对象，针对以上问题进行探讨。

一　东京马拉松跻身六大满贯赛事原因分析

（一）雄厚的赛事基础

东京马拉松创办于 2007 年，相较于最早举办于 1981 年的北京马拉松要

年轻许多。但"东马"却用短短七年的时间成为世界马拉松六大满贯赛事之一，这与其雄厚的赛事基础密切相关。

1. 悠久的发展历史

日本最早举行的马拉松大赛是 1909 年（明治四十二年）3 月 21 日举行的"马拉松大竞走"。从兵库县神户市兵库区的凑川埋立地到大阪市的西成大桥（现淀川大桥），距离约 32km。参加者有 20 人，他们是在兵库县西宫市鸣尾赛马场举行的预选赛中，从 408 人中选出的。冠军是冈山县的在乡军人金子长之助，用时 2 小时 10 分 54 秒。[①]

随后，自 1912 年（明治四十五年）斯德哥尔摩奥运会上首次派遣运动员以来，日本一直派遣马拉松运动员参加奥运会。1964 年（昭和三十九年），在东京举办的奥运会上，圆谷幸吉获得铜牌。之后，1968 年（昭和四十三年）的墨西哥奥运会上，君原健二获得银牌。日本在著名的比赛中获得优胜或上位奖等好成绩的情况增加了。从 20 世纪 70 年代后半期到 20 世纪 90 年代前半期，马拉松世界历代 10 强的世界级选手登场。宗茂、宗猛、濑古利彦、伊藤国光、中山竹通、谷口浩美等都非常活跃。1991 年（平成三年）的东京世界田径赛上，谷口浩美获得金牌，1992 年（平成四年）的巴塞罗那奥运会上，森下广一获得银牌，形成了马拉松的黄金时代。

另外，在女子马拉松比赛中，从 20 世纪 90 年代前半期到 21 世纪初期，女子马拉松选手在奥运会、世界田径锦标赛等世界性比赛中，也有出色表现，在马拉松界也表现出巨大的存在感。高桥尚子在 2000 年（平成十二年）的悉尼奥运会上，野口水木在 2004 年（平成十六年）的雅典奥运会上连续获得金牌，女子马拉松的关注度也随之提高。

2. 多部门协调配合

东京马拉松由一般财团法人东京马拉松财团主办，并有公益财团法人日本陆上竞技联盟、东京都、读卖新闻社、日本电视台广播网、富士电视台、

① スポランド「マラソンの歴史」、https：//www. homemate - research - athletic - field. com/ useful/19602_ athle_ 002/。

产经新闻社、东京新闻等单位合办。同时有体育厅、国土交通省、观光厅、特别区长会、公益财团法人日本体育协会、公益财团法人日本奥林匹克委员会、公益财团法人日本残疾人体育协会等单位的援助。以 2019 东京马拉松为例，有多达 30 个企业共同赞助（见表1）。

表1　东京马拉松主办、合办及赞助单位等

单　位	单位名称
主　办	一般财团法人东京马拉松财团
合　办	公益财团法人日本陆上竞技联盟、东京都、读卖新闻社、日本电视台广播网、富士电视台、产经新闻社、东京新闻
后　援	体育厅、国土交通省、观光厅、特别区长会、公益财团法人日本体育协会、公益财团法人日本奥林匹克委员会、公益财团法人日本残疾人体育协会、一般社团法人日本经济团体联合会、公益社团法人经济同友会、东京商工会议所、公益社团法人东京都医师会、公益财团法人东京防灾急救会、东京民间急救呼叫中心注册经营者联合协议会、公益社团法人东京都护理协会、公益财团法人东京观光财团、报知新闻社、广播日本、晚报富士、日本放送、扶桑社、东京中日体育
主　管	公益财团法人东京陆上竞技协会
协力运营	公益社团法人东京都残疾人运动协会、特定非营利活动法人关东 Para 陆上竞技协会
特别赞助	东京地铁株式会社
赞　助	山崎制面包株式会社、ASICS 日本株式会社、大冢制药株式会社、近畿日本旅游株式会社、第一生命保险株式会社、精工控股株式会社、东丽株式会社、日本麦当劳株式会社式公司、株式会社瑞穗银行、株式会社 7 - 11 日本、朝日啤酒株式会社、美国 Express 国际公司、全日本空输株式会社、株式会社照片创造者、全国劳动者共济生活协同组合联合会、久光制药株式会社、大和证券集团、资生堂日本株式会社、万代南梦子娱乐株式会社、HJ 控股株式会社、日本光电、多尔股份有限公司
协力合作	国士馆大学、首都高速公路株式会社、hibino 株式会社、TANAKA 控股株式会社、一般社团法人筑地市场协会、一般社团法人新宿淀桥市场协会、一般社团法人道路清扫协会、京王广场酒店

资料来源：「東京マラソン2019 募集要項」、https：//www. marathon. tokyo/2019/participants/ guideline/［2018 - 12 - 1］。

一般财团法人东京马拉松财团多年来以"在通过跑步来支持生活者增进健康的同时，通过跑步起点来调整生活和城市环境，实现更好的社会"为宗旨，在积极举办东京马拉松赛事的同时，致力于使人们了解"跑步生

活"的乐趣。"ONE TOKYO"是由约62万人组成的会员制社区，提供智能手机应用程序，使人们可以获取跑步活动信息，并体验虚拟马拉松的乐趣。

自2007年"东马"创办至今，包括来自日本和海外的跑者、支援者和观赛者，东京马拉松累计参加人数达到461520名。"ONE TOKYO"的会员数达到619632名。2011～2019年东京马拉松慈善捐款达到2678974417日元（约合人民币160376803元）。东京马拉松慈善会收集的捐款主要用于社会贡献，如体育促进，环境保护，对世界各地难民的支持，对患有顽固性疾病儿童的支持，以及对动物的保护等。体育遗产业务捐赠达到680103999日元（约合人民币40714426元）。①

3. 优质的比赛路线

东京马拉松分为全程马拉松与专门为青少年、视障人士、心智障碍人士、器官移植接受者、轮椅使用者等群体设立的10公里比赛。

自2017年变更路线后，东京马拉松的总体路线：

东京都厅—饭田桥—神田—日本桥—浅草雷门—两国—门前仲町—银座—田町—日比谷—东京车站前·行幸街（42.195km）②

10km比赛路线：

东京都厅—饭田桥—神田—日本桥

整条路线高低差比较少，是比较容易跑且可以游览东京都内的观光名胜的愉快路线。跑道途经浅草寺、皇居、天空树、银座、东京塔等景点，跑者在历史悠久的古迹与繁华都市之中穿梭，在欣赏美景的同时见证东京的文化与历史，别具一番风情。

4. 高额的比赛奖励

东京马拉松的优胜奖金从举办至今经历过一次变更。2013～2015年，第一名的优胜奖金为800万日元（约合人民币48万元）。第二名至第十名

---

① 一般财团法人东京マラソン财团「数字で见る東京マラソン财团」、https：//tokyo42195. org/data/ ［2020－3－31］。

② 東京マラソン2019应援サイト「コース紹介」、https：//www. seiko. co. jp/marathon_ tokyo/2019/jp/map. html ［2019］。

依次为 400 万日元、200 万日元、100 万日元、75 万日元、50 万日元、40 万日元、30 万日元、20 万日元、10 万日元。从 2016 年起，优胜奖金变更为 1100 万日元（约合人民币 66 万元）。

刷新世界纪录的奖金为 3000 万日元（约合计人民币 180 万元）。

刷新赛会纪录的奖金为 500 万日元（约合计人民币 30 万元）。①

刷新日本纪录的奖金为 300 万日元（约合计人民币 18 万元）。

同时，东京马拉松的奖金在众多世界级马拉松赛事中可以排到第二名（见表 2）。

表 2　世界级马拉松赛事优胜奖金

排名	大赛名称	优胜奖金额	刷新世界纪录	刷新赛会纪录
1	波士顿马拉松	1650 万日元	550 万日元	275 万日元
2	迪拜马拉松	1100 万日元	2200 万日元	
3	芝加哥马拉松	1100 万日元		825 万日元
4	纽约市马拉松	1100 万日元		
5	东京马拉松	1100 万日元	3000 万日元	300 万日元
6	阿布扎比	1100 万日元		
7	首尔国际马拉松	880 万日元		
8	伦敦马拉松	605 万日元		
9	柏林马拉松	476 万日元	595 万元	
10	檀香山马拉松	440 万日元		

资料来源：「東京マラソン2020の賞金一覧と他大会との比較!」、https：//tennismania1.com/tokyo – marathon – 2020 – prize/ ［2020 – 3 – 3］。

（二）有力的赛事保障

1. 完备的医疗救援体系

马拉松项目在比赛中存在一些突发情况。在美国，有报告显示，马拉松期间的心肺骤停发生率为每 10 万人中有 0.54 人，也就是说，大约 18 万

---

① 「東京マラソン2020の賞金一覧と他大会との比較!」、https：//tennismania1.com/tokyo – marathon – 2020 – prize/ ［2020 – 3 – 3］。

5000人中就有1人,其中71%的人因救治无效而死亡。另外,东京马拉松在2007~2018年共举行了12次,约有42万3000名选手参加,其中11名跑者在跑的时候突然倒下,一时陷入了心肺停止的状态。

图1为2018年东京马拉松利用救护所跑者的伤病名称。排名前几的有肌肉痛、下肢痉挛、关节痛、(鞋)摩擦、疲劳,并且每年都有几乎相同的趋势。

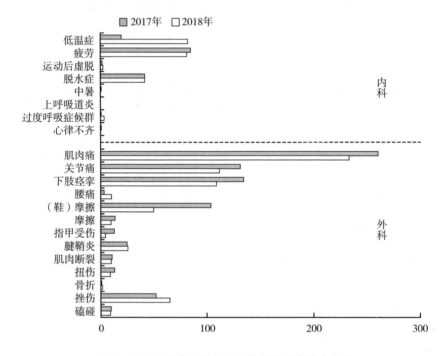

图1　2018年东京马拉松利用救护所跑者伤病名称

资料来源:「2018年の救護所利用状況」、https://www.marathon.tokyo/about/medical/medical_health/index04.html。

为了应对突发状况,东京马拉松的救护医疗体制逐年进化。"东马"建有一支专业急救团队,该团队拥有CPR(心肺复苏)救助方式以及AED(自动心脏除颤仪)设备,可以作用于心脏并实施电击治疗以达到救助效果。比赛时通常会配备医生与专业救护人员,并根据不同的速度将这些救护人员分配在跑者当中。近年来的移动AED队还配备了通信功能和GPS、内置照相机的安全帽等设备。

比赛当天，沿比赛路线设置多个救护所。赛道前半段每 5km 设置一个，赛道后半段每 2km 设置一个，并且在从结束后到领取行李的归途中的大手町马场前门也设有救护所。每个急救站都有医生、护士和训练员，主要负责处理受伤和急性跑步伤害。

2. 完善的志愿者体系

支援东京马拉松的志愿者是充满热情的东京马拉松的象征。从比赛开始到结束的漫长道路上，志愿者用温暖的心和笑容支持跑者，使观众等与比赛相关的所有人都充满了热情，使比赛气氛高涨。

VOLUNTAINER 是东京马拉松基金会建立的官方志愿者俱乐部。通过注册 VOLUNTAINER，可以申请志愿者（个人/团队）并接收志愿者信息。这是一个由志愿者和演艺人员（娱乐人们的存在）组合而成的造词。在以志愿者和演艺人员共有的热情好客和娱乐精神招待参与者和观众的同时，他们也能享受到活动的乐趣。

东京马拉松的志愿者体系大致可以看作一个倒三角结构（如图 2 所示）。最上层是由在现场担任支援的角色组成。这一部分人数最多，有 1.1 万人左右。每组由 10～20 人组成进行志愿活动。现场志愿者主要需要负责参加东京马拉松的选手的接待、跑步者到起点的引导、行李寄存、供给饮食、给跑完全程的选手分发奖牌、行李的返还、路线整理、展示距离、显示分支、支持跑者、综合介绍等。志愿者服装也各有不同：蓝色为补给站志愿者，其他志愿者为黄色。黄色帽子为普通志愿者，橙色帽子为外语服务志愿者。

第二层是承担"汇总支持"的队长。这一部分的志愿者约 600 名，需要作为领队进行志愿活动，并且需要参加 VOLUNTAINER 队长培训和选拔。领队的职责主要有比赛前确认手册，参加领导说明会；比赛当天出席，进行活动内容说明；活动结束后需要提交名册、活动报告等。

最下层的是担任大会工作人员与现场沟通任务的队长助手，约 60 名，同样需要参加培训与选拔。助手的职责主要有手册的事前确认、实地检查、

各种说明会的准备；活动当天对志愿者队长的工作给予支持，与工作人员及相关人员合作；结束后提交活动报告书等。

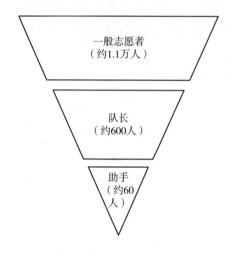

图2 东京马拉松志愿者结构

资料来源：「東京マラソンを笑顔で支えるボランティア」、https：//www. marathon. tokyo/2021/volunteer/about/。

（三）深入人心的马拉松文化观念

1. 历史悠久"箱根驿传"

"箱根驿传"的全名为"东京箱根间往复大学驿传竞走"，是一项在日本关东地区大学举办的长跑比赛，于每年1月2日和1月3日两天举行的驿站接力赛。"箱根驿传"由日本的马拉松之父金栗四三等人创办于1920年，是日本历史最悠久、深受日本人喜爱的长跑接力比赛，现由关东学生田径联盟主办，读卖新闻协办。

"箱根驿传"的路线是从读卖新闻东京本社前出发，跑至箱根芦之湖后折返，去程与回程各5个区间，合计10个区间总长约217公里。每支队伍派出10名选手参赛，每人跑一个区间，10人跑完全程217.1公里，每人大约跑一个半程马拉松。每个区间的距离、坡度起伏各不相同，选手可以根据自身情况充分发挥优势,力争获得区间冠军。

"箱根驿传"在日本人气非常高,不但在经济效益和社会效益方面有很大影响,而且为日本马拉松运动培养了一批优秀后备人才。在日本国内,"箱根驿传"甚至比东京马拉松名气大。2019 年东京马拉松比赛报名名单中精英选手共有 111 名来自日本,其中有 78 名大学时参加过"箱根驿传"比赛,占比达到 70.3%[①],由此可见,"箱根驿传"是日本马拉松运动的重要人才来源。

2. 逐年增加的参赛人数

东京马拉松的参赛选手类型如表 3 所示。

表 3 2019"东马"参赛选手类型及参赛条件

选手类型	参赛条件
精英型选手	年龄在 19 岁以上的日本田径联合会的注册/注册运动员/在日本田径联合会的正式比赛中创造了达到可参赛成绩的男性和女性运动员/日本田径协会推荐和邀请的国内外男女运动员。
准精英型选手	根据合作大会的推荐,标准为男子 2 小时 55 分钟以内,女子 3 小时 45 分钟以内。
普通选手	大会当天满 19 岁以上,能在 6 小时 40 分钟内跑完全程者。
精英轮椅选手	日本田径联盟推荐并邀请国内外男女运动员。在 IPC 公认大会上,有男子 1 小时 50 分钟以内、女子 2 小时以内的记录者。
普通轮椅选手	能在 2 小时 10 分钟以内跑完者。

资料来源:「東京マラソン 2019 募集要項」、https://www. marathon. tokyo/2019/participants/guideline/ [2018 - 12 - 1]。

同时,随着东京马拉松的知名度逐年提高,参赛人数也在逐年上涨。具体参赛人数见表 4。

---

① 张晓琳:《基于文化层次理论的中日马拉松赛事文化比较研究》,《沈阳体育学院学报》2020 年第 6 期,第 115 ~ 122 页。

表4 2013～2019 年东京马拉松参赛人数及完赛率

	报名人数 （马拉松/10km）	参赛人数 （马拉松/10km）	完赛人数 （马拉松/10km）	完赛率 （马拉松/10km）
2013 年	303450 人/1058 人	36228 人/448 人	34819 人/432 人	96.1%/96.4%
2014 年	302442 人/944 人	35556 人/474 人	34126 人/458 人	96.0%/96.6%
2015 年	304825 人/909 人	35310 人/487 人	34049 人/478 人	96.4%/99.2%
2016 年	308810 人/1014 人	36173 人/475 人	34697 人/468 人	95.9%/98.5%
2017 年	321459 人/1244 人	35378 人/446 人	33974 人/439 人	96.0%/98.4%
2018 年	319777 人/1017 人	35911 人/337 人	34542 人/329 人	96.2%/97.6%
2019 年	330271 人/940 人	37604 人/348 人	35460 人/343 人	94.3%/98.6%

资料来源：作者自行整理。

3. 东京大马拉松节

作为与东京马拉松联动的企划，"东京大马拉松节"活动是"东马"的另一大特色。

东京马拉松节分为当地应援活动、据点活动、公开募集活动、学生活动等，赛事当天，在比赛路线沿线的各个地方，设置了许多活动会场，配合着参赛选手的通过不断声援参赛选手。有日本鼓和铜管乐队的表演，梦幻之夜巡游节等，在东京都内 20 多个地方举行应援活动。在东京的旅游胜地浅草雷门前，还会举办"金龙舞""浅草大鼓"等当地的传统节目，让众多参赛者和声援观赛的人共同度过这个盛大节日。

除了需要向官网申请的官方应援活动外，日本民众还会自发组织场外应援，也会携带自家的食品、饮品作为补给品招待跑者。群众的热情将赛事转化为节日庆典，吸引了更多当地居民和游客的目光。东京马拉松也因此享有盛名。

二 北京马拉松发展现状及问题

（一）北京马拉松现状

北京马拉松原名北京国际马拉松，于 1981 年在北京举办了第一届北京马拉松赛事，包括中国在内的 12 个国家和地区的 86 名选手报名参赛。自

2008 年起，连续六年被评选为国际田联路跑金标赛事。北京马拉松赛举办三十多年来，受到了国内外的广泛关注。

以 2019 年为例，进入全马时代以来，2019"北马"以高水准、高质量、高人气、高完赛率和高美誉度等特点，作为表率引领国内马拉松行业发展。

2019"北马"通过起点人数为 30031 人，其中 29491 人完赛，完赛率达到 98.20%。"北马"完赛率总体呈现逐年提高之势，甚至赶超了一些世界级赛事。这说明科学训练、理性参赛的理念被更多跑者所践行，避免了盲目跟风、没有做好充足的准备就参赛所带来的后果。

奖金方面，北京马拉松赛会的男子、女子组前八名均可以获得相应的奖金，奖金按达到的成绩要求和名次对应发放。其中前三名选手需要在规定的时间内完成比赛。获得第一名成绩的跑者奖金为 4 万美元（约合人民币 26 万元），详见表 5。刷新赛会纪录的奖励方面，男子在 2∶07∶16 以内，奖励 20000 美元；女子在 2∶19∶39 以内，奖励 20000 美元。

表 5　北京马拉松名次奖励及成绩要求

男子			女子		
名次	奖金（美元）	成绩要求	名次	奖金（美元）	成绩要求
1	40000	2∶09∶00 以内	1	40000	2∶27∶00 以内
	20000	2∶09∶00 及以上		20000	2∶27∶00 及以上
2	15000	2∶10∶00 以内	2	15000	2∶28∶00 以内
	10000	2∶10∶00 及以上		10000	2∶28∶00 及以上
3	8000	2∶11∶00 以内	3	8000	2∶29∶00 以内
	6000	2∶11∶00 及以上		6000	2∶29∶00 及以上
4	5000		4	5000	
5	3000		5	3000	
6	2000		6	2000	
7	1500		7	1500	
8	1000		8	1000	

资料来源：《华夏幸福北京马拉松竞赛规程》，http://www.beijing - marathon.com/html/page - 12819.html，2017。

医疗救护方面，"北马"组委会在起点、比赛路线沿途（自 5 公里开始每间隔 2.5 公里）及终点设立固定医疗站，在比赛路线沿途还有 AED 移动医疗救护服务。同时，在比赛路线沿途及终点设置了医疗服务点及志愿者协助救护，参赛选手可以随时向他们请求帮助。

饮料饮用水及能量补给站设置方面，从 5 公里处起每公里设置饮料/饮水站，从 17.5 公里处起每 2.5 公里或 5 公里设立能量补给站（见表 6）。

表 6　北京马拉松补给点分布图

公里点	饮料/饮水站	饮水/用水站	能量补给站
5 公里	√		
7.5 公里		√	
10 公里	√		
12.5 公里		√	
15 公里	√		
17.5 公里		√	√
20 公里	√		
22.5 公里		√	√
25 公里	√		
27.5 公里		√	
30 公里	√		
32.5 公里		√	√
35 公里	√		√
37.5 公里		√	√
40 公里	√		

资料来源：《2019 北京马拉松饮料饮用水及能量补给站设置》，http：//www. qianggen. net/2019/0815/70044. html，2019 年 8 月 15 日。

（二）北京马拉松现存问题

1. 赛事组织水平有待提升

北京马拉松举办至今已有将近 40 年的历史，但仍然存在一些亟待解决的问题。

2018 年"北马"曾发生过因赞助商渠道区分有误未按成绩分区而导致的误分区问题，说明"北马"分区仍然存在一些问题，分区标准混乱，容易影响跑者的积极性与发挥。2019年"北马"取消报名门槛，报名人数突破16万，导致一些对马拉松没有了解的人盲目跟风并取得参赛资格，却有很多专业跑者与比赛无缘。甚至有报道称，社会上出现北京马拉松参赛名额交易的行为。由于取消了报名门槛，引发了一系列如参赛名额高价转让交易、替跑、完赛率降低等问题。此外，2019北京马拉松的领物地点选择了中国国家展览馆新馆，展览馆新馆位于北京顺义区，位置较为偏远，领物地与比赛起终点的距离过远，尤其对于外地跑者来说有诸多不便。

志愿服务方面，"东马"的志愿者人数在11000人左右，"北马"则是7300人左右，并且"北马"志愿者中高校学生占比最大，志愿者热情足够，但缺乏经验、志愿者服务不到位的情况也仍然存在。同时，培训方面尚不完善，仅一个周末的培训时长较短，并且内容不够细致，对志愿者的选拔审核力度也有待提高。有市民认为北京马拉松的举办人为制造了拥堵，给日常出行带来影响。发生上述问题，是因为主办方在赛事组织方面安排欠妥，还存在需要改进的空间。

2. 跑者安全及规范意识缺乏

不恰当的高强度运动会导致血管剧烈收缩，血管不通畅，从而发生心肌急性缺血，进而发生恶性心律失常引起猝死。[1]北京马拉松开办以来也有过4起死亡事件发生。虽然配有医疗救援团队，但面对心源性猝死，就算有专业医护人员立刻进行专业的抢救，也不一定能挽救。这也与跑者自身的情况有关。部分非专业选手缺乏相关知识，在没有做好充足准备或对自身状况没有充分了解的情况下盲目参赛，很有可能导致悲剧发生。

同时，参赛选手在比赛规范上也可能存在一些问题。2013年北京马拉松由于赛会组织方设置的流动厕所和公厕有限，很多选手"就地解决"，造成不良影响。2018年北京马拉松还出现过不当肢体接触的事件。在其他国内马拉松赛事中，也有抢跑、替跑、换号甚至使用交通工具等不规范行为。

① 羊城派：《跑马拉松，出现这些征兆可能导致猝死！》，新浪网，2019年12月4日，http://k.sina.com.cn/article_5787187353_158f1789902000ukwg.html。

可以看出，群众对马拉松科学健身知识和功能及参赛规则意识、礼仪价值认知有待提高。一方面，部分跑者对马拉松疾病突发事件的预防和处理、对比赛中的规范意识有所欠缺；另一方面，比赛主办方没有加大力度通过更多渠道进行科普及规范，这都会导致一些负面事件出现。

3. 城市文化与赛事氛围不足

北京作为有着三千多年历史的古都，历史文化底蕴深厚，吸引着全国乃至世界的目光。而北京马拉松作为以北京为舞台的全国最具影响力的马拉松赛事之一的赛事，却缺少与当地文化相结合的要素。如日本京都马拉松，重视人与自然的和谐发展，本着向日本国内外宣传京都这一历史古都魅力的宗旨，在赛道设置方面途经7个世界遗产，跑者在参与比赛的同时可以充分感受到京都的历史文化魅力。而北京马拉松的路线上也有天安门等历史标志性建筑，但总体来讲没能形成更加吸引国内外跑者的文化特色。应援活动方面虽有传统戏剧等国粹表演，但在办赛模式等方面还存在缺乏自身特色、定位不明确等问题。

北京马拉松是坚持以打造"以人民为中心的体育赛事"为主旨的马拉松赛事，但仍存在上文提到的比赛期间造成拥堵等影响市民日常生活的问题。除了与主办方组织管理的疏漏有关以外，市民对"北马"的包容接纳度也需要关注。不同的观赛氛围、鼓舞程度对参赛跑者的现场发挥有着不同的影响，甚至可能会影响最终的比赛成绩。与东京马拉松观众全程热情助威、表演节目甚至自发补给饮品食品不同，北京马拉松的观众更多是在观看，大部分观众没有真正将自身融入比赛之中，赛事氛围不够浓厚。

三　东京马拉松对北京马拉松的启示

（一）加强志愿者团队建设，提高赛事组织与服务水平

主办方在举办马拉松赛事时，比赛时间安排、比赛路线安排、志愿者和裁判员的服务水平等赛事管理安排是马拉松比赛顺利展开的基本保障。同时，为

了避免赛前赛中的不规范行为，主办方也应提前制订预防方案及对策，如加强起跑以及途中的监控，杜绝抢跑、替跑、换号等对其他参赛者不公平的行为。

东京马拉松志愿者体系结构严谨且培训到位，志愿者培训包括手语、笔谈讲座、高级救援讲座、轮椅赛讲座、外语能力志愿者讲座等。东京马拉松也因热情到位的志愿者服务享誉世界，日本东京奥组委也有意向借鉴东京马拉松赛事志愿者管理培训经验，用于东京奥运会志愿者体系中。北京马拉松志愿者以北京当地高校的学生为主，高校生对志愿服务具有很高的热情与执行力，文化水平和专业素质也相对较高，但需要统一管理、约束和培训。"北马"有良好的志愿者群体基础，借鉴"东马"志愿者体系的优秀经验成果，设立自上而下的志愿者结构，提高志愿者选拔标准，并对志愿者进行语言、服务、应急治疗等系统、专业的培训，打造更加优秀的志愿者队伍，提高对赛事的服务质量，也可以在很大程度上减少比赛时的突发情况所带来的负面影响。

（二）注重医疗团队配置，保障参赛人员安全

东京马拉松被公认为是最安全的顶级马拉松赛事，从举办至今未曾发生过一起跑者死亡案例。先进的医疗团队、携带 AED 分布在全程的志愿者小组、GPS 定位系统、移动救助人员、身穿特殊标记马甲，按一定配速与跑者一同在赛道上跑步的医生，东马的医疗救援团队从配置到赛中安排都值得"北马"借鉴。"北马"的补给充沛，医疗救援也日趋完善，但仍需要引起重视，引入高新科技辅助医疗团队，使救援实施更加及时到位。

在"东马"官网首页，除了能看到比赛讯息及历年比赛的数据，医疗板块的内容也十分丰富。从训练、营养、自身管理等几个方面对参赛者赛前、赛中、赛后的身体管理做出详尽的科普及建议，引导参赛者科学训练、注意保持规律的饮食及作息。同时还有比赛当天从救助站点到人员、器材、药品等的救援信息介绍，使跑者充分了解比赛当天的情况，以便做充足准备。针对部分跑者的安全跑马意识不强的情况，"北马"也可以借鉴其方

式，结合国人习惯，通过公众号、宣传讲座等方式引导跑者培养安全跑马意识，加强身体管理，最大限度避免盲目从众参赛以及赛中发生的意外事件。

（三）提高赛事知名度与吸引力

北京马拉松第一名奖金 40000 美元（约合人民币 26 万元），而东京马拉松优胜奖金则高达 1100 万日元（约合人民币 66 万元），是"北马"奖金的约 2.5 倍。同时，"东马"除了名次奖励，还有刷新世界纪录的奖金、刷新赛会纪录的奖金、刷新日本纪录的奖金等。高额的奖金也是吸引跑者参与的重要因素之一，如果能通过提高奖金额度来吸引更多国内外优秀跑者参赛，赛事的知名度与成绩也会大幅提升，从而使北京马拉松开赛期间旅游、交通、住宿及餐饮等相关产业得到发展，带动经济增长，取得的收益可以继续用于完善"北马"赛事的资金保障，形成良性循环，提高"北马"赛事水平的同时促进当地发展。

波士顿马拉松的赛道沿线经过优美的原野，跑者可以在奔跑的过程中欣赏美景；伦敦马拉松跨越格林尼治线，使跑者实现东半球至西半球的跨越；巴黎马拉松从香榭丽舍大街出发，途经塞纳河、巴士底广场、卢浮宫、埃菲尔铁塔、巴黎圣母院等著名景点，跑者在参赛时可将法国的浪漫风情尽收眼底；东京马拉松更是因东京大马拉松节的浓厚氛围闻名世界。还有很多世界各地各具特色的马拉松赛事：波尔多红酒马拉松、沙漠马拉松、日落马拉松等。"北马"也可以结合自身首都文化特点，利用故宫、颐和园、天坛等历史遗产，合理利用历史文化资源优势，形成独具北京特色的马拉松赛事文化，以吸引更多跑者参与。同时，可以借助马拉松赛事来弘扬健康向上、不懈奋斗的体育精神。

（四）增强民众观念意识，推动全民健身高质量发展

体育强国是新时期我国体育工作改革和发展的目标与任务，近年来，我国一直力争实现体育大国向体育强国的转变。马拉松赛事在我国正在蓬勃发展，人口基础与赛事基础日趋深厚，5G 高速发展、智能设备、运动软件也

随着科技进步不断发展，在疫情这一特殊背景下，线上马拉松也逐渐引领新的风潮，疫情激活了大众对追求身体健康的需求，越来越多的人可以投入马拉松比赛之中。

马拉松赛事的兴办对深入实施全民健身国家战略具有显著的推动作用。为了提高群众参与体育锻炼的程度，应该加强引导与宣传，通过纪录片、迷你跑等形式的活动培养调动群众对体育锻炼的积极性，使更多人对马拉松产生兴趣，从了解、观看、应援到实际参与，感受马拉松赛事的魅力，在增强群众身体素质的同时，还可以培养群众心理素质、文明素养、公平竞争意识和团结协作的意识等。

结　语

在马拉松赛事举办如火如荼的当下，借鉴六大满贯马拉松赛事中成长最快的东京马拉松的运营模式、医疗救援、志愿者体系等经验成果，通过与北京当地人文资源与基础设施建设的有机结合，提高"北马"赛事组织服务水平、对国内外的吸引力以及民众的跑马意识，使北京马拉松成为提高人民健康水平的重要途径、促进人的全面发展的重要手段、促进经济社会发展的重要动力、展示国家文化软实力的重要平台，全面建设社会主义现代化体育强国。

参考文献

高念：《北京与东京马拉松竞赛管理的对比研究》，硕士学位论文，内蒙古师范大学，2019。

郭伟、秦子婷、曾根纯也：《城市文化背景同质条件下京都马拉松赛事对西安马拉松赛事发展的启示》，《成都体育学院学报》2019年第5期，第73~79页。

管莹莹、沈信生、邓万金：《日本马拉松运动发展及启示》，《体育文化导刊》2017年第10期，第34~38、105页。

邢金明、刘波、欧阳井凤：《马拉松"热"背后的冷思考》，《体育学刊》2017 年第 2 期，第 52~56 页。

夏伟思、陆长江：《日本马拉松为何长盛不衰》，《田径》2000 年第 4 期，第 5~7 页。

徐宇丹：《中国城市马拉松热背后的冷思考》，《体育文化导刊》2016 年第 3 期，第 108~111 页。

张晓琳：《基于文化层次理论的中日马拉松赛事文化比较研究》，《沈阳体育学院学报》2020 年第 6 期，第 115~122 页。

岩谷雄介、鈴木直樹、原章展、平田竹男「国内市民マラソンの類型別発展策に関する研究」『スポーツ産業学研究』、2012 年 1 号、63–70 頁。

備前嘉文、二宮浩彰、庄子博人「市民マラソンランナーが都市型市民マラソン大会への参加を検討するにあたり生じる構造的制約」『生涯スポーツ学研究』、2013 年 13 号。

二宮浩彰、松永敬子、長積仁「都市型市民マラソンの参加者がもたらす経済波及効果の推計」『生涯スポーツ学研究』、2014 年 1・2 号、31–40 頁。

B.16
马拉松相关法律风险分析

董　美*

摘　要：　本文探析了马拉松运动相关的法律法规，分析了马拉松赛事的潜在法律风险。马拉松相关的法律体系包括马拉松相关法律、法规、规章、规范性文件等。本文不仅分析了马拉松相关法律，还研究了中国田径协会对马拉松运动相关规定。本文探析了马拉松赛事承办条件，以2021年马拉松锦标赛为例进行分析。本文分析了马拉松赛事评级方法，以及马拉松赛事中对赞助商的相关规定。借助马拉松赛事的法律案例，本文分析了马拉松赛事中侵权责任、排他性权利等，帮助赞助商、承办单位等相关部门进行赛事的法律风险规避。

关键词：　马拉松赛事　赞助商　侵权责任　排他性权利

一　马拉松相关的法律体系

（一）法律体系

法律体系，如法律、法规等可以为解决马拉松相关冲突提供法律依据。法律体系是由不同的、相互联系的法律部门组成的整体体系，一个法律部门

---

* 董美，经济学博士，北京体育大学体育商学院讲师，硕士生导师，研究方向为体育产业、经济与管理。

是依据一定的标准制定的同类法律规范的总和。法律体系的主要构成形式包括宪法、法律、法规、部门规章、规范性文件等。

我国具有中国特色社会主义法律体系，包括多个法律部门，各个法律部门之间进行有机结合，如宪法相关法、民法商法、行政法、经济法、社会法、刑法、诉讼与非诉讼程序法等。法律体系中，宪法处于统率地位，法律是体系的主干部分，行政法规、地方性法规是整个体系的重要组成部分。

（二）与马拉松运动相关的法律

在法律中，目前不存在专门针对马拉松运动设定的法律。马拉松运动中涉及合同、赞助、广告、商业竞争等多方面内容，马拉松运动中涉及的事项可以根据相关的法律进行分析，以下举例进行说明。

《中华人民共和国体育法》。于1995年通过，2016年进行第二次修订。《中华人民共和国体育法》的构成部分包括"总则、社会体育、学校体育、竞技体育、体育社会团体、保障条件、法律责任"等，对体育事业的各个方面进行了法律上的规范。马拉松运动是一项体育运动，适用于该法律。

《中华人民共和国民法典》。于2020年通过。《中华人民共和国民法典》体现了以人民为中心的理念，对人民的权利进行了保障，内容上详细规定了公民的各项权利，明确了侵权责任以及救济权等。第三编合同构成部分包括通则和典型合同。马拉松相关的合同包括体育赛事赞助合同，根据第三编合同的内容，体育赞助合同属于无名合同。在第三编合同的第二分编典型合同中，没有针对体育赞助合同的专门描述，马拉松赛事赞助合同事项应参照第一分编通则的内容。这也意味着对于体育赞助合同的一类合同在第三编中缺乏专门具体的规定。

《中华人民共和国广告法》。于1994年通过，2015年进行修订。该法对广告相关行为进行了规范，以维护广告业秩序，保护消费者权益，内容包括"广告内容准则、广告行为规范、监督管理、法律责任"等。马拉松运动的商业活动中存在广告活动或类似行为，可以参照该法对相关法律问题进行分析。

《中华人民共和国反不正当竞争法》。于 1993 年通过，2019 年修订。构成内容包括"不正当竞争行为、对涉嫌不正当竞争行为的调查、法律责任"等。在马拉松运动中，赛事举办的过程中可能存在不正当竞争行为，对赞助商的利益造成侵害。此时，可以参照本法进行调查，追究不正当竞争行为的法律责任。

《中华人民共和国商标法》。于 1982 年通过，2019 年进行修订。构成内容包括"商标注册的申请、商标注册的审查和核准、注册商标的续展、变更、转让和使用许可、注册商标的无效宣告、商标使用的管理、注册商标专用权的保护"等。马拉松运动中，有的赞助商具有商标的知识产权，当其相关权利受到侵害时，可以采用本法维护权利。

（三）中国田径协会文件

中国田径协会是我国马拉松运动的管理组织。中国田径协会是一个全国性的社会组织，由全国的田径运动的从业者和爱好者自发形成，具有非营利性的特点。中国田径协会推动了我国田径运动的发展，提高了我国田径项目水平，被中国奥委会所承认，可以对我国田径运动进行管理。中国田径协会也作为唯一的合法组织代表我国参加国际上的田径运动赛事。作为中国马拉松运动的管理者，中国田径协会发布了关于中国马拉松赛事的一系列组织管理文件。

中国田径协会发布了《中国马拉松及相关运动赛事管理办法》，该办法认定中国田径协会是中国马拉松及相关运动赛事的最高管理部门，对马拉松运动以及其他相关运动赛事的标准和制度提供了指导。办法中对马拉松运动和马拉松相关运动的范围进行了界定。对马拉松运动是以跑步距离进行界定的，明确规定距离为 42.195 公里。马拉松相关的运动包括长距离的徒步、跑步、接力赛。这些比赛可以在室内举行，也可以在室外举行。近年来，由马拉松运动派生出来的运动形式多种多样，包括雪地跑、越野跑、沙滩跑等。

二　中国田径协会的相关规定

（一）赛事承办条件

马拉松运动是一种长距离的跑步运动，属于田径运动的一种，受中国田径协会的管理。中国田径协会对我国马拉松运动非常重视，积极推动马拉松赛事的发展。《中国马拉松及相关运动赛事管理办法》对举办赛事的条件进行了界定。中国田径协会还负责马拉松赛事的国际联络事务。承办单位如果需要在我国举办世界田联赛事，需要向中国田径协会进行申请。承办单位如果需要在我国举办国际范围性质的赛事，在进行申请时同样需要通过中国田径协会向世界组织递交申请。

中国田径协会对马拉松赛事组委会在办赛过程中的行为和细节进行了规定，规定的内容包括赛事的各个方面。（1）在竞赛规程方面，中国田径协会会审定马拉松比赛的竞赛规程，包括对竞赛规程的必备内容进行规定，要求赛事组委会在规定时间内对竞赛规程进行及时公布。（2）在举办活动方面，承办方安排的各种马拉松赛事的活动和仪式等也需要由中国田径协会进行审核。（3）在与参赛者的对接信息中，中国田径协会对马拉松的参赛者年龄进行了最低限制，要求马拉松运动比赛的参赛者至少应满20周岁，半程马拉松运动比赛的跑者至少应满16周岁，18岁以下未成年人需要其监护人或代理人签订声明才可以参与竞赛。赛事组委会对报名参赛跑者进行审核，对其身体状况是否适合参赛进行测评，并在参赛前签订参赛声明，声明中应含有风险安全提示、约定法律责任等内容。对于通过审核的参赛者，赛事组委会需要为其提供参赛指南，并对参赛指南的具体内容进行约定，包含交通、气候、风险等信息。中国田径协会对特邀运动员进行专门规定，要求赛事组委会需通过马拉松经纪人才能对特邀运动员进行参赛邀请。赛后，中国田径协会要求组委会及时公布参赛者成绩。（4）在赛事保障方面，中国田径协会对赛事组委会的安全、医疗保障方面进行了约定，包括组委会应制订应急预案、保证安保人员和医务人员的配备、提前安排布置急救设备、为赛事相关人员提供人身保险等。（5）在赛道布置方面，要求赛道有比赛相关标记，包括公里、方向、起点、终点标记，保证起点、终点以及沿途的洗手间、饮用水配备、垃圾回收，保证赛事进行中的赛道交通秩序。（6）在赛事奖金方面，根据赛事的级别不同，设定奖金的最高限额。中国田径协会对马拉松赛事细节进行了详细的规定，这保障了赛事的顺利进行和成功举办，有助于规避一些赛事风险。如果没有达到田径协会的要求，可能会引起法律风险问题，如未按照规定为赛事相关人员提供人身保险，导致赛事中出现人身安全问题的隐患。

从具体赛事例子来看，2021 年中国田径协会对我国全国范围内的马拉松锦标赛进行了统筹，制订了赛事计划。根据计划，整个马拉松锦标赛在时间上从 4 月布局到 12 月，共 7 个赛事，即 6 站赛事以及最后的总决赛。中国田径协会对马拉松锦标赛的承办单位进行了公开征集，并规定了应征条件。应征条件包括以往赛事经验方面、防疫方面、办赛环境方面、设施保障方面、资金方面的条件，如表 1 所示。符合应征条件的单位可以向中国田径协会递交申请意向表，马拉松锦标赛承办单位申请意向表的主要内容包括单位信息、举办时间和地点、赛时预估温度、赛事简介、CAA 标牌、WA 标牌、近两年承办过中国田径协会主办的 A1 类马拉松金牌赛事等。中国田径协会根据收集的信息对各申报单位进行分析和评估，确定最终的锦标赛承办单位，并就赛事相关事项签订协议。

表 1　2021 马拉松锦标赛的承办单位应征条件

条　件	内　容
以往赛事认证	2019 年度或 2020 年度中国田径协会 A1 类认证的金牌赛事（世界田径路跑标牌赛事优先）
疫情防控	所属地区为新冠肺炎疫情防控低风险地区；具有完备的赛事防疫措施
气　温	赛事举办时气温在 20℃左右
交　通	飞机、高铁等交通便利
设　施	入住酒店具有一定的封闭接待能力；能够承担赛事期间的相关会议
资　金	能够承担赛事奖金；承办总决赛的单位（或赛事组委会）须承担赛事的电视直播和网络直播费用

（二）马拉松赛事评级

马拉松赛事级别是指马拉松运动管理部门依据一定的评判标准，对一场马拉松赛事进行级别评定，将马拉松赛事分为不同的级别。

1. 赛事认证

中国田径协会为我国的社会性马拉松比赛和相关运动比赛开通认证渠道。其认证赛事分为 A、B、C 3 个大类别，其中 A 类赛事又分为 A1 和 A2 两小类。

（1）从认证标准来看，从 A 类、B 类到 C 类赛事，其认证标准越来越宽松。C 类赛事指依靠社会力量而举办的，规模在 500 人以上的马拉松运动比赛。B 类竞赛须满足公平竞争等基本标准，A 类竞赛在比赛组织、管理等竞赛核心元素方面具有更加严苛的条件规定，对赛道、计时、裁判等竞赛要素进行了认证规定。例如，中国田径协会要求，无论是 A1 还是 A2 类赛事，其主办者须为县级以上的人民政府或者省级的体育局，而在 B 类赛事的认证中没有这项要求。又如，在计时器的使用要求上，中国田径协会要求 A1 类赛事每 5 公里须安置 1 个感应计时器，对于 A2 类赛事的要求是平均每 10 公里安置 1 个感应计时器，而对于 B 类赛事只要求在赛事过程中应用感应计时系统。

（2）不同种类认证的赛事享有的权利和义务也不同。例如，在认证过程中，根据申请赛事认证的类别不同，需要支付给中国田径协会不同的技术服务费用；申请认证中国田径协会 A 类和 B 类赛事的认证技术费用分别为 10 万元和 3 万元。A 类比赛的参赛成绩可以计入中国田径协会和世界田径联合会的专业的成绩排名中，但 B 类比赛的参赛成绩不能计入中国田径协会的成绩排名中。被评定为 A 类赛事是进一步申办高级别马拉松赛事的基本条件之一。已经得到中国田径协会认证的 A 类和 B 类赛事可以获得认证标志，认证标志可以应用在 1 年内的赛事宣传资料之中；A 类赛事除了认证类别标志，还将获得协会 logo 和 A 板的使用权益。

（3）在赛事监管上，不同认证类别的赛事采用分级监管方式。在赛事类别的立项方面，A 类赛事的认证工作由中国田径协会直接负责，B 类赛事的认证须首先向地方管理部门进行申报，通过其审核后再报送到中国田径协会。C 类赛事的立项则可由地方管理部门进行指导。在比赛监督指派方面，A 类赛事由中国田径协会负责，B 类和 C 类赛事由地方管理部门负责。

2. 等级赛事评定

中国田径协会还制定了马拉松运动赛事和相关运动赛事的等级评定方法，以提高马拉松赛事的组织和管理能力。CAA（Chinese Athletics Association）即中国田径协会，将马拉松的赛事评定级别分为三种等级，即金牌、银牌和铜牌，获得等级评定的赛事称为标牌赛事。中国田径协会对 2018 年赛事进行评选，共诞生 225 个标牌赛事，其中 CAA 金牌、CAA 银牌、CAA 铜牌赛事数目分别为 68、61 和 96 个。某一马拉松运动赛事如希望申请评定为等级赛事，需要逐级进行申请。只有办赛水平达到 A 类认证标准的赛事，才可以参与等级赛事的申报。在铜牌、银牌到金牌的等级申报中，只有获得低一级别的等级赛事，才能在以后年度中继续申报高一级别的等级赛事。在获评等级赛事后，马拉松赛事可以获得由中国田径协会授予的等级赛事标识，标识可以用于赛事的宣传活动。此外，IAAF 也是知名的马拉松赛事级别评定体系。IAAF（International Association of Athletics Federations）即国际田径联合会根据其标牌管理办法将马拉松赛事分为三种标记，包括 IAAF 金标、IAAF 银标和 IAAF 铜标。

马拉松赛事级别在一定程度上可以对马拉松赛事进行综合评价，对承办单位的以往办赛经验进行评估。获得高评定级别标牌，是对马拉松赛事和承办单位能力的一种肯定，有利于承办单位进一步应征马拉松赛事的承办，促进马拉松赛事的良性发展。例如，在中国田径协会对全国马拉松锦标赛承办单位的选择中，以往的承办经验是重要的考虑因素。如应征承办单位时，单位须满足近 2 年承办过 CAA 认证的 A1 类金牌赛事的应征条件，还需要提交 CAA 标牌、近两年承办 A1 类金牌赛事情况等信息。又如，《中国马拉松及相关运动赛事管理办法》规定，如果想要申请世界田径标牌赛事，需要在上年的赛事中得到中国田径协会的金牌赛事资格。

（三）关于赞助商的规定

（1）在赞助商选择方面，中国田径协会在《中国马拉松及相关运动赛事管理办法》中对赞助商行业进行了限制，要求组委会不能选择烟草赞助，在冠名赞助商上不能选择酒精产品的赞助商。（2）在赛事组织标准的要求方面，中国田径协会对参赛者的号码布进行了相关规定，将号码布上的赞助商字母标识的最大高度限制在4cm。（3）对于比赛证件，中国田径协会为赛事证件制定提供了参考，其中认为可以将赞助商分为重要赞助商和一般赞助商，重要赞助商在赛事中的各个区域中都有通行的权利，而一般赞助商可以进入赛事指定区域，不能进入 VIP 区、赛道、混合区、媒体区。重要赞助商和一般赞助商在马拉松及其相关运动赛事中适用的证件类型有所不同，分别为 As1 和 As2 类，可以采用证件颜色进行区分。

我们需要熟悉马拉松运动相关的法律法规，并在马拉松运动及相关运动赛事中严格遵守。这可以帮助我们规避马拉松运动相关法律风险，也有助于更高级别马拉松赛事的申请，有利于马拉松赛事和马拉松运动的健康发展。

三 马拉松赛事法律案例

本部分分析了马拉松赛事和马拉松赞助相关纠纷案件。本部分根据相关法院的分析和判决进行案件要点整理，案件相关具体事项以法院的分析和判决为准。

（一）案例1：江西维世德体育文化有限公司与农夫山泉股份有限公司侵权责任纠纷案一审

1. 案件基本信息

本案件的案由为侵权责任纠纷，案件字号为（2016）浙 0106 民初 799号。原告为江西维世德体育文化有限公司（后文简称维世德公司）。被告为农夫山泉股份有限公司（后文简称农夫山泉公司）。法院为杭州市西湖区人民法院。判决依据为《中华人民共和国民事诉讼法》第六十四条第一款，"当事人对自己提出的主张，有责任提供证据"。

2. 案例分析

本案例的发生背景是广汽丰田·2015 广州马拉松赛竞赛，原告和被告在这场赛事中产生了矛盾。在这场城市马拉松比赛中，中国田径协会和广州市人民政府是该场赛事的主办单位。广州市体育竞赛中心受到主办单位的授权，担任的角色是赛事的承办单位之一。广州市体育竞赛中心与北京智美传媒股份有限公司（后文简称智美传媒公司）和智美赛事营运管理（浙江）有限公司（后文简称智美赛事公司）签订了合同，将 2015～2017 年广州马拉松赛事的市场开发权利进行了让渡。而后智美传媒公司、智美赛事公司将赛事运营权和商业赞助权授权给维世德公司。2015 年，华润怡宝饮料（中国）有限公司华南分公司（后文简称怡宝公司）与维世德公司签订了协议，认定怡宝公司为赛事赞助商，以及赛事的官方供应商，并对该场马拉松赛事的水和饮料产品的唯一性进行了说明，约定了怡宝公司的产品在赛事的水和饮料产品中具有排他性的权利。

在 2015 年该场马拉松比赛进行期间，农夫山泉公司在马拉松赛道旁进行了宣传活动，包括对其水产品进行展示，布置了公司宣传的横幅，写有"农夫山泉为你加油""好水煮好米"等字样。维世德公司认为，被告农夫山泉公司的这种宣传行为是未得到赛事相关机构授权的，维世德公司认为农夫山泉公司的这种行为对其赛事经营权和商业赞助权构成了侵犯，所以将农夫山泉公司告上法庭，希望农夫山泉公司对其行为造成的损失进行赔偿。法院就农夫山泉公司对维世德公司的侵权行为是否成立展开了分析，最终做出了判决，驳回了维世德公司的诉讼请求。法院对此次案件受理费用进行了减半，认为受理费用由维世德公司全部负担。

3. 判决分析

原告维世德公司认为农夫山泉公司在马拉松赛事中的行为对其赛事经营权和商业赞助权构成了侵犯。我们需要对其声称的正确性进行法律上的分析。

（1）分析权利内容。我们需要了解原告维世德公司声称的其赛事经营权和商业赞助权的内容是什么。但在法律中，赛事经营权和商业赞助权并不是一个法律上的概念。所以，在分析该项权利的内涵时，法院参考了各方所签订的合同的权责约定。由赛事承办方、维世德公司等之间的合同和授权可知，维世德公司可以行使赛事的市场开发权。由维世德公司和怡宝公司的协议可知，怡宝公司具有的权利为水产品和饮料产品的排他权。

（2）分析是否侵权。法院认为根据原告和被告提供的证据，不能证明被告农夫山泉公司侵犯了原告维世德公司的市场开发权。具体来看，在宣传位置上，资料不能证明农夫山泉公司使用了维世德公司取得的赛事的独有广告位；在宣传行为上，资料不能证明农夫山泉公司借用了本场马拉松赛事进行其商品宣传，如农夫山泉公司的宣传语"好水煮好米"等与马拉松赛事要素不具有较强的关联性。在排他性权利方面，法院认为即使农夫山泉公司的宣传活动削弱了怡宝公司的营销效果，影响了其排他性权利的行使，但根据协议约定怡宝公司是排他性权利的所有者，原告维世德公司不能就排他性权利主张被告侵权。

此外，法院还对被告的行为是否对原告造成了损害事实进行了分析。在本案中，维世德公司没有证据表明农夫山泉公司的行为对其造成了直接经济损失，如维世德公司认为农夫山泉公司对其比赛中的补给工作造成了破坏等不能判定在经济上的损失。最终，法院认为农夫山泉公司对维世德公司的侵权行为缺乏法律依据，对维世德公司的诉讼请求进行了驳回。

4. 案例启示

（1）明确各方权利和义务。

在一场马拉松竞赛的组织与管理中，可以存在多方机构参与。赛事的主办单位负责发起赛事，赛事的承办单位则负责赛事的具体实施，赛事的赞助商为赛事提供赞助。在本案例中，我们也可以观察到，一场马拉松涉及的机构是非常多的。角色不同的机构所具有的权利和责任是不同的。为避免马拉松赛事纠纷的产生，机构须明确自身在马拉松赛事中所扮演的角色，进而明确自身的权利和义务。

（2）通过签订合同明确权责和规避风险。

合同作为法院分析依据的一个重要原因在于，一些马拉松竞赛事项在法律上是没有明确法律条文进行界定的。不同的机构之间可以通过签订合同、协议的方式对双方的权利和责任进行尽可能详细的约定。一旦发生纠纷，合同可以作为法院判决的依据。例如，在本案例中，在承办单位之间，广州市体育竞赛中心与智美传媒公司和智美赛事公司签订了合同，即《2015～2017年广州马拉松赛市场开发和赛事运行服务合作合同书》。在承办单位与赞助商之间，维世德公司与怡宝公司也签订了协议，即《2015年广州马拉松赛易货合作协议》和《2015年广州马拉松赛赞助合作协议》。在法院的分析中，维世德公司声称遭到侵犯的赛事经营权和商业赞助权，在法律上是没有明确的概念的。因此，法院以各方签订的合同为资料进行分析，认为在马拉松赛事中维世德公司具有的权利是市场开发权，其中合同对市场开发权的内容也有详细的界定。

（3）留存相关证据。

在判定侵权行为是否成立时，法院需要分析客观事实，原告和被告提供的证据材料是法院分析的重要依据。如果权益受到侵犯，需要保留充分的证据，以证实侵权行为的发生，如保留案件相关照片、视频、合同、资料等。在本案例中，维世德公司虽声称其赛事经营权和商业赞助权受到了侵犯，但是当法院分析其是否存在除与怡宝公司的合同之外的其他直接经济损失时，维世德公司并未举证。对于认为被告严重干扰比赛秩序等行为造成的相关经济损失，维世德公司也没有进一步举证。

（二）案例2：江西维世德体育文化有限公司、农夫山泉股份有限公司侵权责任纠纷案二审

1. 案件基本信息

本案件的案由为侵权责任纠纷，案字号为（2016）浙01民终1063号。上诉人为江西维世德体育文化有限公司（后文简称维世德公司）。被上诉人为农夫山泉股份有限公司（后文简称农夫山泉公司）。法院为浙江省杭

州市中级人民法院。判决依据为《中华人民共和国民事诉讼法》第一百七十条第一款第（一）项，"原判决、裁定认定事实清楚，适用法律正确的，以判决、裁定方式驳回上诉，维持原判决、裁定"。

2. 案件分析

上诉人与被上诉人之间侵权责任纠纷案一审宣判后，维世德公司认为一审法院认定事实不清，适用法律错误，向法院提出上诉。

3. 判决分析

法院认为原审法院对案件的定性和适用法律正确，对事实的查明并无不当。法院认为上诉人以合同约定的方式取得马拉松赛事承办人的授权。上诉人把水和饮料的赞助权已经让渡给赞助商华润怡宝饮料（中国）有限公司华南分公司（后文简称怡宝公司），同时获得赞助商经费，怡宝公司属于案外人。上诉人有义务保护和保障赞助商的水和饮料产品的排他权。法院认为维世德公司声称的农夫山泉公司对赞助商商品排他性权利的侵害的相关证据不充分。从空间上来看，维世德公司提供的证据不能有效表明农夫山泉公司占用了赛场范围内地域。从行为方式上来看，农夫山泉公司在宣传活动中没有使用与该场马拉松赛事直接相关的标志，其行为不足以引起社会公众对赞助商水产品唯一性的混淆。

农夫山泉公司虽不构成侵权行为，但法院认为农夫山泉公司作为竞争者应知晓怡宝公司的比赛赞助事宜，在空间上将水站位置设置在紧邻赛道边界，在行为上免费提供水产品，并展示标语等，事实上达到了借助赛事向参与马拉松的公众宣传自身产品的效果。上述行为会对市场竞争秩序和赛事秩序、影响力产生不利影响。最终，法院判决一审案件受理费减半，由上诉人与被上诉人各半负担。二审诉讼费用由上诉人与被上诉人各半负担。

4. 案件启示

排他权的非对世性。

赞助商取得的排他权是根据合同约定内容而确定的，而不是法定的，不具有对世性。虽然排他权是在一定的时间和空间领域内的独占权，但排他权应具有合理性，不能对商业对手参与竞争和公众自由选购产品等正当权益进行减损。对于马拉松比赛的赞助商来说，比赛赛程中需要使用公共道路等社会资源，赞助商的排他权应限制在比赛范围之内，时间上围绕赛事举办的赛前、赛中、赛后期间，空间上围绕赛道范围之内的可以保证赛事有序进行的空间范围，以及赛事所划分的公共空间。马拉松赛事赞助商的排他权不能离开赛事扩展到任意时空范围，对一般社会生活场景和交易进行限制。

因此，对于排他权的权利内涵和外延，双方需要采用合同方式予以明确，包括明确权利的时间空间范围，给予突出的标识，对权利行使方式进行约定，如在赞助商的产品、广告上标明赛事相关信息。在必要的情况下，可以对排他权进行公示，以使竞争者、公众对排他权有所认知。

参考文献

法律体系，百度百科，https：//baike. baidu. com/item/% E6% B3% 95% E5% BE% 8B% E4% BD% 93% E7% B3% BB/412539？fr = aladdin。

《中国马拉松及相关运动赛事管理办法》，中国田径协会网站，2020 年 9 月 16 日，http：//www. athletics. org. cn/bulletin/hygd/mls/2020/0916/358311. html。

《中国田径协会马拉松及相关运动赛事认证指南》，中国田径协会网站，2020 年 9 月 17 日，http：//www. athletics. org. cn/bulletin/hygd/mls/2020/0917/358351. html。

《中国田径协会马拉松及相关运动年度等级赛事和特色赛事评定办法》，中国田径协会网站，2020 年 9 月 16 日，http：//www. athletics. org. cn/bulletin/hygd/mls/2020/0916/358319. html。

《全国马拉松及相关运动赛事分级监管实施办法》，中国田径协会网站，2020 年 9 月 16 日，http：//www. athletics. org. cn/bulletin/hygd/mls/2020/0916/358315. html。

《中国田径协会关于征集 2021 年全国马拉松锦标赛承办单位的通知》，中国田径协会网站，2021 年 3 月 22 日，http：//www. athletics. org. cn/bulletin/marathon/2021/0322/377650. html。

B.17
基于赞助品牌打造的马拉松营销

董　美*

摘　要：　本文研究了马拉松运动的体育营销行为。本文分析了马拉松体育营销的内涵，包括其含义、要素和营销效果的影响因素。借助马拉松运动开展营销具有诸多优势，包括营销受众广泛、营销易于接受、具有群体效应、利于国际化、具有公益性、可以融入体育文化。马拉松体育营销的注意事项包括品牌与文化的建设、体育活动与赞助商的一致性、体育营销的持续性。本文分析了马拉松体育营销的策略，包括选择匹配的体育活动、强化品牌联想、进行整合营销、充分利用媒体进行宣传。本文对耐克赞助2020年上海马拉松赛和卫玺赞助2018年青岛马拉松赛进行了案例分析。

关键词：　马拉松赞助　体育营销　体育活动　整合营销

一　马拉松体育营销的内涵

（一）马拉松体育营销的含义

体育营销的含义是借助体育活动来推广自己的品牌或产品的营销行

---

* 董美，经济学博士，北京体育大学体育商学院讲师，硕士生导师，研究方向为体育产业、经济与管理。

为。体育营销是一种营销方式。20世纪90年代初，"体育营销"在美国出现。如今，体育营销成为最有效的营销方式之一，得到各行各业商家的青睐。

马拉松体育营销是指借助马拉松运动来推广自己的品牌或产品的营销行为。体育营销根据营销对象不同可以分为两个层次的含义。一种层次的含义是把体育活动本身作为一种产品或品牌而开展的营销活动，因而这种体育营销又称为体育产业营销。这里马拉松体育营销的对象可以是马拉松体育活动、赛事品牌、运动队、运动员等。另一种层次的含义是借助体育活动进行其他产品或品牌的推广的营销活动。例如体育赞助商在马拉松体育活动中针对自身产品和品牌开展的营销活动。我们通常谈到的体育营销是后面一层含义。

（二）马拉松体育营销的要素

马拉松体育营销的主要要素包括赞助商、体育活动和观众，三个要素在成功的马拉松体育营销中缺一不可。马拉松体育营销须围绕马拉松体育活动展开，并集结赞助商和观众。赞助商为了宣传其产品或品牌，将产品品牌与马拉松体育活动相结合。观众出于对马拉松体育活动的热爱而消费体育产品或参加体育活动；体育活动承载着赞助商产品与品牌，利于观众对赞助商产品或品牌产生兴趣、增加购买意愿，从而提高赞助商产品销量或扩大品牌影响力。

（三）马拉松体育营销效果的影响因素

要想取得良好的马拉松体育营销效果，赞助商需要了解体育营销效果的影响因素，制定一个系统的营销方案。赞助商的体育营销效果受多方面因素影响。一是来自赞助商本身的因素，如赞助商产品服务质量等。二是体育活动本身的因素，如马拉松体育活动的热度、体育活动的受众特征等。赞助商可以针对不同的马拉松赛事受众，设计出细分产品及其营销方案。三是赞助商产品品牌与马拉松体育活动的结合紧密程度。体育营销需要关联性，这包

括赞助企业、产品、服务或品牌与体育活动的相似程度，赞助商在体育活动中的曝光度和营销方式等。这也是马拉松体育赞助的亮点所在，即借助马拉松体育活动的影响力扩大赞助商的影响。

二 借助马拉松体育活动开展营销的优势

随着体育运动的不断发展，体育经济也逐渐发展壮大，体育活动中所蕴含的商业价值越来越得到学界和企业界的重视。相比于其他营销方式，体育营销具备特有的优势。体育营销更易受到消费者的认同，许多企业已经深深意识到体育营销在打造商业品牌方面的神奇力量，以及对企业品牌的增值产生深刻的影响。如今，体育营销，包括马拉松体育营销已成为一种热门的营销方式，受到企业的欢迎。

（一）营销受众广泛

体育运动已成为全世界人类主要的盛典活动之一。体育活动具有观赏性、竞技性和娱乐性等特点，得到世界人民的广泛认同和积极参与。体育活动的这些特点是其他活动所不具备的，因而体育营销可以带来其他类型的营销所无法企及的效果。马拉松体育营销的受众广泛，重大马拉松体育活动可以吸纳大量的观众，这是其他活动所无法比拟的。大型马拉松体育赛事通常备受关注，媒体会对大型马拉松体育活动争相报道，体育活动的曝光度高，增加了体育营销受众的覆盖面。马拉松体育活动能带来注意力经济，赞助商在马拉松体育活动中开展体育营销，能够借助马拉松体育活动的影响力在更大程度上吸引观众的注意力，从而增强品牌的渗透力。

（二）营销易于接受

在马拉松体育营销中，针对产品或品牌的营销活动不是独立出现的，而是与马拉松体育活动相结合，营销的呈现方式比较自然。消费者在面对马拉松体育营销时，其关注点一部分在马拉松体育活动上。马拉松体育活动是消费者所喜爱的。消费者对马拉松体育活动进行关注的同时，其视线余光也会关注赞助商的营销活动，从而使消费者对马拉松体育活动的热爱转化为对赞助商产品的喜爱，赞助商的产品更容易被消费者所接受。在马拉松体育活动中嵌入产品营销相当于一种软广告，可以削弱营销的功利性，减少观众对营销的排斥心理，使观众对赞助商产品和品牌的态度自然而然地发生变化。

（三）具有群体效应

马拉松体育活动的观众通常处于体育迷的群体之中。体育迷因为对体育的热爱而集结在一起，个人对群体具有较强的归属感。传统营销活动受众较为分散，而体育活动天然地聚集了大量体育迷，使在体育活动中开展的营销活动的受众不再针对分散的个人。马拉松体育营销可以影响马拉松体育迷群体，进而产生群体效应。群体效应会对营销效果进行强化，激发体育观众对体育迷群体的归属感，提高对体育营销的认同，促进赞助商产品销量的提升。

（四）利于国际化

马拉松体育运动是一种世界性的活动。通过马拉松体育活动，来自世界各地的人聚集到一起，大家有不同的文化、语言，但体育活动可以冲破这些障碍。马拉松体育活动提供一种公平公正的平台，人们可以在马拉松体育活动中自如地交流。大型体育赛事的国际知名度较高，传播范围覆盖全球。企业通过马拉松体育营销的方式与目标对象建立沟通，利于企业在国际市场的发展，可以迅速推进品牌的国际化。

（五）具有公益性

体育活动还具备公益性，在马拉松体育营销中加入公益性的成分，可以激发消费者的公益心，增加他们对赞助商的认同感，提高他们对品牌的忠诚度。体育营销有助于企业展现其社会责任，树立良好的社会形象。

（六）融入马拉松体育文化

马拉松体育营销有利于企业品牌的提升。企业通过马拉松体育营销方式，将自身资源与马拉松体育资源进行整合，使自身产品或品牌的文化与马拉松体育文化相融合。马拉松体育精神包含公平公正、拼搏进取、和平友爱等内涵，彰显了一种积极的生活态度。体育营销可以将体育文化和赞助商的企业品牌联系起来，对树立积极的品牌形象具有促进作用。成功的体育营销可以塑造出一种新的企业文化，激起消费者的共鸣，增加消费者对企业产品或品牌的偏好程度，进而提高企业的竞争力。

三　马拉松体育营销的注意事项

（一）注重品牌与文化的建设

品牌是指消费者对赞助商的系列产品服务的认知情况。品牌使企业的商品与竞争者的商品区分开来，增加了消费者对企业商品的辨识度。优秀的品牌是企业商品服务的优势之一，可以给企业商品带来功能性利益、情感性利益的附加价值，反映了消费者对企业产品服务的认可。拥有好的品牌的企业往往可以对商品制定更高的价格，增加企业利润。品牌可以体现于该企业不同于其他竞争者的特有的商品服务名称、符号、设计等，进一步反映在消费者对这些品牌载体的独有印象上。品牌是企业的无形资产，体现了企业的核心价值。品牌的建设与发展对企业发展至关重要，企业需要具有品牌意识、制定品牌战略。在马拉松体育营销中，企业应围绕其品牌战略制定营销策略，使马拉松体育营销服务于品牌的建设与发展。

良好的企业品牌建设离不开企业文化建设。赞助商的企业文化，是随着企业发展而创造和形成的企业相关的物质财富和精神财富。企业文化是企业品牌的核心。赞助商品牌承载了其企业文化，反映了企业的价值观。消费者透过企业品牌触碰和感知的是企业文化。企业在马拉松体育营销活动中，不仅应在企业的产品和服务等物质层面开展营销，更应在企业文化等精神层面开展营销。马拉松体育营销在企业文化中注入体育的内涵，反映在企业品牌上，加深品牌与体育的关系，让消费者对企业品牌与文化产生共鸣。这样的马拉松体育营销才能够深入人心，有利于企业品牌的树立与长期发展。

（二）注意体育活动与赞助商的一致性

1. 马拉松体育营销呈现的价值观应当与赞助商品牌的价值观相一致

通过马拉松体育营销，赞助商可以将体育活动的文化注入企业产品与品牌之中。体育文化与品牌文化融为一体，更易引起消费者对赞助商产品和品牌所宣传的价值观的共鸣，使消费者对赞助商品牌的偏好在长期内维持在较高水平，形成企业的品牌优势。试想，如果赞助商的价值观与马拉松体育活动的价值观并不一致，甚至二者之间存在矛盾，就不可能使体育文化与品牌文化自然地融合在一起，体育营销的核心价值观就会混乱，消费者从马拉松体育营销中不能得到清晰的品牌价值观信息，从而削弱体育营销对企业品牌的积极塑造力。

2. 马拉松体育营销应与赞助商品牌的目标客户相一致

在营销活动之前，赞助商须明确其品牌的定位，找到和明确其产品的目标对象。不同类型、不同规模的马拉松体育活动，其受众的范围也是不同的。赞助商还要研究马拉松体育活动的参与者和观众的特征。赞助商的目标对象应与马拉松体育活动的受众趋于一致，这包括在受众所在的地理区域、年龄范围等方面的一致性。这样，马拉松体育营销才能更好地将赞助商与消费者进行匹配并发挥其效果。如果选择不匹配的体育活动，赞助商的目标客户与体育活动的受众之间会发生错位，企业后续为营销活动所做的努力将不能被其目标消费者所接收到。为了避免这种错位的发生，赞助商需要在马拉松体育营销前进行充分的消费者分析，思考其目标消费者的地理范围、年龄范围、收入范围等特征，研究不同体育活动的目标受众特征，对体育活动进行筛选，找出匹配度高的马拉松体育活动。

例如，对于一个以北京地区为目标市场的赞助商，赞助北京地区的马拉

松体育赛事是其较好的选择。又如某个赞助商想开展国际化战略，它在进行体育营销时可以更多地考虑用国际性赛事来扩大其品牌国际知名度。

（三）注意体育营销的持续性

马拉松体育营销的持续性也是营销效果的一个重要影响因素。体育营销中消费者与赞助商的关系得到重建。围绕体育活动的焦点，消费者与赞助商产品和品牌连接在一起，消费者对这种连接的反应越强烈和深远，马拉松体育营销的影响力越大。品牌的建立需要一个长期的过程。消费者对赞助商品牌印象的变化是一个心理过程，并不是一蹴而就的。所以在马拉松体育营销方面，赞助商须建立长期营销的观念，认识到依靠单次炒作难以使其品牌形象给消费者留下深刻印象。赞助商为了将其品牌理念传达给消费者，需要维持与消费者借由体育活动产生的连接的长久性，为长期的营销效果进行长久的努力。进行持续的体育营销，对于赞助商来说有助于积累经验和规避风险，赛事运营者方面也降低了赞助商的搜寻成本和谈判成本，从而便于赞助协议的达成和成本的降低。具体做法方面，在非体育赛事时期，赞助商仍可以坚持通过媒体等手段持续进行体育营销活动。对于体育活动的选择而言，在营销目标没有发生重大变化、成本在可控范围之内的情况下，赞助商可以保持在体育活动选择方面的稳定性和连贯性。持续地对同一种或同一类别的体育活动进行体育营销，从而加深消费者对赞助商的印象。消费者在谈到某种体育活动时，在内心形成一种习惯性的反射，自然地联想起某个企业品牌，使品牌形象在消费者心中树立起来。

例如，可口可乐公司长期支持奥林匹克运动会，借助奥运会进行体育营销。可口可乐公司第一次与奥林匹克运动进行合作是在 1928 年的阿姆斯特丹奥运会上。随后，可口可乐公司对每一届奥运会都予以支持。目前，可口可乐公司是国际奥委会的 TOP 赞助商之一，并与国际奥委会继续续约。可口可乐对全球性体育盛会奥运会的赞助具有长期性和持续性的特点，这使可口可乐的饮品频繁出现在奥运会上，为消费者所熟知。可口可乐也成长为世界知名品牌。

四 马拉松体育营销的策略

（一）选择匹配的体育活动

在马拉松体育营销中，如何找到与自身企业相匹配的马拉松体育活动是赞助商需要思考的问题。首先，赞助商的产品、行业、地位、经营情况等是不同的。根据自身情况，赞助商需要对自己的营销需求有一个清晰的规划，以便于营销活动的展开。其次，马拉松体育活动也是多种多样的，不同马拉松体育活动的观众的范围、特征也有所不同。当赞助商与马拉松体育活动达到较高的匹配度时，体育营销才能在更大程度上发挥其作用。在寻找合适的马拉松体育活动的时候，有以下几点需要关注。

（1）营销目标的确定。通过市场调研、消费者分析，结合企业自身情况，制定出体育营销的目标，包括预期要达到的销售效果、目标客户等。

（2）考虑成本因素。对马拉松体育活动进行赞助，不同级别的马拉松体育赛事，赞助商的成本是不同的。即使是同一马拉松体育赛事，根据赞助商等级不同，赞助商的权益也是不同的。赞助商在马拉松体育营销过程中不仅要考虑营销效果，还要对营销成本进行衡量。在自身实力范围内尽量控制成本，选择合适的马拉松体育活动开展体育营销，也是赞助商需要考虑的一个方面。

（3）研究马拉松体育活动的匹配程度，如马拉松体育活动的价值观、目标客户、开销与营销目标的匹配程度。选择合适的马拉松体育活动开展体育营销，包括确定马拉松体育活动的类型，即选择体育赛事、运动队还是运动员进行赞助，确定赛事级别，与具体的赛事运营方对接、研究赞助条款、明确赞助商的权利与义务，最终确定出合适的马拉松体育活动。

（二）强化品牌联想

赞助商可以在马拉松体育营销中运用品牌联想的力量提升营销效果。品

牌联想是指消费者的认知和知识体系中与企业品牌相关的信息，体现了消费者对该品牌的理解。当提到某一品牌时，消费者的有关联想可能是产品或服务的价格、外观、使用方法、符号等属性，也可能是产品或服务的优势、使用感受，或者是对品牌的整体上的态度。品牌联想是品牌形象的重要构成部分。赞助商要想塑造好的品牌形象，可以从品牌联想入手，在马拉松体育活动中找到消费者关于品牌联想的某一个信息点。赞助商可以对信息点进行巧妙设计，使其既能代表品牌信息，又能自然地嵌入马拉松体育活动中。赞助商通过对信心点进行强化，使其特色更为突出，增加消费者的认同感。例如，将赞助商的品牌标识符号嵌入马拉松体育活动的宣传之中，增加其在马拉松体育活动的曝光度，使消费者在频繁接触中熟悉该品牌符号，进而加深对整个品牌的印象。

（三）进行整合营销

赞助商在进行马拉松体育营销的同时，也要运用好基础的营销方式，打好营销的组合拳。赞助商需要在各个方面对马拉松体育营销进行积极的配合，才能使马拉松体育营销最大程度地发挥其优势。在马拉松体育活动中借助体育营销大力宣传，只是企业整个营销战略的一步。企业应在进行体育营销的同时，采取广告投放、举办促销活动等营销手段，让各种营销方式的优势相结合，形成一种合力。尤其是在马拉松体育活动举办的时间内，赞助商可以运用多种营销手段开展整合营销，使赞助产品或品牌在一定的时间地点范围内获得大量关注。

（四）充分利用媒体进行宣传

赞助商进行马拉松体育营销时，不但需要设计出合理的营销策略，而且要充分利用媒体对马拉松体育营销进行宣传。媒体可以让马拉松体育营销活动广泛地传播，引导消费者去体会赞助商的品牌和文化理念。在媒体来源方面，无论是自己的媒体、赛事组织方的媒体还是第三方媒体，赞助商都应充分地利用和开发。赞助商在赛前赛后可以利用自身媒体平台，如公司官网、微信公众号等对体育赛事和营销活动进行报道和宣传。在媒体关注度较高的时间和地点，赞助商应加大对马拉松体育营销活动的开发力度，以增加马拉松体育营销的曝光度。赞助商还可以对优秀的价值观和代表事件采取新闻报道的方式进行宣传，如在马拉松体育营销中进行公益宣传，以优质新闻的方式延伸营销活动的影响力、传播赞助商的品牌价值。在媒体形式方面，赞助商要注意多种媒体形式的使用，包括电视、广播、报纸、期刊、户外媒体、互联网、手机等。赞助商的媒体形式不仅包括传统媒体，还包括新型媒体，尤其是注重对手机和互联网媒体的运用。例如，利用微信公众号、微博等进行"微时代"营销。

五 马拉松体育营销案例

（一）耐克与2020年上海马拉松赛

2020年上海马拉松于11月27日举行。上海马拉松赛具有较高的办赛和服务水平，是高质量的马拉松赛事。上海马拉松赛于2020年获得了世界田径白金标赛事认证，这是马拉松业内的高水平的认证，其标准高于金标赛事。目前全球获得白金标认证的马拉松赛事仅有13个，上海马拉松赛是国内第一个获得此项认证的马拉松赛事。上海马拉松赛具有较高的办赛水准，受到众多马拉松爱好者的青睐。其赛事商业开发价值也较高，吸引了众多赞助商的目光。2018年和2019年上海马拉松赛赞助商的数量为18家和21家，2020年受疫情影响，上海马拉松赛赞助商数量为14家。在2020年的上海马拉松赛中，耐克是赛事的至尊赞助商。耐克与上海马拉松赛的合作具有体育营销的持续性的特点。早在2012年，耐克就成为上海马拉松赛的赞助商，自此二者开展了长期的合作。耐克公司的产品与体育行业联系紧密，耐克公司也重视体育营销方式，每年的上海马拉松赛也是耐克营销计划中的重点部分。

1. 赛事产品

在赛事产品上，2020年的上海马拉松赛提供耐克参赛服。这次赛事的中国籍报名费用是 100 元，参赛者领取的装备内容包含纪念 T 恤。耐克参赛服的设计为红色，标有耐克的品牌标志，并写有"哪儿挡得了上马"的标语。标语体现了马拉松运动的挡不住的顽强拼搏精神。耐克公司在体育营销中注意文化展现，将马拉松精神和文化融入赛事产品的设计中，令参赛者印象深刻。耐克公司还为此次马拉松赛事设计了系列装备产品，在其产品中融入上海城市的特点，让跑者能够体会上海城市的美丽。以该系列中的跑鞋为例，在跑鞋设计中，耐克公司在鞋身上加入了上海元素，包括上海的经纬度、"沪"字。鞋身上还设计了叠影和爆裂纹的图案，这代表着新上海和旧上海的融合。

2. 赛事服务

在赛事服务方面，耐克公司在体育营销中还注意提供优质的服务。为了让参赛者更好地发挥出水平，耐克公司提供了专业训练服务。耐克公司在上海提供的训练课程包括速度训练、耐力训练、交叉训练、跑者讲堂等，训练地点在上海的跑百巷。耐克公司还推出了跑步主题活动，包括线上社区长距离跑活动。在开展丰富的线下活动的同时，耐克公司注意线上活动的开发，开发了 NikeRunClub 微信和 NRC App，定时发布跑步知识和赛事训练指导。这些体育服务可以帮助参赛者更好地评估自己的水平，提高备赛效率。通过增加用户的服务体验，提高公司的品牌渗透力。

考虑到疫情影响，此次上海马拉松的参赛规模有限，即规定参赛人数为9000，许多马拉松爱好者没有获得赛事入场券。耐克公司为马拉松爱好者提供了线上参赛的机会，推出了线上城市挑战赛活动。通过 NRC，跑者可以利用线上工具模拟参赛，测算比赛成绩，完成参与上海马拉松的心愿。此次活动使耐克公司接触到潜在的马拉松消费者，扩大了自己的影响力。

从媒体宣传上来看，耐克公司于 2020 年 10 月就在其官方网站发布了2020 年上海马拉松赛相关新闻，标题为"哪儿挡得了跑步，哪儿挡得了上海"，对本次赛事和耐克公司的相关营销活动进行了介绍。耐克公司在其微信公众号耐克媒体中心也对 2020 年上海马拉松赛相关新闻进行了发布，其阅读量达 7402 次。

（二）卫玺与2018年青岛马拉松赛

在 2018 年 10 月 28 日青岛马拉松赛事中，海尔集团是冠名赞助商。卫玺品牌隶属于海尔智家，是海尔专注于智能卫浴与健康互联的物联网科技品牌，以智能马桶盖著名。卫玺借助这场马拉松赛事开展了体育营销，扩大了其品牌知名度。卫玺品牌为这场马拉松赛事精心设计了多样的营销活动。其中赛事粉丝团招募的活动，形式较为新颖，效果深入人心。

在赛事开始之前，卫玺对其体育营销活动进行了精心的设计。此次营销中，卫玺开展了组织赛事粉丝团的活动，最终粉丝团的人数达上百人。卫玺利用自身和海尔的微博和微信公众号平台，发布了招募需求。在招募的文案中，打出了"全程呵护，陪你 PB"的标语。这个标语将卫玺对卫浴的精准呵护体验与马拉松赛事粉丝团的助力呵护相结合，体现了卫玺精巧的营销设计。值得一提的是，卫玺的粉丝团招募信息发布的时间是 10 月 22 日，临近电商购物节。在招募粉丝团的同时，卫玺还为电商活动进行了预热，如报名参加可获得天猫购物优惠券。卫玺的粉丝团活动引起了网友们的极大兴趣，几天的时间内召集了超过百名的粉丝参与活动。粉丝们不仅积极报名，还为如何更好地为参赛者助威建言献策。

在比赛现场，卫玺百余人的粉丝团集结在三个区域开展加油活动，包括马拉松赛道起点、终点、五公里终点的重要位置处。卫玺的品牌符号也频频出现在赛场，如粉丝们穿着印有卫玺品牌标识的服装，"智能马桶盖，我选卫玺净水洗"等条幅在比赛现场飘扬。粉丝团不断为马拉松参赛者助力，如采用跳舞、舞大旗等方式进行加油助威。活动设计中，粉丝团创新地为参赛者发放卫玺特制的发卡，发卡上不仅标有卫玺 V&H 的品牌标识，还标有"小学霸""男神""小可爱""老司机"等各式各样的称谓。参赛者可以添加卫玺的微信公众号，将头戴发卡的合影分享在自己的社交平台上，即可免费获得发卡。有趣的发卡引来跑者、观众等的目光，他们积极参与活动，发布朋友圈，佩戴发卡，将其作为比赛的纪念品。短短几个小时内，粉丝团手中的发卡就发放完毕了。我们可以看到，无论是粉丝团的组织，还是参赛者

的参与，卫玺的营销方式都体现了较强的互动性。通过这次活动，卫玺品牌达到了较好的营销效果，其微信公众号和微博账号的粉丝数量大幅增加，在互联网上出现了"全程呵护，陪你PB"等话题，其热度火爆。

参考文献

惠民、孔国强、褚跃德：《体育营销的内涵、特征及其影响因素的探讨》，《武汉体育学院学报》2006 年第 11 期，第 37~43 页。

体育营销，百度百科，https：//baike. baidu. com/item/% E4% BD% 93% E8% 82% B2% E8% 90% A5% E9% 94% 80/250603。

李朝晖：《企业体育营销存在的主要问题及策略》，《体育文化导刊》2006 年第 6 期，第 13~15 页。

《"奥运会是与每一个人对话的平台"——可口可乐副总裁谈奥运合作经久不衰的吸引力》，中国奥委会网站，2019 年 12 月 17 日，http：//www. olympic. cn/e-magzine/1911/2019/1217/303068. html。

《久等了，2020 上海马拉松今日报名，NIKE 参赛服揭晓！》，搜狐网，2020 年 10 月 21 日，https：//www. sohu. com/a/426336993_ 120487596。

《哪儿挡得了跑步，哪儿挡得了上海》，耐克网站，2020 年 10 月 30 日，http：//www. nikeinc. com. cn/html/page-3621. html#/inline/41864。

《卫玺马拉松借势营销，成 2018 青马一大亮点》，电科技网站，2018 年 11 月 2 日，http：//www. diankeji. com/net/43678. html。

B.18
马拉松文化与城市文化、赞助的融合分析

董　美*

摘　要： 本文分析了马拉松运动的文化内涵。马拉松运动历史悠久，其起源可以追溯到公元前490年的马拉松战役。马拉松文化是以该项运动为载体，在运动的发展过程中形成的人类精神活动及其产物。马拉松文化体系的内容不仅包括物质文化，还包括制度文化与精神文化。近年来城市马拉松赛火热，本文以此为焦点研究了其文化特点，包括将城市文化注入马拉松运动中、以马拉松运动促进城市文化发展、马拉松文化与城市文化融合发展。赞助商在发展过程中可以借助马拉松文化的影响力，包括在赞助中加入马拉松文化元素、城市文化元素的策略。

关键词： 马拉松运动　马拉松文化　赞助商　城市文化元素

如今，马拉松运动发展成一种以远距离跑步为主题的群众性体育活动。马拉松运动在我国受到广泛喜爱，近年来赛事数量增长较快。然而我国马拉松赛事的同质化较为严重，个性化不突出。马拉松文化是马拉松相关的人类精神活动及其产物。在赛事举办的过程中，相关主体应对马拉松文化予以重视，这就需要对赛事的文化内涵进行精心构建，并积极传播。借助文化的力量，各

---

* 董美，经济学博士，北京体育大学体育商学院讲师，硕士生导师，研究方向为体育产业、经济与管理。

方参与者可以从精神层面上形成一种对赛事的认同感，从而使办赛更具吸引力，并且可以促进马拉松赛事未来的可持续发展。从全世界来看，历史上知名的马拉松赛事往往注入了优良的文化内涵。马拉松文化的培育不仅要在技术、训练等物质文化方面下功夫，更要在精神层面构建非物质文化财富。

一　马拉松运动历史

马拉松（Marathon）长跑是世界上非常受欢迎的长跑项目。马拉松赛事的全程距离为 26 英里 385 码。如果以公里为单位计算，这个距离即人们经常谈到的 42.195 公里。马拉松赛事根据赛程距离是否覆盖全程可以分为三种类型，即除了全程赛事，还有半程和四分马拉松。在一般情况下，人们谈论的马拉松一词指的是全程马拉松。

马拉松运动是一项历史悠久的运动。马拉松长跑运动的起源可以追溯到公元前 490 年的马拉松战役。马拉松是一个地名，位于希腊，在雅典东北方向 30 公里处。马拉松战役是一场波斯人和雅典人之间的战役，战役发生在雅典附近的马拉松平原，雅典人最终战胜了波斯的入侵。为了让家乡的人们尽快知道胜利的好消息，雅典将军派了一个名叫菲迪皮茨的士兵传达这个消息。为了尽快传递捷报，"飞毛腿"菲迪皮茨一路不停地奔跑了 40 多公里，一直跑到雅典，上气不接下气地喊着"高兴吧，雅典人，我们胜利了"。随后他就永远地倒下了。第一届现代奥运会于 1896 年举行，顾拜旦听取了历史学家米歇尔·贝拉尔的建议，为纪念马拉松战役和菲迪皮茨，奥运会把马拉松确立为比赛项目，距离设为菲迪皮茨送捷报的跑步距离——42.193 公里，采用了菲迪皮茨的跑步路线。这便是体育运动中马拉松比赛的起源。

1896 年后，马拉松运动不但成为奥运会比赛项目，而且在世界范围内受到人们的欢迎，得到了广泛的开展。第四届奥运会后，国际田联（2019 年改名为世界田径）将马拉松比赛的标准距离定为 42.195 公里。体育运动一直是一种展示身体和智力能力的方式。自古以来，中国就有与马拉松类似的长跑比赛的记载。如书中记载有"夸父逐日"的传说，相传隋朝有一人能够"日行五百里”，元代有“贵由赤”长跑。我国历史上第一场马拉松比赛是于1910年在南京举行的，第一个有记录的马拉松赛道位于南京和镇江之间。

二 马拉松运动文化

（一）文化的内在含义

文化是指在人类不断认知、改造自我的过程中，由人类创造、持有的精神活动及其产物，是相对于经济活动、政治活动而言的一种社会现象。文化反映了人类社会的行为准则、价值观、思维方式、艺术、科学技术、语言文字等意识形态或非意识形态，受到人类的普遍接受和使用，能够在人们之间进行交流、传播和传承。文化可以与物质相融合，或可不依附于物质而呈现。文化根据存在形态是否有形可以分为两大类，即物质文化和非物质文化。非物质文化根据其内容特点可以进一步分为不同的小类，如制度文化、行为文化、心态文化。

（二）马拉松文化的内涵

依照文化的定义，结合马拉松运动思想、运动内容，本文总结出马拉松运动文化的内在含义。马拉松文化是该项运动所承载的、在运动不断发展的过程中应运而生的人类精神活动及其产物。马拉松文化的内容包含了与该项运动相联系的物质文化和精神文化财富。物质文化财富包括马拉松对人类生理机能，运动设施如比赛场地、装备、器械，比赛制度规范及科技等方面产生的影响。精神文化财富包括马拉松对人类价值观、行为准则、艺术等所产生的影响。

在参加马拉松运动的过程中，人们希望具有强健的身体和顽强的毅力，体现了以个人为中心的理念。[1] 随着时代的发展，马拉松文化也在不断地发

---

[1] 朱慧芳、吴富勇、尹梅：《马拉松运动的体育功能与文化内涵》，《四川体育科学》2014年第5期，第12~15页。

展和演进，展现出更加丰富的内涵。如今，马拉松文化不仅有强壮体魄、顽强进取的含义，还发展了多维度含义，如在马拉松运动中体现出娱乐化、个性化、自然化等倾向。

（三）马拉松文化的特点

马拉松的文化体系根据其内容特点可以分为不同的层次，主要有马拉松物质文化、马拉松制度文化与马拉松精神文化。马拉松文化体系中不同的组成部分是相互关联、不可分割的。马拉松精神文化可以视为马拉松文化体系的内核。马拉松物质文化是整个文化体系的基础，马拉松的精神文化的现实反映即马拉松的物质文化。而制度文化在文化体系中可以起到各部分的桥梁和中介的作用。为了构造并发展优秀的马拉松文化，体系中的各个部分需要均衡发展，并在发展过程中相互促进。无论是物质文化，还是制度文化、精神文化，其发展都是不能缺失的。

1. 马拉松运动的物质文化

从含义上来看，马拉松运动的物质文化是指以物质形态呈现在现实中的、用于满足该项运动过程相关需求的各种事物。马拉松运动的物质文化在整个赛事的运行过程中都有所体现，涵盖了赛事内外的各个方面。例如，运动装备相关的服装、跑鞋等装备设计，场地环境相关的马拉松办赛地气候条件、交通条件、跑道、补给点、医疗保障点情况，赛事进程相关的赛事指南、奖牌等设计，配套设施相关的旅游、餐饮、住宿情况等。人们在触摸马拉松的物质文化的同时，可以感悟其中所蕴含的精神文化。优良的物质文化是高水平办赛的一种体现。

2. 马拉松运动的制度文化

从含义上来看，制度文化是指在马拉松运动中与其有关的角色、机制、原则等。马拉松比赛的相关角色有赛事组织管理机构、志愿者、赞助商、参赛者、媒体等，赛事组织管理机构包含策划部门、设施施工部门、竞赛部门、保卫部门、后勤部门、医疗部门、宣传部门等。马拉松比赛的机制原则包括参赛规范、竞赛规则、道德规范等。马拉松运动管理部门对马拉松的制度文化进行了规范，例如，中国田径协会是我国马拉松运动的管理组织，其发布了《中国马拉松及相关运动赛事管理办法》，对赛事的各个方面进行了规定，包括赛事分级、国际组织联络、赛事组织与管理、参赛人员、罚则等内容。

3. 马拉松运动的精神文化

马拉松的精神文化财富是指人类通过马拉松运动认知和改造自我，从而创造的精神产物，属于文化系统的非物质层面。例如，人们受马拉松运动影响而形成的行为准则、价值观、思维方式、艺术观念等。马拉松运动的文化体系是以精神文化为内核进行延展的。在文化体系中，建设和发展精神文化具有重要意义。马拉松的精神文化的内涵包括以下几个方面。

（1）马拉松运动中体现了以人为中心的理念①。马拉松文化由人创造，重视人的自由、平等，尊重人的权利、价值，谋求人类的身心发展进步。通过参与马拉松运动，人们磨炼了毅力，增强了自信，自我价值得到提升。

（2）在马拉松运动中，我们也能体会到一种英雄主义精神，这种精神内涵与该项运动的历史联系紧密。菲迪皮茨战士在马拉松战役中英勇无畏，顽强奋进，给人们带来了胜利的讯息，奥运会为了纪念这位民族英雄而设立了马拉松运动，其路线距离与历史上的报捷路线一致。如今当参赛者在漫长的马拉松跑道上奋力坚持时，能够体会到一种刚毅、顽强的英雄主义精神，这种英雄主义精神也与奥运会的"更高、更快、更强"的精神相契合。

（3）马拉松运动体现了公平公正、团结凝聚、和平友爱的体育精神。马拉松运动崇尚和营造公平、公正的竞争环境，一场马拉松比赛可以集结众多的参与者，业余选手可以和专业跑者同台竞技，大家在平等的氛围中展示健与美。通过马拉松运动，人与人之间的沟通和交流得到加强，形成一种目标一致的向心力，促进和平、合作与共赢。

（4）马拉松运动显现出时尚化、个性化特征。随着社会的发展，人们越来越重视健康，健身意识增强。近年来，我国马拉松运动得到快速的普及

---

① 朱慧芳、吴富勇、尹梅：《马拉松运动的体育功能与文化内涵》，《四川体育科学》2014 年第 5 期，第 12~15 页。

和发展。马拉松运动文化也在原有文化底蕴的基础上注入了新的文化内容，得到了发展与创新，演化出个性化、时尚化等特点。很多跑者认为马拉松是一种时尚的运动方式，将参与马拉松、完成马拉松全程视为一种骄傲。如马拉松比赛在哪个城市举办，有的跑者就去哪个城市参赛。有的跑者会一直参与马拉松的系列赛事，如马拉松大满贯。马拉松运动也是一种社交方式，马拉松赛事集结了众多马拉松爱好者，跑者会通过社交平台分享自己的参赛经历，展示参赛成果，彰显个性化，传播积极向上的运动和生活态度。通过完成马拉松运动，参赛者的自信心得到了提高，提升了对自我价值的认同。对马拉松运动的执着和热爱使马拉松跑者形成一种运动习惯和参赛习惯，这也促进了马拉松运动的发展。围绕马拉松运动，也催生了一些带有个性化、时尚化的文化事件，如马拉松婚礼等。

三 城市马拉松赛文化

（一）城市马拉松赛

马拉松运动是全球最受欢迎的田径运动之一。马拉松赛事的举办形式多种多样，在各种田径赛事、综合赛事如奥运会中都有马拉松项目的身影。城市马拉松赛不同于上述赛事的办赛形式，其含义在于在某一个城市内，通过整合城市的相关资源而举办的马拉松运动赛事。从比赛名称来看，城市马拉松赛通常以"城市名＋马拉松"的形式命名，如北京马拉松、上海马拉松。从比赛项目来看，城市马拉松赛事不同于综合性体育赛事，是专门针对马拉松运动而进行的。其中，有些城市是以全程赛事项目的形式进行的，有些城市是以半程赛事项目的形式进行的，各种马拉松的比赛形式都得到发展。从举办者来看，马拉松赛事的发动者为某一城市，举办城市马拉松赛事需要动用、整合、优化整个城市的马拉松资源。在参赛者方面，城市马拉松运动的跑者通常为个人，融合了专业跑者与业余跑者。从比赛地点来看，马拉松比赛由于赛程较长，通常是在户外进行，城市马拉松赛的比赛场地即在举办城市内设计出合理的城市赛场。

马拉松在户外进行的特点使举办城市不用建立专门的大规模比赛场地，这也是城市马拉松运动得以迅速发展的原因之一。城市马拉松赛道是经过精心设计的，这也是城市马拉松赛事的不同之处，即突出城市特色。通过在城市内进行比赛，让比赛赛道路线充分展示城市的美好风貌，让赛事自然而然地起到为城市宣传的作用，使城市的影响力扩大至全国乃至全世界。

（二）城市马拉松赛的文化特点

1. 将城市文化注入马拉松运动中

城市文化是指随着城市的发展而形成的、具有城市特色的人类精神活动及其产物。城市文化的核心为城市的价值观念、意识形态、运行制度等，包括城市居民生活的衣食住行等各个方面。一些城市由于具有突出的文化特征而为人所熟知，城市特色文化也拉动了城市的旅游业，对城市发展具有积极的意义。城市文化潜移默化地影响城市生活的各个方面。体育活动作为城市生活的一部分，也会受到城市文化熏陶而反映出城市特点。例如，在城市文化的感染下，体育场馆的建筑风格可以与整个城市的建筑设计风格相类似，展现出城市居民的精神风貌。可以说，体育场馆也是城市文化的物质形态众多表现中的一种，透过体育场馆人们也能够体会到城市的精神文化内涵。同样的道理，马拉松比赛场地的选择也可以结合城市的文化特点。不同于以室内场地为主的运动项目，马拉松比赛主要在室外进行。举办城市会精心设计马拉松赛道，使赛道既符合赛事的技术要求，又能充分地展示城市文化特点。在马拉松赛道中，举办城市会融入多种城市文化因素，如使马拉松赛道途经城市标志性建筑、景点。表1列举了马拉松赛事的路线途经地标和蕴含的城市文化特征。

表1 马拉松路线和文化特征

时间	地点	马拉松路线途经地标	城市文化特征
2017 年 4 月	武汉	长江大桥、黄鹤楼、六渡桥、东湖	新武汉与老汉口的融合、美丽的风景
2017 年 9 月	北京	天安门、奥林匹克体育中心、学院路、长安街、中关村等	展示北京经济、科技与文化

2. 以马拉松运动促进城市文化发展

近年来，我国马拉松赛事举办场次较多，参与人数众多，在跑者中形成一种马拉松热。马拉松赛事的影响力越来越大，给城市带来了新的经济增长点，并且对于其文化等软实力的提升也具有促进作用。将城市文化融入马拉松运动中，让比赛赛道途经城市的代表性地标，以对城市文化进行宣传。从参赛者的角度来看，随着城市马拉松运动的发展，参与城市马拉松赛事的跑者也越来越多。跑者在参赛的同时体验城市的文化风采、跑遍全城的文化地标。跑者在耳濡目染中留下深刻的城市文化印象，口口相传，成为城市文化的宣传者，由马拉松运动带动城市餐饮、住宿、运动、休闲等一系列消费。从媒体的角度来看，马拉松比赛的过程中大型媒体争相报道，新闻画面中会出现比赛赛道沿途的文化风景，媒体对赛事的全程直播过程会在很大程度上扩大城市的文化影响力，而且这种宣传是自然流露的，使人们更加容易受其感染。从城市居民的角度来看，马拉松赛事中多个部门间的积极配合是赛事顺利开展的保障，这包括完善的医疗队伍、安保队伍、整洁的城市环境等。这离不开市民包括志愿者的积极参与，也展示出城市的经济、文化等的发展水平。随着马拉松赛的火热，城市的影响力扩大，这使城市居民体会到一种满满的自豪感，加深了他们对于城市的归属感，城市文化的影响广度和深度得到进一步扩展。媒体在报道赛事信息的同时增加了城市的曝光度，这促使当地居民保持较高行为文明水平，从而有助于营造和谐有序的城市公共环境。总体来看，城市马拉松赛事的举办不但可以提高城市的硬实力，而且有助于提高其软实力。

3. 马拉松文化与城市文化相融合

从城市文化内涵的角度来看，马拉松的作用可以体现在多方面。一方面，赛事可以对城市文化原本的内涵进行宣传；另一方面，赛事可以为其增加新的内涵。马拉松文化中所体现的健康、进步、进取的精神已经得到了世界各国人民的广泛认可。在城市建设和发展的过程中，也需要优秀的文化予以支撑，马拉松文化内涵所包括的顽强拼搏的精神、公平公正的环境与积极的城市文化内容不谋而合。无论是马拉松文化，还是城市文化，赛事的举办可以在集中的时间内使各个文化内涵得到融合与凸显。这也为城市贴上奋进、拼搏、公平、和平、友好的标签，让城市更具魅力，使人们对城市文化产生共鸣。城市马拉松赛对城市文化发展具有促进作用，这也使近年来办赛数目增长较快。

四 赞助商发展如何借助马拉松运动的文化力量

（一）赞助商的企业文化

品牌和文化发展是影响赞助商企业生存发展的重要因素之一。品牌是指消费者对赞助商的系列产品服务的认知情况，拥有良好品牌的企业，消费者对其产品具有较高的辨识度和好感度。企业文化是企业品牌的内核，良好的企业品牌的成长需要以优质的企业文化为土壤。对于赞助商而言，其企业文化的含义是在赞助商不断发展的过程中所形成的企业相关的物质财富和精神财富。企业文化包括企业的愿景、价值观、企业制度、人文环境、处事方式、企业符号等，体现在企业日常经营管理中的各个方面。

企业在发展过程中逐渐形成了自己的经营管理制度，制度奖惩等措施促使企业人员遵照企业制度行事，逐渐形成一种行为准则或意识形态，进而形成企业文化。企业文化的内容非常广泛，企业文化的核心要素是企业价值观。企业的价值观是企业经营管理的个性化理念的体现，影响企业的思维方式、行为方式、企业制度等。企业价值观也是企业员工在工作中所持有的信念，影响企业员工的思维、处事方式。企业文化体系可以划分为物质文化、制度文化与精神文化。企业物质文化包括建筑形态、生产设备、产品、标识、办公环境等企业有形文化资源。企业的制度文化的内容包含企业的管理机制、规章、纪律、仪式、人文环境等。企业的精神文化，即企业精神，包含企业的愿景、价值观、行为准则等，是企业文化体系的关键所在。企业文化体现了企业的精神内涵，对企业生存发展具有深远的影响。优秀的企业文

化可以使企业员工更具使命感、责任感，对员工进行合理的约束和激励，增强员工的归属感，提高企业的凝聚力，为企业发展注入源源动力。

（二）赞助商借助马拉松发展企业文化的优势

近年来，马拉松运动发展迅速，受到跑者的喜爱，其赛事数目和参赛人数也有所增加。借助马拉松运动赛事对企业文化进行宣传具有诸多优势。从受众数量上来看，一场马拉松运动可以吸引成千上万的参与者，赞助商可以在赛事进行的短时间内面向众多的受众。从交流形式上来看，马拉松的参与者都需要来到比赛现场，这为赞助商提供了一次和消费者面对面交流的机会。从宣传效果上来看，马拉松运动赛事的参与者大多数是马拉松运动的爱好者和热心人士甚至狂热者。赞助商可以将自身产品与马拉松赛事进行对接，以马拉松参与者对赛事的热情带动对赞助商企业和产品的认同。从宣传渠道来看，马拉松运动赛事会吸引诸多媒体，大型马拉松赛事甚至会获得全国性、国际性媒体的争相报道，这为赞助商的宣传带来了便利。从文化影响的角度来看，在赛事中进行企业品牌和文化宣传，借助文化的感染力，使消费者将品牌文化与马拉松文化进行联想，增加品牌文化的积极内涵，提高消费者对赞助商品牌文化的好感度。

（三）赞助商借助马拉松发展企业文化的策略

1. 赞助中加入马拉松文化元素

企业对马拉松运动赛事进行赞助，获得赛事一定的市场开发权。赞助商在对马拉松赛事的相关资源开展营利性的开发活动时，可以注意在活动中融入马拉松文化元素。马拉松的文化内涵包括多个层次，如以人为本、英雄主义、团结公正、时尚个性等。赞助商可以通过巧妙的设计，将马拉松文化的一个或多个关键点融入自身的品牌和文化宣传中，在市场开发活动中对马拉松文化元素进行展现。例如，在设计标语时，加入马拉松运动的文化元素词汇并予以突出展现和强调。马拉松运动的参与者对马拉松文化的认同感较高，在赞助商的活动中融入马拉松文化元素，会使消费者对赞助商与马拉松关系的联想得到强化，将对马拉松文化的认同感转移到对赞助商文化的认同感上来，从而以参赛者对马拉松运动的狂热带动对赞助商商品的认同和购买。

2. 赞助中加入城市文化元素

在多种多样的赛事形式中，城市马拉松赛在某一个城市内举办，近年来发展较快。在其赛事参与者中，城市居民占了很大的比例。一场城市马拉松赛不仅可以调动跑者的热情，还渗透到城市生活的多个领域，如城市需要调动其安保系统、医疗系统、交通系统等工作人员，更有热心志愿者活跃在赛事需要的地方。透过赛事这个窗口，我们可以看到一个城市的风貌特点，而城市居民正是其中一道亮丽的风景线。赛事的顺利开展需要居民的参与和配合，而赛事的成功也会起到宣传城市文化、扩大城市影响力的作用，提高了城市居民的自豪感和归属感。赞助商在选择马拉松赛时，其目标市场和赞助比赛的城市也是其需要考虑的重要因素之一。在城市马拉松赛中，赞助商可以直接接触众多的城市居民，这也是赞助商进军地方市场的一个机遇。赞助商可以借助文化的影响力，注意在市场开发活动中加入城市文化的元素，赋予产品城市特有的符号。城市居民接收到赞助商产品的城市文化信号时，有助于增加他们对赞助商的品牌和产品认同感，有利于赞助商的产品在城市中获得良好的口碑，扩大当地的市场销售份额。

参考文献

任占兵：《我国马拉松赛事文化的若干问题研究》，《体育成人教育学刊》2016 年第 5 期，第 8 ~ 13、95 页。

孙高峰、刘燕：《热追捧与冷思考："马拉松现象"对城市文化的影响及理性审视》，《北京体育大学学报》2018 年第 4 期，第 38 ~ 43、88 页。

祝良、黄亚玲：《城市马拉松赛文化特点的研究》，《体育文化导刊》2014 年第 9 期，第 25 ~ 28 页。

姜鑫、姜立嘉：《马拉松文化促进城市经济发展研究》，《体育文化导刊》2020 年第

1 期，第 93 ~ 99 页。

彭萌、刘涛、宋超：《共生理论下马拉松赛事与城市文化协同发展研究》，《体育文化导刊》2019 年第 6 期，第 12 ~ 17 页。

《中国马拉松及相关运动赛事管理办法》，中国田径协会网站，2020 年 9 月 16 日，http：//www. athletics. org. cn/bulletin/hygd/mls/2020/0916/358311. html。

陈玲：《马拉松赛事对传播城市形象影响的实证研究》，硕士学位论文，南昌大学，2020。

刘梦茹：《社会学视域下上海城市马拉松文化的发展与变迁》，硕士学位论文，上海体育学院，2020。

姜鑫：《中国马拉松参赛者参赛风险评估与控制路径研究》，硕士学位论文，东北师范大学，2019。

吴扬立：《西安市马拉松体育赛事可持续发展研究》，硕士学位论文，西安体育学院，2019。

黄鑫：《江苏马拉松赛事文化培育的研究》，硕士学位论文，苏州大学，2019。

董海燕：《我国城市马拉松对城市形象的影响》，硕士学位论文，南京师范大学，2018。

韩鹏：《我国城市马拉松赛事发展研究》，硕士学位论文，曲阜师范大学，2017。

附　录
Appendix

B.19
2020～2021年中国部分
马拉松赛大事记

王雁行 整理

2020年

（一）年初马拉松赛事大幅停摆

2020年1月23日，中国田协发布《关于加强对马拉松赛事新型冠状病毒防控工作的通知》，提出如防疫风险隐患较大，可通过易地、推迟、取消等方式最大限度降低风险隐患，国内马拉松在2月到7月一直处于停滞状态，2020年底局部地区疫情出现反弹，一批马拉松比赛又被叫停。深圳国际马拉松、黄河口国际马拉松赛、北京国际马拉松赛、长江国际超级马拉松赛等大型马拉松赛事纷纷停摆，因疫情取消的中小型马拉松赛事更是不胜枚举，即使是成功举办的马拉松赛事，受疫情影响也纷纷缩小了规模。疫情对马拉松赛事和马拉松产业的影响是显而易见的。但是，疫情能够让人们更加

重视体育运动，也催生了线上马拉松等多种马拉松形式，从业者对马拉松产业的未来还是持有乐观态度的。

（二）线上马拉松迅速发展

线上马拉松即网络上举办的马拉松赛，按照比赛要求，在任意地点完成赛事要求的跑步距离或完成相应的步数。线上马拉松省去了车旅费、食宿费这些传统马拉松难以避免的费用，此外，线上马拉松没有所谓的中签才能参加比赛的要求，让更多的人可以参与国际性的马拉松赛事。受疫情影响，许多马拉松赛事选择了纯线上或线上、线下结合的方式，其中不乏如波士顿马拉松赛、东京马拉松这样大满贯级别的赛事。我国成都、武汉马拉松等一些大型马拉松也采取了线上比赛的方式。悦跑圈、Keep、咕咚等网络平台也抓住线上马拉松的热度，与国际、国内的马拉松比赛进行合作。尽管线上马拉松成绩的有效性、竞技性有待研究，但线上马拉松发展速度是有目共睹的，也许未来的马拉松产业会因为线上马拉松的发展而重新洗牌。

（三）上海马拉松

2020年3月，上海马拉松荣膺世界田径白金标赛事称号，在这一年仅12个马拉松赛事获此荣誉，中国只有上海马拉松这一个赛事获此荣誉。2020年上海马拉松于11月29日成功举办，报名人数突破12万，受疫情影响，本届上海马拉松仅仅保留了全程马拉松，参赛人数也限制在9000。本届"上马"的特邀运动员皆为中国国籍，贾俄仁加以2小时12分43秒的成绩成功夺冠，刷新了"上马"国内选手的最好成绩。上海国际马拉松有着明显的赞助商层次，创始赞助商东丽和至尊赞助商耐克依然是最高层级，荣耀赞助商仅有银联是上年的赞助商，沃尔沃和浦发银行代替了宝马和兴业银行成为荣耀赞助商。"上马"积极拥抱网络直播和短视频平台，通过这种方式吸引更多的年轻观众，获取更大的流量，作为老牌赛事，又获得了世界田径白金标赛事称号，在疫情得到控制之后会取得更快的发展，赛事商业价值和关注度将进一步提高。

（四）广州马拉松

2020年12月13日，广州马拉松在广州天河体育中心鸣枪起跑，本届广州马拉松共有2万多名跑者参加，是疫情以来世界最大规模的全马赛事。本届"广马"邀请了施一公、钟南山院士作为宣传大使，赋予本届"广马"展示中国人民抗击疫情的坚定决心和乐观态度。贾俄仁加以2小时15分8秒的成绩夺冠。广州马拉松赞助商分为顶级合作伙伴和赛事支持商两个层级，包括广汽传祺、敬修堂、刺吉柠等本地企业赞助了本次广州马拉松赛，证明"广马"在广州当地有着较高的认可度。在2020年4月世界田径公布的2019年马拉松排行榜上，广州马拉松排名29，国内排名第二，通过2020广州马拉松的成功举办，"广马"未来的排名和资本认可程度也会有所提升。

（五）厦门马拉松

2020厦门马拉松于1月5日成功举办，比赛期间疫情还没有全面爆发，因此几乎没有受到疫情的影响，共有8万多人报名，2万9000余人参加。本届厦门马拉松由中国田径协会、厦门市人民政府主办，厦门市体育局、厦门广播电视集团、厦门市思明区人民政府、厦门市湖里区人民政府承办。本届厦门马拉松奖牌和比赛服突出海豚和厦门元素，代表着厦门马拉松环保、进取的理念。厦门马拉松赞助商层次分明，分为独家总冠名商即厦门建发集团、顶级战略合作伙伴特步、官方赞助商和赛事支持商四个层级。"厦马"推出早餐跑、海峡两岸邀请赛等多种形式，产生了积极影响。

（六）兰州马拉松

受疫情影响，原定于2020年6月14日举行的兰州国际马拉松赛改为线上进行，主办单位是中国田径协会、甘肃省体育局、兰州市人民政府，赞助商分为冠名赞助商、顶级合作伙伴、战略合作伙伴、合作伙伴四个层级。本次线上活动分别设计了2020"兰马"线上赛及每日运动打卡两个板块，赛事主办方为参赛者提供了完赛奖牌、完赛证书和赛事礼品。在奖牌和相关商

品中突出敦煌壁画等具有代表性的兰州符号。本次兰州马拉松采用"果动助手"小程序来记录参赛者的情况,该程序来自果动科技,是由信息技术专业人才组建的第三方数据平台,用于体育数据的分析处理。由此可见,兰州马拉松正向现代化、信息化方向发展。

(七)成都马拉松

成都马拉松由成都市政府和中国田径协会联合主办,成都市体育局、成都传媒集团、成都高新区管委会、成都天府新区管委会共同承办,到2019年已经有3万多人参赛。2020年受疫情影响,成都马拉松举行了线上和线下马拉松赛,线下马拉松仅有1万人参加,并且仅设置了全程马拉松项目。成都马拉松的赞助商分为冠名赞助商、官方合作伙伴、官方赞助商、官方供应商及支持企业五个层级,有着清晰的赞助层次。主办方在办赛过程中突出成都的饮食、历史文化、熊猫等元素,也为赞助商创造了很多与跑者互动的机会,办赛效果和经济效益都非常显著,成都马拉松在国际和国内的排名也稳步提升。

(八)重庆马拉松

重庆马拉松由中国田径协会、重庆市体育局主办,南岸区人民政府、巴南区人民政府承办。在人民网2020年4月发布的2019最具影响力马拉松赛事排行榜中,重庆马拉松列第9位。重庆马拉松一般在每年的3月下旬举行,但受疫情影响,2020年的重庆马拉松在11月15日举行,比赛设置全程、迷你马拉松两个项目,参赛者从往年的3万多人缩减为4900人。2020重庆马拉松的赞助层级共有6个,分别是总冠名商、战略合作伙伴、官方合作伙伴、官方赞助商、赛事合作商、赛事支持商,层次鲜明。

2021年中国田径协会部分金牌马拉松赛

(一)北京半程马拉松

2021年4月24日,北京半程马拉松在天安门广场鸣枪起跑,参与者人数过万,本届北京半程马拉松由北京市体育局主办,北京市体育竞赛管理中心、中奥路跑（北京）体育管理有限公司承办,是自疫情暴发以来北京举行的最大规模的路跑赛事。彭建华以 1 小时 4 分 53 秒夺得男子组冠军,金铭铭以 1 小时 10 分 35 秒夺得女子组冠军。本次北京半程马拉松的终点是奥林匹克公园,赛道中还增设了"奔向 2022"冬奥合影打卡点,突出北京元素和冬奥元素。赞助商包括冠名赞助商、赛事合作伙伴和赛事支持商三个层级。本次北京半程马拉松的成功举办,展现了北京战胜疫情的乐观态度和坚定决心。

（二）厦门马拉松

由中国田径协会、厦门市人民政府主办的厦门马拉松赛于 2021 年 4 月 10 日落下帷幕,2021 年 2 月,世界田径宣布厦门马拉松获得了 2021 世界田径精英白金标赛事认证,本届"厦马"是 2021 年首个成功举办的白金标马拉松赛事,共有 1 万 1000 多名跑者成功参赛。2021 年恰是厦门大学建校 100 周年,因此比赛路线也将厦门的海滨赛道与厦门大学校园完美融合,向全世界宣传了厦门这个城市和厦大这所大学。主办方突出绿色和公益的理念,并与厦门帆船赛、摄影赛等同期举办,利用聚集效应,扩大了"厦马"的影响力,提升了"厦马"的社会形象。

（三）上海半程马拉松

上海半程马拉松由上海东浩兰生赛事管理有限公司独家运营承办,有 6000 多名跑者参加,赛事起点设在浦东新区丰和路,终点设在东方体育中心。本届"上马"以"蓄力重燃,back stronger"为口号,在路线、奖牌、特许商品上都突显着上海这座城市的活力与激情。赞助商分为冠名赞助商、官方赞助商、官方支持商三个层级。浦发银行和怡宝都在赛道上设置了赛道服务站,上海外服集团为跑者提供了存衣车、能量补给站,在宣传自身品牌的同时为跑者保驾护航。

（四）青岛马拉松

2021年5月4日，由青岛市体育局、青岛市体育总会、青岛市市南区人民政府、青岛市崂山区人民政府承办的青岛马拉松赛鸣枪开跑，本次比赛有2万5000多名跑者参加了全程马拉松、半程马拉松、迷你马拉松赛事。在比赛中突出青岛山海之城的特色，沿途经过奥帆中心、国际会议中心等青岛地标性建筑，通过比赛展示了青岛集秀美风景、历史文化、现代气息于一体的城市风貌。

（五）无锡马拉松

2021年3月，世界田径更新2020年世界马拉松"赛事表现"排名榜，无锡马拉松位列全球第25位，位于国内第五名，这是对近年来无锡马拉松成果的肯定。本届"锡马"由中共江苏省委宣传部、江苏省体育局、无锡市人民政府主办，江苏省体育竞赛管理中心、无锡市体育局、汇跑赛事承办，分为全程马拉松、半程马拉松和迷你马拉松三个种类，共有2万7000多名跑者参赛，是2021年上半年规模较大的马拉松赛事。最终李子成以2小时16分19秒的成绩夺得马拉松男子组冠军，丁常琴以2小时32分45秒的成绩夺得马拉松女子组冠军。

（六）郑开马拉松

受疫情影响，2020郑开马拉松并未如期举行，阔别一年多以后，由河南省田径运动管理中心、郑州市体育局、开封市体育局、河南世纪中原体育文化有限公司承办的郑开马拉松于2021年4月18日重启，一条跑道连接郑州、开封两大城市一直是郑开马拉松的特色。值得注意的是，本次郑开马拉松规模相比往常有所缩小，但其全程马拉松、半程马拉松、迷你马拉松比赛的参赛人数高达3万9000多人。

（七）淮安马拉松

2021 年的淮安马拉松是淮安举办的首个全程马拉松，也是中国田径协会与央视打造的"奔跑中国"马拉松系列赛的重要一站。比赛设置全程马拉松和迷你马拉松两种比赛类型。男子组何杰以 2 小时 14 分 14 秒的成绩夺冠，女子组的比赛中，陈为芬以 2 小时 35 分 18 秒的成绩夺得冠军。

Abstract

The Blue Book *Development Report on Marathon Industry in China* (*2020 – 2021*): *Analysis on Marathon Event and Sponsorship Market* was compiled by the marathon book research group of Beijing Sport University. Experts and managers from Zhimei sports and Beijing Zhongrui sports industry company provided valuable reference and support for the discussion, data research and interview of this book, It is the blue book series of Marathon industry development report and competition market research.

The purpose of this blue book is to describe the current situation of Chinese marathon, analyze the existing problems of Chinese marathon and the factors restricting its development, and study and judge its future development trend according to the actual situation of Chinese marathon.

Affected by the epidemic, some marathon events in 2020 had to be cancelled or postponed, but the large-scale and influential marathon events held at the end of 2020 still received good support. The main market body of Marathon industry is growing, and a number of enterprises with development strength and growth potential are emerging. Form an industrial chain in the aspects of event operation, marathon club, sports app, outdoor sports products and other industries or services. Marathon sports consumption continues to increase, effectively promoting the growth of sports consumption. Marathon combines the characteristics of Humanities and natural landscape to form a variety of urban characteristic events. Development trend of Marathon industry and sponsorship Market: the upstream and downstream industry chain of Marathon industry is gradually formed and improved. In combination with the characteristics of Humanities and natural landscape, various sports events are developed according to local conditions. All parties involved in the event jointly create a brand event with popularity and differentiation characteristics. Marathon and technology, tourism, health, leisure, culture and other industries are integrated to form a coordinated and orderly development of online and offline marathon, as well as multi industry integration and aggregation to promote each other. The combination of sponsors and events is more and more in-depth. Domestic marathon sponsors show a trend of localization. In the emerging marathon sponsorship market, the sponsorship effect has good potential.

Keywords: Marathon Industry; Sponsors Market; Special Events

Contents

I   General Report

Abstract: As a sport that both amateurs and professionals can participate in at the same time, marathon has a good mass base. Domestic marathon sponsorship is generally divided into four levels, from low to high: Official designated supplier, official sponsor, official partner and named sponsor. Affected by the epidemic, some marathon events in 2020 had to be cancelled or postponed, but the large-scale and influential marathon events held at the end of 2020 still received good support. The main market body of Marathon industry is growing, and a number of enterprises with development strength and growth potential are emerging. Form an industrial chain in the aspects of event operation, marathon club, sports app, outdoor sports products and other industries or services. Marathon sports consumption continues to increase, effectively promoting the growth of sports consumption. Marathon combines the characteristics of Humanities and natural landscape to form a variety of urban characteristic events. In the context of the epidemic situation in 2020, marathon events can still attract the participation of the majority of sponsors, which is enough to prove that marathon events can bring huge sponsorship value and economic benefits to the sponsors. Development trend of Marathon industry and sponsorship Market: the upstream and downstream industry chain of Marathon industry is gradually formed and improved. In combination with the characteristics of Humanities and natural landscape, various sports events are developed according to local conditions. All parties involved in the event jointly create a brand event with popularity and differentiation characteristics. Marathon and technology, tourism, health, leisure, culture and other industries are integrated to form a coordinated and orderly development of online and offline marathon, as well as multi industry integration and aggregation to promote each other. The combination of sponsors and events is gradually deepening. Domestic marathon sponsors also have a trend of localization. At the same time, for the new marathon, its sponsorship effect has good potential.

Keywords: Marathon Industry; Sponsors Market; Special Events

II Index Evaluation

B.2 Research on Sponsor Stock Index of Marathon in 2020

Ma Chuanye, *Yang Jianrong* / 013

Abstract: This article selects the 2020 part of the larger, high power, large marathon event sponsor are analyzed and compared, including the C&D Xiamen marathon, Chongqing Changan automobile marathon, Guangzhou Honda Hangzhou marathon, Nanjing bank marathon and Galaxy macau international marathon five events. Calculated before and after a certain period of the sponsor, stock index and comparative analysis, found in the car companies during the period of sponsorship effect is better, with the sponsor's current to a dynamic market environment have also have a certain relationship, and sponsoring a marathon event in this time period is definitely a very right choice, For C&D group and galaxy group and its share price index in the sponsorship period showed a certain trend, suggesting that produced certain effect of sponsorship, and Nanjing bank performance is relatively stable, this for financial industry enterprise is not necessarily a bad thing, the marathon event sponsorship can bring Nanjing bank more extensive mass base and favorable market environment, Beneficial to later

马拉松蓝皮书

development.

　　Keywords：Marathon Competition；Stock Price Index；Marathon Sponsor

Ⅲ　Special Reports

B.3　Research on the Development Status and Mode of Marathon

　　in China under the Covid −19　　　*Wang Pan*，*Chen Mei* / 030

　　Abstract：Although the sudden epidemic in 2020 has had a serious impact on the development of Chinese marathon，the development of Chinese marathon has not completely stalled. The essence of marathon events is to carry out project management. Therefore，the organizers，operators，sponsors，media，participants，and spectators，as the stakeholders of the marathon events，have an impact on the impact of the epidemic，is also seeking self-help in different ways. During the peak period of the epidemic，a large number of events are cancelled or postponed，mainly for online teaching and science popularization. During the period of mitigation of the epidemic，they actively seek out ways，explore online development paths，and integrates with localities. Features，exploring new ways to play online marathon. By the beginning of October，the epidemic entered a stable period，and began to try the combination of online and offline forms to gradually expand the scale of the event.

　　Keywords：COVID −19；Marathon Events；Featured Online Events

B.4　Enterprise Analysis and Comparison of China Marathon

　　Sponsorship Market　　　*Ma Chuanye*，*Yang Jianrong* / 046

　　Abstract：The development of a marathon involves the participation of many sponsors，and the analysis and comparison between enterprises is also an important topic affecting the healthy development of the sponsorship market. This paper selects nine large-scale international marathon events carried out in 2020, among which the "double gold" event reaches eight, and analyzes the sponsors involved one by one. A total of 134 relevant enterprises have participated in 170 sponsorship times. The survey found that the sponsor market of marathon events in China is relatively active, and more and more enterprises are willing to participate in the sponsorship team of marathon events. Among them, beverage industries show a higher level from the sponsorship times and sponsorship contributions. In the long run, the sponsorship value of Chinese marathon still needs to be further developed to obtain higher social value.

Keywords: Marathon Competition; Marathon Sponsorship Market; Marathon Sponsorship Enterprise

B.5 Research on Regional Distribution Characteristics of Marathon in China   *Wu Te* / 063

Abstract: This study analyzes the regional distribution characteristics of China's marathon from the four economic regions, provincial administrative units, urban agglomerations, and prefecture level cities. The results show that: on the whole, the regional distribution of China's marathon is in line with the level of economic development, and has formed a echelon pattern, and the eastern coastal areas, especially the Yangtze River Delta, are active in marathon; The central and western regions hold the upper and middle marathon events, but there are many highlights and key areas, especially in Hubei, Sichuan, Hebei and Yunnan provinces, as well as Chengdu Chongqing, the middle reaches of the Yangtze River and the central Yunnan Urban Agglomeration; The activity of marathon in Northeast China, Tianjin, Xinjiang and Tibet is low; The regional distribution of Marathon in China shows a high degree of agglomeration, and the degree of regional development imbalance is high. Therefore, this study puts forward suggestions for the regional layout and development of China's marathon: consolidate the key gathering areas of Marathon development;

Strengthen the important highlight area of Marathon development; Support marathon to develop relatively low-lying areas.

Keywords: Marathon; Yangtze River Delta; The Central Yunnan Urban Agglomeration; Degree of Agglomeration

Ⅳ   Regional Reports

B.6   Analysis of Xiamen Marathon Market

Ma Chuanye, *Yang Jianrong* / 077

Abstract: This paper takes Xiamen Marathon as the research object, and makes an in-depth discussion on the development status and market level of this event. From the perspective of the relevant data of the government, participants and the development of the event itself, Xiamen Marathon has received extensive attention from the government and social groups in recent years, which has laid a solid mass foundation for the sustainable development and market-oriented operation of Xiamen Marathon. Based on the analysis of the current situation of Xiamen Marathon's marketing, the commercial value of Xiamen Marathon is mainly divided into two aspects: revenue composition and derivative value. The revenue composition mainly includes sponsor fees, registration fees, advertising fees, etc. , and the derivative value is mainly reflected in the economic driving effect of Xiamen Marathon on the surrounding areas. To mansion horses at the same time, the tangible assets and intangible assets development present situation are analyzed, and the events of the tangible assets used more fully, intangible assets events naming rights, right of advertising and franchise has been developed, but events that haven't realize cashing, analyze the data show that the sports broadcast received widespread media platforms welcome and support, This shows that the media broadcasting rights of the event have great potential to be tapped, and that there is still a long way to go for the marketing process of Xiamen Marathon.

Keywords: Marathon Events; Xiamen Marathon; Broadcasting Right of Event; Marketization

B.7   Market Research on Shanghai Marathon Sports

and Culture Products   *Shen Kai*, *Yang Jianrong* / 092

Abstract: Taking Shanghai marathon sports cultural products as the research object, this paper comprehensively combs the current situation of the development of Shanghai marathon sports cultural products, mainly including the marathon marketing direction guided by policies, the green and people-oriented cultural connotation of Shanghai marathon, the exposure and sales of official licensed commodities and peripheral products. This paper puts forward the problems in the market development of Shanghai marathon sports and cultural products, how to transform the huge mass base into the consumer groups of sports and cultural products, and how to add short video platform to Shanghai marathon sports and cultural products as a channel to expand its social influence. Finally, according to the development status and problems of Shanghai marathon sports cultural products, this paper makes a prospect for the future development. Shanghai marathon should innovate the design of sports cultural products and deepen its cultural connotation in the operation process.

Keywords: Marathon Events; Shanghai Marathon; Sport Market; Sport Consumption

B.8   Spatiotemporal Characteristics of Network Attention

of Shanghai Marathon under the Impact of Epidemic Situation

—An Empirical Study Based on Baidu Index

Yang Zhandong, *Wang Wei* / 108

Abstract: Using Baidu Index to analyze the temporal and spatial evolution characteristics and influencing factors of network attention of Shanghai marathon under the impact of epidemic situation. The results showed that novel corona virus pneumonia incidence was negatively correlated with the two curve of Shanghai marathon network concern. Shanghai marathon demand shows a very strong

"sensitivity", and this "sensitivity" is ultimately transmitted to the development of the whole marathon industry. ② From the distribution of provinces, Hubei and Fujian are the most sensitive, Beijing and Henan are more sensitive, while Liaoning, Sichuan, Hebei and Heilongjiang are generally sensitive; In terms of distribution cities, Wuhan, Ningbo and Nanyang are the most sensitive, while Tianjin, Chongqing, Nanjing and Chengdu are generally sensitive. ③ Under the epidemic situation, the relevant information of "how much is the whole marathon", "official website" and "photos of Marathon" and "origin of Marathon" before the Shanghai marathon are the focus of users. The attention to relevant information "live" and "photos" has increased significantly. "Shanghai online marathon" attracts more attention from users. On this basis, we should build a marathon crisis management mechanism; Using Internet resources and technology to predict marathon demand trends scientifically; Strengthen media publicity and promotion; Strengthen the publicity and promotion of key groups and areas; Put forward suggestions to improve the service level and quality of marathon.

Keywords: Shanghai marathon; Baidu Index; Spatial and Temporal Characteristics; Epidemic Situation

B.9　Research on Guangzhou Marathon and Its Network Attention

Wang Yanxing, *Yang Jianrong* / 124

Abstract: Guangzhou marathon is the world's largest marathons since the outbreak of COVID −19, this paper first analyzes the guangzhou marathon sponsors and media cooperation, through the Guangzhou marathon WeChat public tweets analysis that Guangzhou marathon sponsor's online promotion level is not clear, could not include all sponsors; In terms of broadcasters, Guangzhou Marathon can take into account newspaper media, network information platform, traditional TV broadcast and short video platform. The next part makes a three-dimensional analysis of the online attention of Guangzhou Marathon based on Baidu index, and holds that the golden marketing cycle of Guangzhou Marathon is one and a half months from the date of registration to the race day. There are big regional differences in the online attention of Guangzhou Marathon. Although the attention of Guangzhou Marathon has been greatly improved compared with the previous one, there is still a certain gap compared with the Shanghai Marathon. The way to create value of Guangzhou Marathon is mainly to create city calling card, drive comprehensive consumption and create flow value. In the last part of the article, the author puts forward some suggestions to extend the marketing cycle of the event, increase the related activities, strengthen the hierarchical management of sponsors, and promote the network communication.

Keywords: Guangzhou Marathon; Internet Attention; Baidu Index; Value of Network Concern

B.10 Analysis of the Commercial Value of the 2020

Chengdu Marathon　　　　　　　*Liu Panpan, Yang Jianrong* / 141

Abstract: In the context of the new crown pneumonia sweeping the world, many marathons have been cancelled due to the necessity of epidemic prevention and control. The Chengdu Marathon 2020 was successfully held under strict epidemic prevention measures, a reduced scale of participation and a shorter preparation time. This paper briefly analyzes the main sources of commercial value of the 2020 Chengdu International Marathon in the new context of the epidemic impact. The marathon needs to be experienced by the participants themselves, and a large number of interactive opportunities will be generated during the experience, and these opportunities form the commercial value of the Chengdu Marathon. The commercial value of Chengdu Marathon is transformed into event revenue during the operation process, and the event revenue is mainly composed of four parts: registration fees, government subsidies, sponsorship income and derivatives sales. Although the Chengdu Marathon has been successfully held for four years and has grown into a candidate race for the World Marathon Grand Slam League, its operating income is still not enough to cover its running costs. The organizers and

operators of the Chengdu Marathon can improve the market-oriented operation of the event from four aspects: cultivating the characteristics of the event, positioning it precisely, strengthening the development of race derivatives, providing race service products, and managing the race copyright as a package, so as to achieve profitability as soon as possible while promoting the development of national fitness.

Keywords: Chengdu Marathon; Market Development; Copyright of the Event; Commercial Value

B.11 Brand Value Analysis of Nanjing Marathon 2020

Chen Youli, *Yang Jianrong* / 156

Abstract: Sports events are the core of the sports industry. The COVID −19 had a significant impact on sporting events, many sports events, including marathons, were shut down. In the second half of 2020, sports events were gradually resumed, and marathons and other large-scale mass sports events were be held successively. As the only stop of the national marathon championship and Tokyo Olympic Games under the normal condition of epidemic prevention and control, 2020 Nanjing Marathon has its research significance. This paper takes the 2020 Nanjing Marathon as the research object, based on the analysis of event operation and management, sponsors and media industry, analyzes the development status and brand value of the event, mainly including three aspects: event management, operation service and brand communication.

Keywords: Nanjing Marathon; Event management; Operation service; Brand value

B. 12　The Business Development of Taiyuan International Marathon

Wang Yu, Yang Jianrong / 171

Abstract：As a sports event with rapid development in China, urban marathon has taken root in many cities. Taiyuan International Marathon was born in 2010, and has successfully held 11 times so far, and has been successfully selected as "double gold club". Under the influence of the special year 2020, TAIMA still actively runs the competition, and finally gets great praise. All these success cannot be separated from the close cooperation between the event organizations. Based on the analysis of the sponsorship, media and technology of TAIMA, this paper summarizes the importance of government led and professional competition companies, and discusses the sponsorship, promotion and technology related to the competition companies. It is proposed that marathon is not only a pure competition, but also a great platform for showing economy, politics, culture and history; The operation company should coordinate the relationship between departments; We will continue to develop our support, promotion and technology, and improve the business level of TAIMA.

Keywords：Taiyuan International Marathon; Double Gold Event; Derivatives Promotion; Marathon Plus Technology

B. 13　Analysis on the Industry Chain of Xi'an Marathon

Yuan Wei, Yang Jianrong / 185

Abstract：By using the methods of literature review, comparative study and data analysis, starting from the industrial chain, this paper studies how to organize the Xi'an marathon in the operation process, how to publicize and attract sponsorship, and how to extend the industrial chain. It is found that Xi'an marathon can further play its advantages in the aspects of publicity structure, the formation of sports tourism agglomeration characteristics, and the development of cultural and creative products. The organizers can take measures to improve the Xi'an marathon, including improving

the degree of marketing, adjusting the publicity mode, promoting the agglomeration of sports tourism industry, accelerating the construction of cultural and creative industry platform, etc.

Keywords: Xi'an Marathon; Cultural and Creative; Industry Chain; Sports Tourism

B.14 Challenge Analysis of Beijing Marathon Restart

under Covid −19   *Wang Pan, Li Weishi and Chen Siquan / 200*

Abstract: With the promulgation and implementation of a series of policy documents, such as the action plan for supporting social forces to hold large-scale mass sports events such as marathon and bicycle (2017), the national fitness plan (2016 −2020), and the outline for building a sports power, there has been an upsurge of nationwide participation in marathon in China. More and more cities in China want to run marathons, and the number of marathons is increasing rapidly, which lays the foundation for the rapid development of marathons to a certain extent. However, under the influence of the epidemic, the restart of Beijing marathon is facing many challenges in terms of health and safety, operation, participants, sponsors, local government and volunteers. Using the methods of literature review and mathematical statistics, this paper makes SWOT analysis on the challenges faced by the restart of Beijing marathon under the epidemic situation. This study illustrates the challenges facing the Beijing Marathon restart under the epidemic situation from six aspects: hygiene and safety, race operation, race participants, race sponsors, local government and volunteers. This paper puts forward the following suggestions: In terms of health and safety, we should strengthen the prevention and control of infectious diseases. The event operator shall conduct a comprehensive review of the event and negotiate a crisis plan. In terms of participants, local participants should be given priority to reduce the flow of people between cities. In terms of event sponsorship, online "cloud event" will be carried out to repay the rights and interests of sponsors. The local government should build an evaluation system for marathon events and strengthen information exchange among different departments. In terms of volunteers, more local volunteers will be recruited to reduce the flow of people between cities.

Keywords: Beijing Marathon; Health and Safety of Sports Events; "Cloud event"; Volunteer

V Case Studies

B.15 Development Experience of Tokyo Marathon
and Its Enlightenment to Beijing Marathon

Yang Zhandong, Mei Xue / 218

Abstract: Tokyo Marathon has become a world-class event in just seven years, which is mainly related to its strong foundation, powerful guarantee and deeply rooted marathon culture concept. This paper will make a comparative study of Tokyo Marathon and Beijing marathon, analyze the hosting, competition route, bonus setting, medical and volunteer system, competitors and watching culture of Tokyo Marathon, and analyze the reasons why dongma can be one of the six Grand Slam events in a short time. Based on the actual situation of Beijing marathon, this paper points out the existing problems of Beijing marathon, and puts forward the following suggestions: strengthen the construction of volunteer team, improve the level of event organization and service; Pay attention to the allocation of medical team; Improve the popularity and attraction of the event; Enhance the people's concept and consciousness.

Keywords: Tokyo Marathon; Beijing Marathon; World Marathon Grand Slam; Event Organization

马拉松蓝皮书

B.16　Analysis on Marathon Related Legal Risk　*Dong Mei / 237*

Abstract：This paper analyzes the laws and regulations related to marathon sports, and analyzes the potential legal risks of marathon sports events. Marathon-related legal system includes marathon-related laws, regulations, rules, normative documents and so on. This paper not only analyzes the relevant laws of marathon, but also studies the relevant regulations of Chinese Athletics Association for marathon sports. This paper analyzes the conditions of marathon event hosting and takes the 2021 Marathon Championship as an example. This paper analyzes the rating methods of marathon events and the relevant regulations of sponsors in marathon events. Through the analysis of legal cases of marathon events, this paper analyzes the tort liability and exclusive rights in marathon, so as to help sponsors, organizers and other relevant departments to avoid legal risks of the events.

Keywords：Marathon Events; Sponsor; Tort liability; Exclusive right

B.17　Marathon Marketing Based on Sponsorship Brand

Dong Mei / 250

Abstract：This paper studies the sports marketing behavior of marathon. This paper analyzes the connotation of marathon sports marketing, including its meaning, elements and influencing factors of marketing effect. Marketing through marathon sport has many advantages, including wide marketing audience, being easy to accept, group effect, being beneficial to internationalization, has the character of public welfare, being connected to sports culture. The attention points of marathon sports marketing includes the construction of brand and culture, the consistency of sports activities and sponsors, and the continuity of sports marketing. This paper analyzes the strategies of marathon sports marketing, including the selection of matching sports activities, strengthening brand association, integrated marketing and making full use of media for publicity. This paper makes the case study of Nike sponsorship of the 2020 Shanghai Marathon and V&H sponsorship of the 2018 Qingdao Marathon.

Keywords: Marathon Sponsorship; Sports Marketing; Sports Activities; Integrated Marketing

B.18   Analysis on the Integration of Marathon Culture, Urban

Culture and Sponsorship   *Dong Mei* / 263

Abstract: This paper analyzes the cultural connotation of marathon sports. The marathon has a long history, with its origin dating back to the Battle of Marathon in 490 BC. Marathon culture is human spiritual activities and its product formed with the development of marathon. The components of marathon culture system include marathon material culture, institutional culture and spiritual culture. Urban marathons have been popular in recent years. This paper studies the characteristics of urban marathon culture, including injecting urban culture into the marathon, promoting the development of urban culture through marathon, and integrating the development of marathon culture and urban culture. This paper provides suggestions for the development of the sponsors with the help of the cultural power of the marathon, including the strategies of adding marathon cultural elements and urban cultural elements into the sponsorship.

Keywords: Marathon; Marathon Culture; Sponsor; City Culture Elements

Ⅵ   Appendix

B.19   Highlights of Some Marathons in China from 2020 to 2021

Wang Yanxing / 275

297

社会科学文献出版社

皮 书

智库报告的主要形式
同一主题智库报告的聚合

❖ 皮书定义 ❖

皮书是对中国与世界发展状况和热点问题进行年度监测，以专业的角度、专家的视野和实证研究方法，针对某一领域或区域现状与发展态势展开分析和预测，具备前沿性、原创性、实证性、连续性、时效性等特点的公开出版物，由一系列权威研究报告组成。

❖ 皮书作者 ❖

皮书系列报告作者以国内外一流研究机构、知名高校等重点智库的研究人员为主，多为相关领域一流专家学者，他们的观点代表了当下学界对中国与世界的现实和未来最高水平的解读与分析。截至2021年，皮书研创机构有近千家，报告作者累计超过7万人。

❖ 皮书荣誉 ❖

皮书系列已成为社会科学文献出版社的著名图书品牌和中国社会科学院的知名学术品牌。2016年皮书系列正式列入"十三五"国家重点出版规划项目；2013~2021年，重点皮书列入中国社会科学院承担的国家哲学社会科学创新工程项目。

权威报告·一手数据·特色资源

皮书数据库
ANNUAL REPORT(YEARBOOK) DATABASE

分析解读当下中国发展变迁的高端智库平台

所获荣誉

- 2019年，入围国家新闻出版署数字出版精品遴选推荐计划项目
- 2016年，入选"'十三五'国家重点电子出版物出版规划骨干工程"
- 2015年，荣获"搜索中国正能量 点赞2015""创新中国科技创新奖"
- 2013年，荣获"中国出版政府奖·网络出版物奖"提名奖
- 连续多年荣获中国数字出版博览会"数字出版·优秀品牌"奖

成为会员

通过网址www.pishu.com.cn访问皮书数据库网站或下载皮书数据库APP，进行手机号码验证或邮箱验证即可成为皮书数据库会员。

会员福利

- 已注册用户购书后可免费获赠100元皮书数据库充值卡。刮开充值卡涂层获取充值密码，登录并进入"会员中心"—"在线充值"—"充值卡充值"，充值成功即可购买和查看数据库内容。
- 会员福利最终解释权归社会科学文献出版社所有。

数据库服务热线：400-008-6695
数据库服务QQ：2475522410
数据库服务邮箱：database@ssap.cn
图书销售热线：010-59367070/7028
图书服务QQ：1265056568
图书服务邮箱：duzhe@ssap.cn

社会科学文献出版社 皮书系列
SOCIAL SCIENCES ACADEMIC PRESS (CHINA)

卡号：242624563991
密码：

S 基本子库
UB DATABASE

中国社会发展数据库（下设 12 个子库）

整合国内外中国社会发展研究成果，汇聚独家统计数据、深度分析报告，涉及社会、人口、政治、教育、法律等 12 个领域，为了解中国社会发展动态、跟踪社会核心热点、分析社会发展趋势提供一站式资源搜索和数据服务。

中国经济发展数据库（下设 12 个子库）

围绕国内外中国经济发展主题研究报告、学术资讯、基础数据等资料构建，内容涵盖宏观经济、农业经济、工业经济、产业经济等 12 个重点经济领域，为实时掌控经济运行态势、把握经济发展规律、洞察经济形势、进行经济决策提供参考和依据。

中国行业发展数据库（下设 17 个子库）

以中国国民经济行业分类为依据，覆盖金融业、旅游、医疗卫生、交通运输、能源矿产等 100 多个行业，跟踪分析国民经济相关行业市场运行状况和政策导向，汇集行业发展前沿资讯，为投资、从业及各种经济决策提供理论基础和实践指导。

中国区域发展数据库（下设 6 个子库）

对中国特定区域内的经济、社会、文化等领域现状与发展情况进行深度分析和预测，研究层级至县及县以下行政区，涉及省份、区域经济体、城市、农村等不同维度，为地方经济社会宏观态势研究、发展经验研究、案例分析提供数据服务。

中国文化传媒数据库（下设 18 个子库）

汇聚文化传媒领域专家观点、热点资讯，梳理国内外中国文化发展相关学术研究成果、一手统计数据，涵盖文化产业、新闻传播、电影娱乐、文学艺术、群众文化等 18 个重点研究领域。为文化传媒研究提供相关数据、研究报告和综合分析服务。

世界经济与国际关系数据库（下设 6 个子库）

立足"皮书系列"世界经济、国际关系相关学术资源，整合世界经济、国际政治、世界文化与科技、全球性问题、国际组织与国际法、区域研究 6 大领域研究成果，为世界经济与国际关系研究提供全方位数据分析，为决策和形势研判提供参考。

法律声明